Mit ganzem Herzen lieben

Guy Bodenmann

Mit ganzem Herzen lieben

Commitment – wie Ihre Beziehung langfristig glücklich bleibt

Patmos Verlag

Wichtiger Hinweis:
Die in diesem Buch enthaltenen Informationen, Hinweise und Übungen wurden nach bestem Wissen des Autors erstellt und sorgfältig geprüft. Sie ersetzen jedoch nicht den persönlich eingeholten (psycho-)therapeutischen oder medizinischen Rat. Verlag und Autor können für Irrtümer oder etwaige Schäden, die aus der Anwendung der dargestellten Informationen, Hinweise oder Übungen resultieren, keine Haftung übernehmen. Deren Nutzung bzw. Durchführung erfolgt auf eigene Verantwortung der Leserinnen und Leser.

Bibliografische Information der Deutschen Nationalbibliothek
Die Deutsche Nationalbibliothek verzeichnet diese Publikation in der Deutschen Nationalbibliografie; detaillierte bibliografische Daten sind im Internet über http://dnb.d-nb.de abrufbar.

4. Auflage 2026

Verlagsgruppe Patmos in der Schwabenverlag AG, Senefelderstr. 12, 73760 Ostfildern
produktsicherheit@verlagsgruppe-patmos.de
www.patmos.de
(Vorstehende Angaben sind zugleich Pflichtinformationen nach GPSR)

Umschlaggestaltung: Finken & Bumiller, Stuttgart
Gestaltung, Satz und Repro: Schwabenverlag AG, Ostfildern
Druck: Finidr s.r.o., Český Těšín
Hergestellt in Tschechien
ISBN 978-3-8436-1306-4 (Print)
ISBN 978-3-8436-1338-5 (eBook)

Inhalt

Einleitung

Was ist Liebe?

Die Liebe ist so komplex wie das Leben selbst. Bis heute ist es der Wissenschaft nicht gelungen, die Liebe zu entschlüsseln. Bis heute wissen wir nicht, was Liebe ist, wie sie entsteht und warum wir gewisse Personen auf einmal zu lieben beginnen. Die Liebe ist ein Mysterium. Doch obwohl wir nicht wissen, was Liebe ist und wie sie entsteht, besitzen wir heute ein beachtliches Wissen darüber, wie man die Liebe pflegen und erhalten kann.

Wir wissen, dass es den Willen zur Liebe braucht, damit diese einen Fortbestand hat. Insofern ist die Liebe vergleichbar mit dem Leben. Die biologischen Prozesse beim Entstehen von Leben sind gut erforscht und wir wissen, dass durch die Vereinigung einer Samen- und Eizelle Leben entsteht, doch *weshalb* aus diesem Vorgang Leben hervorgeht und was Leben letztlich ist und bedeutet, konnte bis heute nicht enträtselt werden. Wenn Leben jedoch mal entstanden ist und ein Kind geboren wurde, wissen wir sehr viel darüber, wie man dieses Kind pflegen, umsorgen und erziehen soll, damit es gedeihen und sich gut entwickeln kann. Ähnlich verhält es sich mit der Liebe. Wir wissen heute, welche Hirnareale aktiviert werden, wenn jemand verliebt ist oder eine geliebte Person sieht,[1] dass dies weitgehend dieselben Areale sind wie bei Belohnungen oder Suchtverhalten[2] und dass dieselben Hirnareale feuern, unabhängig davon, ob man frisch verliebt ist oder eine langjährige Liebe empfindet.[3] Ebenso ist bekannt, welcher Hormoncocktail ausgeschüttet wird, wenn man die geliebte Person sieht oder mit ihr Liebe macht,[4] dass jedoch allein das Faktum verliebt zu sein keine generell nachweisbaren oder nur geringe hormonelle Veränderungen mit sich bringt.[5] Aber vor allem wissen wir, wie man die Liebe lebendig erhalten kann, was der Liebe guttut oder welche Bedingungen zum Verlust der Liebe führen. Darum geht es in diesem Buch: um die Pflege der Liebe.

Wir wissen heute, dass weder die Stärke der Liebe zu Beginn des Kennenlernens noch Persönlichkeitsmerkmale wie Schönheit, Sex-Appeal, Intelligenz, Humor oder Reichtum und Status die Langfristigkeit einer Beziehung vorhersagen können. Es fällt zwar schönen, reichen und attraktiven Personen einfacher, einen Partner zu finden,[6] doch haben sie keine besseren Karten in der Hand, eine langfristige Liebe zu finden. Dies belegen die vielen Trennungen und Scheidungen von Topmodels, Blaublütigen, Superreichen und Stars und Sternchen, welche gut aussehen oder Luxus und viele andere Annehmlichkeiten zu bieten haben. 88 % der Geschiedenen sprechen von starken Liebesgefühlen für den Partner beim Kennenlernen, aber dessen ungeachtet sind sie Jahre später geschieden.[7] Doch was braucht die Liebe?

Die Liebe ist wie eine Pflanze: Sie kann zu Beginn noch so schön blühen, ohne Pflege verkümmert sie. Sie bedarf der kontinuierlichen Fürsorge. Man muss sie wässern, düngen, ans Licht oder in den Schatten stellen, offen sein für das, was sie braucht, und darauf reagieren. Dafür sind drei Dinge notwendig:

1. *Zeit* für die Liebe,
2. *Kompetenzen*, um das Richtige zu tun, damit die Liebe bleibt, und insbesondere
3. die *Bereitschaft und Motivation – den Willen* –, sich um sie zu kümmern.

Es geht in diesem Buch vor allem um diesen dritten Aspekt, um den Willen, sich für die Liebe einzusetzen und für ihr Gedeihen zu sorgen. Dies ist der Schlüssel zur Liebe: der Wille zur Liebe, die Bereitschaft, die Liebe täglich und unspektakulär zu pflegen und für sie die nötigen Investitionen einzubringen. Dies wird in der Psychologie mit dem englischen Begriff „Commitment“ auf den Punkt gebracht.

Investitionen in die Liebe

Menschen fühlen sich sicherer, wenn sie Erspartes auf der hohen Kante haben. Sie investieren in finanziell guten Zeiten für schlechtere Tage, legen etwas beiseite, um ein finanzielles Polster zu haben, wenn sie älter werden, einmal in eine materielle Schieflage geraten oder mal eine größere Summe für Spezialausgaben benötigen könnten. Horten ist eine urmenschliche Neigung. Sie schafft Sicherheit. Während früher das Sparen mittels Sparbuch üblich war, erfolgen heute Investitionen auf sehr unterschiedliche Art und Weise – in Form von Aktien, Obligationen, Rohstoffen oder Immobilien. Die Sparanlagen oder Investitionen erfolgen mit einem Ziel, und die Anreize dafür können unterschiedlich sein: Die einen möchten reicher werden, die anderen sich sicherer fühlen, die dritten sich mehr leisten, die vierten das Leben sorgenfrei genießen können. Unabhängig von den Gründen, tätigen die meisten Menschen finanzielle Investitionen.

In diesem Buch geht es um Investitionen in die Beziehung. Es geht um das *Beziehungskonto*, um Rücklagen für die Liebe. Es soll aufgezeigt werden, dass das *Konto der Liebe* eigentlich nach genau den gleichen Prinzipien funktioniert wie das Bankkonto: Ohne Investitionen keine Rendite und keine Sicherheit.

Auch bei Partnerschaften gilt, dass die Partner *Einzahlungen* vornehmen müssen, um die Beziehung auf Dauer zu sichern und im Alter nicht alleine dazustehen. Genau wie bei Aktienspekulationen geht man Risiken ein. Man weiß letztlich nie, ob sich die Investitionen auszahlen werden oder ob man sie in Sand setzt. Man kann jemandem viel Zeit, Liebe und Energie schenken und es lohnt sich: Man erhält Gegenliebe. Oder man liebt jemanden und dieser erwidert die Gefühle nicht oder am Ende verlässt er einen doch. Wie die Liebe ausgehen wird, entzieht sich unserem Wissen. Doch was wir wissen ist, dass ohne Investitionen und ohne Bereitschaft, das Wagnis der Liebe einzugehen, kein Fortbestand der Liebe möglich ist. Das ist bei der Liebe ähnlich wie bei den Finanzen: Bei beiden sollte man nicht leichtsinnig investieren, unbedacht handeln und rein auf Glück spielen. Eine gewisse Chance auf Gewinn sollte vorliegen. Doch es gibt keinen Anspruch auf Erfolg. Es gibt nur das Bemühen, das Engagement, das jeder zeigen muss, in der Hoffnung, dass es erwidert wird und sich lohnt.

Der Schlüssel zur Liebe ist das *Engagement* für die Beziehung, das sogenannte Commitment. Es geht um das Sich-Festlegen, Sich-Einlassen auf einen anderen Menschen, die täglichen Einzahlungen auf das Beziehungskonto zur Festigung der Liebe. Um das, was letztlich die meisten in einer auf Dauer angelegten Partnerschaft suchen – das

Engagement des anderen für die Beziehung, das bekennende „Ja" zur Liebe. Dies ist es, was wir in der Beziehung brauchen, um entspannt und glücklich zu sein, unabhängig davon, ob die Partnerschaft erst beginnt oder bereits seit Jahren besteht.

Commitment ist daher mehr als nur Engagement für die Liebe. Es ist der Wille, sie zu pflegen, die Bereitschaft, sich um ihr Gedeihen zu bemühen. Dazu bedarf es Verbindlichkeit, Verlässlichkeit und Vertrauen ineinander. Der Begriff Commitment wird später noch ausführlicher erläutert und in seinen verschiedenen Facetten dargestellt.

Das folgende Beispiel[8] soll eine erste dieser Facetten aufzeigen. Es geht bei Tobias und Carmen um eine Art Beziehungsdefinition. Ab welchem Maß an Commitment können wir von einer Partnerschaft sprechen?

> Tobias (22 Jahre alt) datet seit sechs Monaten Carmen (21 Jahre alt). Er schreibt ihr täglich Kurznachrichten oder schickt ihr Snapchat-Bilder. Oft sind es witzige Cartoons oder Texte, tiefsinnig-lustige Gedanken, Links zu YouTube-Filmen, Musikstücken oder Dokumentationen, die er gerne mag oder interessant findet. Ab und zu sind es auch persönliche Bilder von sich oder seiner Katze. Mit Carmen geht er regelmäßig ins Kino, in Konzerte, in Bars oder trifft sich mit ihr im Freundeskreis, im Durchschnitt alle zwei Wochen. Anschließend sind sie dann oft sehr intim miteinander. Meistens kommt es auch zu Petting oder Geschlechtsverkehr. Trotzdem legt Tobias sich nicht auf Carmen fest, zögert, eine feste Beziehung einzugehen. Er trifft weiterhin auch andere Frauen. Auch ihnen schreibt er persönliche Texte und schickt ihnen Bilder von sich. Es ist dieselbe Intimität wie bei Carmen. Und dies macht er ungezwungen, ohne Geheimnistuerei vor ihr. Einschränken möchte er sich nicht, da ihm viele Frauen gefallen und er sich nicht zu früh festlegen möchte.
>
> Carmen ist verunsichert und weiß nicht, was sie davon halten soll. Ist sie nun Tobias' Freundin oder nicht? Soll sie ihn ansprechen und ihren „Beziehungsstatus" klären? So naheliegend das scheint, so sehr ist sie gehemmt. Sie befürchtet, alles zerstören zu können, wenn sie Tobias mit dieser Frage in die Enge treibt. Sie spielt daher weiter mit, ihre Verunsicherung lässt sie sich nicht an-

merken. Sie hofft, dass sich Tobias ganz auf sie einlassen wird, irgendwie fühlt sie sich als Tobias' Freundin und doch ist sie es nicht ganz. Tobias sieht die Beziehung zwar durchaus in gewissem Sinne als verbindlich an. Aber für ihn ist es einfach noch keine Beziehung fürs Leben.

Worum geht es bei Carmen und Tobias? Letztlich um die Definition ihrer Beziehung. Sind sie ein Paar, weil sie viel miteinander unternehmen, sich persönliche Mitteilungen machen und miteinander schlafen, oder braucht es noch mehr dazu?

Natürlich könnte Carmen Tobias fragen, was die Beziehung für ihn bedeutet. Sie könnte ihn festnageln, bis sie Gewissheit hat. Doch das getraut sie sich nicht. Es würde vermutlich auch nicht viel nützen, da sie nicht nur schöne Worte von ihm hören, sondern auch Taten von ihm sehen möchte. Sie möchte mehr Verbindlichkeit, sein Bekenntnis zu ihr. Vielleicht würde sie von seiner Antwort auch gar nicht befriedigt sein, weil sie möglicherweise andere Vorstellungen von einer festen Beziehung hat als er. Sie möchte Tobias ganz für sich. Tobias seinerseits versteht Carmen durchaus als seine Freundin – seine aktuelle Freundin. Wie lange diese Beziehung dauern wird, weiß er nicht. Er möchte sich nicht festlegen. Sie sind noch jung, eine feste dauerhafte Beziehung ist etwas für später. Er möchte noch viele Erfahrungen sammeln. Carmen ist erst seine zweite Freundin, abgesehen von einigen weiteren flüchtigen Beziehungen kürzerer Dauer. Für ihn stimmt es so. Für Carmen nicht. Carmen möchte etwas, das Tobias schwerfällt, wozu er noch nicht bereit ist oder nicht mit ihr oder nicht zu diesem Zeitpunkt oder eventuell auch nie. Unterschiedliche Vorstellungen von Verbindlichkeit ist für viele Paare ein Problem.

Wer denkt, dass es mit dem Alter der beiden zu tun hat, dass Tobias sich noch nicht festlegen will, irrt. Ich könnte Ihnen von vielen anderen Paaren dasselbe Szenario berichten, von Menschen im Alter von dreißig, vierzig oder fünfzig Jahren, mit viel Beziehungserfahrungen, reif im Leben stehend.

Unabhängig von der Dauer einer Beziehung geht es irgendwann immer um die Frage nach der Verbindlichkeit: Wie ernsthaft ist diese Beziehung? Lässt sich der andere ausreichend auf einen ein? Genügt einem das Beziehungsengagement des anderen? Ist der andere gleich verbindlich wie man selber? Hat man dieselben Vorstellungen von einer Partnerschaft? Was beinhaltet Verbindlichkeit, was bedeutet sie für mich und für dich? Selbst bei Paaren mit langjähriger Beziehung stellt sich die Frage des Commitments immer wieder. Reicht mir das Commitment des Partners, der Partnerin? Ist es noch gleich stark wie zu Beginn? Warum hat sein Commitment nachgelassen? Wo ist mein eigenes Commitment für diese Beziehung geblieben?

> Der Wunsch nach Verbindlichkeit ist nicht nur Thema bei „neuen" Beziehungen, bei denen die Festlegung noch nicht wirklich oder ausreichend stattgefunden hat, bei denen es noch um die Suche nach einem äußeren, definierten Rahmen geht. Um das Thema Verbindlichkeit geht es genauso bei langjährigen Partnerschaften. Selbst bei Paaren, welche schon seit langer Zeit zusammen, vielleicht sogar verheiratet sind, bleiben Verbindlichkeit und Engagement des anderen ein zentrales Thema.

Während Tobias und Carmen ein junges Paar sind, bei dem man die Verbindlichkeit noch weniger stark gewichten mag und bei dem eine längerfristige Perspektive häufig auch nicht angebracht ist, finden sich dieselben Fragen bei Paaren jeden Alters, unabhängig von der Beziehungsdauer. Verbindlichkeit ist bei Jung und Alt ein zentrales Thema, unabhängig von Geschlecht, Bildung, Schichtzugehörigkeit und sexueller Orientierung.

Verbindlichkeit ist nicht etwas, das man einmal festlegt, und dann ist die Sache geklärt. Zeichen für die Verbindlichkeit des Partners, der Partnerin sind über die gesamte Dauer der Beziehung relevant: Stärker zu Beginn einer Beziehung, oder wenn man die Beziehung infrage gestellt oder gefährdet sieht. Stärker, wenn sich eine attraktive Alternative zu dieser Partnerschaft präsentiert und man sich zu überlegen beginnt, in welche Person man investieren soll. Doch auch ohne diese von außen auferlegten Testphasen ist Commitment der Schlüssel zu einer langjährigen, glücklichen Beziehung.

> Die Wahrnehmung und Bewertung des Engagements des anderen spielt im Beziehungsalltag eine konstante Rolle; unbewusst oder bewusst, mal stärker, mal schwächer, mal kritisch prüfend, mal dankbar wertschätzend.

Das Engagement für die Beziehung spiegelt das Interesse an ihr wider. Fehlende oder ungenügende Verbindlichkeit geht mit Gefühlen von Unsicherheit, Unbehagen, Frustration, wachsender Unzufriedenheit und in der Folge häufig mit Trennungsgedanken einher. Wenn sich der andere nicht binden kann oder sich nicht ausreichend auf die Beziehung einlassen will, dann macht diese Partnerschaft keinen Sinn. Da sucht man sich lieber einen anderen Menschen, der dazu fähig und willens ist.

Lisa (34 Jahre alt) und Vivienne (35 Jahre alt) sind seit fünf Jahren ein Paar. Sie hatten sich über eine Internetplattform kennengelernt. Lisa suchte damals ein Date aus Langeweile, Vivienne wollte etwas Ernsthaftes. Das erste Date war für beide speziell, wie sie mir berichteten. Lisa suchte eher einen unterhaltsamen, geselligen Abend, während Vivienne relativ rasch nach dem Essen eine Liste hervorholte und Lisa mit Fragen zu löchern begann. Es waren private, persönliche Fragen, die weit über das hinausgingen, was sie bisher per Chat ausgetauscht hatten. Lisa war zuerst amüsiert, dann fasziniert und begann ihrerseits, Fragen zu stellen und sich für Vivienne stärker zu interessieren. Das Gespräch wurde sehr vertraulich und intensiv. Als sie sich verabschiedeten, war eine Intimität entstanden, die beiden sehr gefiel. Bald zogen sie zusammen. Der gemeinsame Haushalt war eine Herausforderung: Vivienne brachte ihre vier Katzen mit, Lisa ihren Hund.

Nun nach fünf Jahren zogen sie jüngst Bilanz. Lisa ist beruflich viel unterwegs, hat sich weitergebildet und arbeitet in einer anspruchsvollen Position. Sie erhält viel Anerkennung von den Vorgesetzten, ihrem Team und den Geschäftspartnern. Ihre eloquente, gewinnende Art kommt gut an. Sie ist, wo immer sie auftaucht, gleich umringt von Menschen, die ihre Gesellschaft suchen. Vivienne arbeitet in einer Tierarztpraxis. Ihr Job ist interessant, aber im Vergleich zu dem von Lisa um einiges monotoner. Sie erhält wenig geistige Nahrung von außen, fährt täglich die paar Kilometer zum Arbeitsplatz und zurück, kümmert sich um die Katzen, geht mit Lisas Hund spazieren. Sie leben in unterschiedlichen Welten. Vivienne realisiert dies stärker als Lisa und befürchtet, dass sie sich auseinanderleben. Sie nimmt mit einem gewissen Unbehagen wahr, wie Lisa überall gut ankommt, wie sie aufblüht und sich treiben lässt. Das mag sie ihr gönnen, doch irgendwo meldet sich diese innere besorgte Stimme, ob dies ihrer Beziehung gefährlich werden könnte. An einem Wochenende, an dem beide wieder mal Zeit füreinander haben, schlägt sie Lisa vor zu heiraten.

Die Beziehung von Vivienne und Lisa ist keine „frische" Beziehung mehr. Eine gewisse Alltagsroutine hat sich eingestellt. Man wohnt zusammen, unternimmt viel gemeinsam, teilt das Leben. Bei den beiden steht nicht dieselbe Frage im Vordergrund wie bei Carmen und Tobias, ob sie nun ein Paar sind oder nicht, sondern ob beide ihr Leben so gestalten, dass sie ein Paar bleiben werden. Wenn der Lebensalltag bei beiden Partnern sehr unterschiedlich ist, wenn der eine besser ankommt, mehr Bestätigung erfährt, begehrter und attraktiver ist oder nach mehr Freiheit strebt, mehr Freiraum braucht, dann werden Zeichen der Verbindlichkeit besonders relevant. Man braucht eine Rückversicherung zur Bedeutung, die man für den Partner, die Partnerin hat. So kommt bei Vivienne, wie bei vielen anderen in derselben Situation, der Wunsch nach einer Formalisierung der Beziehung auf. Sie denkt, mit einer Verlobung oder Ehe würde sie größere Sicherheit gewinnen. Sie denkt, sie sei sich der anderen dann gewisser. Ob dem so ist, bleibt dahingestellt. Die hohen Scheidungszahlen in Europa sprechen sicherlich nicht dafür. Doch ist dieser Wunsch, sich fest zu binden, bei vielen Menschen Ausdruck des Bestrebens nach Commitment – eines für alle sichtbaren Bekenntnisses zu dieser Partnerschaft.

Um die gegenseitige Verbindlichkeit dreht sich letztlich alles. Ohne Verbindlichkeit des anderen fühlt man sich nicht sicher. Ein starkes Commitment beider Partner bildet damit eine wesentliche Rahmenbedingung für ein längerfristiges Gedeihen der Liebe.

Engagement für die Beziehung: Commitment

Unter Commitment versteht man das Engagement für die Beziehung. Commitment ist Ausdruck von Verlässlichkeit, Verbindlichkeit, vom Wunsch nach Beständigkeit der Beziehung, es bedeutet die Bejahung der Beziehung und dass man innerlich und nach außen dazu steht. Der Begriff Commitment ist breiter gefasst als nur Verbindlichkeit. Er umfasst zusätzlich den Aspekt des Engagements, des Einsatzes für die Partnerschaft, des sich willentlich auf sie Einlassens und für sie Einstehens.

Commitment stellt eine grundlegende *Motivation* dar. Es ist die Triebfeder, sich für die Beziehung einzusetzen. Partner bewerten das Commitment des anderen auch immer wieder. Man sucht immer wieder nach Beweisen für die Verbindlichkeit des anderen, für sein Engagement für die Beziehung.

> Commitment ist Ausdruck für den Stellenwert, den die Beziehung für einen hat. Wenn sie einem wichtig ist, zeigt man Interesse für sie, nimmt man sich für sie Zeit, setzt man sich für sie ein. Man sendet klare Zeichen gegenüber dem Partner, der Partnerin, und der Umwelt aus. Man signalisiert einander und anderen, dass man zusammengehört.

Genauso wie es einen inneren Antrieb und langen Atem braucht, um sich beim Klettern auf einen Berg, bei einer beschwerlichen Reise, einer langwierigen, zähen Genesung nach einer Operation oder Krankheit oder bei einer aufwändigen Vorbereitung auf eine wichtige Prüfung auf Kurs zu halten und auch bei schwierigen Passagen, Herausforderungen oder Rückschlägen nicht aufzugeben, kann Commitment als motivationale Orientierung, als *wegweisendes Leuchtfeuer* gesehen werden. Damit wir ein Projekt durchziehen, brauchen wir diesen inneren Lotsen, diesen leuchtenden Fixpunkt, welcher einem sicher den Weg zum Ziel weist. Je länger und je beschwerlicher die Kletterpartie, Reise, Rekonvaleszenz oder Prüfungsvorbereitung dauert, desto wichtiger wird dieser Orientierungspunkt, der einem die Kraft gibt, durchzuhalten.

Commitment versinnbildlicht damit die Ausrichtung auf ein Ziel, auf die Zukunft zu zweit, auf den Erhalt der Liebe, nach der man sich sehnt. Es repräsentiert die Hoffnung auf und das Vertrauen in eine langfristige Beziehungsperspektive („... bis dass der Tod uns scheidet"). Commitment in der Partnerschaft heißt für viele, mit diesem Menschen, mit dem man eine Partnerschaft oder Ehe eingeht, sein Leben verbringen und gemeinsam alt werden zu wollen. Dieser tief verwurzelte Wunsch nach Verbindlichkeit gehört zum Menschsein wie die Nahrungsaufnahme oder das Schlafbedürfnis. Wieso sollte man in einen anderen Menschen emotional dermaßen viel investieren, ihn zu einem der wichtigsten Bestandteil seines Lebens machen, wenn man sich nicht sicher sein kann, dass die Beziehung auch Bestand hat? Würden sich all die Investitionen in einen Partner und die Partnerschaft lohnen, wenn man sich des anderen nie sicher sein kann, er jederzeit einen anderen Partner wählen und einen verlassen kann? Vor dem Hintergrund von fehlendem oder mangelndem Commitment ist eine sichere Partnerbindung nicht vorstellbar.

> Wie beim Bankkonto wird das Beziehungskonto immer wieder überprüft. Man möchte böse Überraschungen vermeiden, sich dem Sinn der eigenen Investitionen sicher sein („lohnen sie sich?") und die Investitionen des anderen wahrnehmen. Man wägt die eigenen Investitionen und diejenigen des Partners, der Partnerin gegeneinander ab („gebe ich genauso viel, wie ich erhalte?").

Sich während eines Ferienflirts zu verlieben und eine gute Zeit miteinander zu haben, ist die eine Sache, sich dagegen für jemanden zu entscheiden und mit diesem einen Menschen durchs Leben gehen zu wollen und eine gemeinsame Zukunft zu planen, ist eine andere. Dazu sind die meisten nur bereit, wenn sie klare Signale empfangen, wenn sie erkennen können, dass der Partner, die Partnerin ebenso denkt, genauso viel in die Beziehung investiert wie man selbst und die Partnerschaft für ihn oder sie dieselbe Bedeutung hat.

Chris (53 Jahre alt, geschieden, seit zwei Jahren in einer neuen Beziehung mit Lea, 39 Jahre alt) erlebt seine Partnerin als unnahbar. Sie verbringen immer wieder sehr schöne Zeiten miteinander, doch irgendwie fehlen ihm klare, verbindliche Signale von ihr. So auch jüngst, als sie aus dem gemeinsamen Urlaub zurückkamen. Lea war aufgeräumt und offensichtlich zufrieden, doch sie erwähnte dies mit keinem Wort. Als sie sich verabschiedeten und beide in ihre Wohnungen zurückkehrten, gab es die übliche Umarmung mit Küsschen. Dabei hätte sich Chris so sehr gewünscht, Lea würde ihm sagen, dass sie die Zeit mit ihm schön gefunden, dass sie ihr etwas bedeutet habe und sie glücklich mit ihm gewesen sei. Ganz zu schweigen davon, dass sie ihm mitteilen würde, dass sie ihn liebe. Oder sogar konkretere Anspielungen auf ihre gemeinsame Zukunft machen würde. Ob sie zusammenziehen wollten, wie sie sich die Zukunft mit ihm vorstellte. Wenn er ihr sagt, dass er sie liebe, nickt sie und murmelt eine Erwiderung. Von ihr selber kommen keine spontanen Liebesbekundungen.

Was hat das zu bedeuten? Nimmt sie die Beziehung weniger ernst als er? Will sie vielleicht nur eine gute Zeit mit ihm verbringen und nicht mehr? Hat diese Beziehung eine Zukunft, oder ist es nur eine Wegstrecke, die sie gemeinsam zurücklegen bis etwas anderes kommt? Chris sehnt sich nach einer verbindlicheren Form. Er möchte sich dauerhaft binden. Ob Lea das auch möchte?

Bei Chris geht es um die Frage nach Leas Commitment. Er möchte nicht einfach nur eine gute Zeit mit ihr verbringen, sondern spüren, dass er für sie etwas Besonderes ist, dass sie nicht nur gerne mit ihm zusammen ist, sondern sich auf ihn wirklich einlässt und sie eine gemeinsame Perspektive haben. Es geht um ein tiefes Bedürfnis nach Verbindlichkeit. Er möchte mehr emotionale Sicherheit, mehr Klarheit in Bezug auf Leas Absichten. Er wünscht sich eine verbindliche Zusage zu dieser Partnerschaft und letztlich zu ihm als Person. Und Chris steht mit diesem Wunsch nicht alleine da. Letztlich wünschen sich alle (bewusst oder unbewusst) dieses tragende Commitment vom Partner, der Partnerin.

Commitment als Voraussetzung für Liebe

Ohne Commitment ist eine längerfristige Liebe nicht möglich. Neben der *Intimität* (Nähe, Verbundenheit und Geborgenheit) und der *Leidenschaft* (Ausdruck der gegenseitigen Anziehung und des körperlichen Begehrens, der Sexualität), beides sogenannte „warme oder heiße" Aspekte der Liebe, stellt das *Commitment* eine eher rationale, bewusste, kühle Entscheidung dar.

In vielen Fällen beginnt die Partnerschaft mit den heißen Aspekten der Liebe (Sex und Leidenschaft, Wunsch nach maximaler Nähe), und erst allmählich überlegt man sich, ob es sich lohnen könnte, die Beziehung weiterzuführen, ob man ein Paar werden möchte. Ob es bei einem One-Night-Stand, einer heißen Affäre oder einer vorläufigen Beziehung bleibt oder ob daraus eine feste Beziehung werden soll, ist eine Frage des Commitments. Oftmals stellt sich Commitment erst im Laufe der Beziehung ein, nachdem man sich definitiv für den Partner, die Partnerin entschieden hat. Man macht zuerst Erfahrungen, lässt die Beziehung auf sich wirken, legt sich nicht sogleich fest, wartet ab. Einige warten viele Jahre, bis sie sich definitiv binden, damit ihnen keine bessere Alternative entgeht. Viele Paare leben jahrelang zusammen, definieren sich als Paar, lassen sich aber gleichwohl nie völlig aufeinander ein. Und ab und zu kann einem auch ein guter Fisch durchs Netz gehen, weil man zu lange mit dem Commitment gewartet hat.

> Commitment ist eine rationale, bewusste Entscheidung („Ich will bei diesem Menschen bleiben"). Oft erfolgt sie nicht gleich von Beginn an, sondern entwickelt sich im Laufe der Zeit. Erst wenn man sich der Sache ganz sicher ist, ist man bereit, diese Verbindlichkeit auch zu zeigen.

Erst wenn man sich dafür entscheidet, die Partnerschaft ganz zu *bejahen* und im Fall einer Krise oder von Schwierigkeiten auch fortzuführen, kommt Commitment ins Spiel. Nun hat man sich festgelegt, investiert in diese Paarbeziehung und hat sich innerlich auf sie und die längerfristige gemeinsame Lebensreise eingestellt. Das ist die Basis für das weitere Blühen der Liebe.

Bei einem kurzen Strohfeuer oder einer Gelegenheitsliebe ist Commitment kein Thema. Es wird erst bei einer auf Dauer angelegten Beziehung relevant, wenn man eine längerfristige Partnerschaft anstrebt, es einem „ernst" mit diesem Partner, dieser Partnerin ist. Erst wenn man zu überlegen beginnt, wie sehr man bereit ist, sich für die Partnerschaft zu engagieren, kann man von Commitment sprechen. Vorher mögen es halbherzige Lippenbekenntnisse sein, jedoch kein tragfähiges Commitment. Erst wenn man in diesen Menschen zu investieren beginnt, geht man die Beziehung richtig ein. Damit hinkt das Commitment in der Partnerschaft etwas hinterher. Zuerst probiert man aus, testet man, macht man Erfahrungen. Alles ist unverbindlich, man legt sich noch nicht fest. Dazu ist man erst bereit, wenn man sich sicher ist, wenn die Zeichen stimmen und eine langfristige Beziehung machbar und sinnvoll erscheint. Verlieben kann man sich in viele; die länger dauernde Liebe zu einem Menschen ist eine ganz andere Geschichte.

Liebe ist jedoch nicht gleich Liebe. Es gibt verschiedene Arten und Intensitäten von Liebe. Nicht jede dieser verschiedenen Formen von Liebe baut gleichermaßen auf Commitment.

Die *romantische Liebe* ist dann besonders stark, wenn sowohl der Wunsch nach Nähe und Verbundenheit, die Leidenschaft als auch das Commitment hoch sind. Wer innig liebt, möchte möglichst viel Zeit mit dem oder der Liebsten verbringen (emotionale Nähe), Leidenschaft gemeinsam ausleben (prickelnde Sexualität) und darauf vertrauen können, dass die Partnerschaft Bestand hat (Commitment).

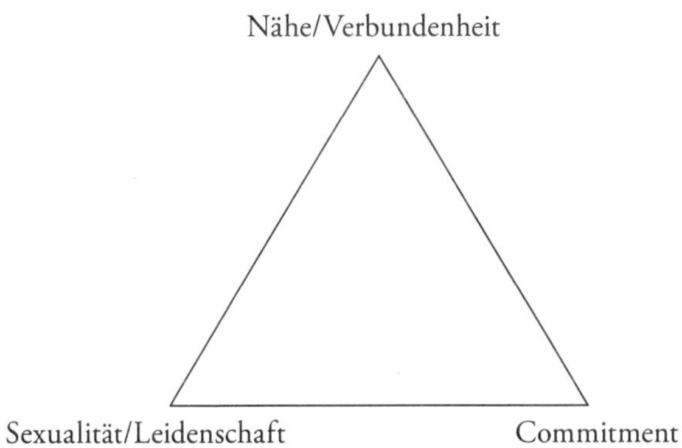

Abbildung 1: Die drei Komponenten der Liebe[9]

Im Einzelfall sind nicht zwangsläufig alle drei Komponenten gleich stark ausgeprägt. Gewisse Paare sind sich vor allem emotional nah, haben aber kaum noch oder hatten nie viel Sex (kameradschaftliche Liebe), andere haben nur Sex und sonst verbindet sie wenig (leidenschaftliche, erotische Liebe). Wieder andere sind aus rein praktischen Gründen zusammen (pragmatische Liebe).

Welche Form der Liebe ein Paar wählt und für sich als stimmig erlebt, definiert es selbst. Entsprechend kann sich Commitment auf vielfältige Weise äußern. Man kann aus verschiedenen Gründen in einer Partnerschaft bleiben und deren Langfristigkeit anstreben. Nicht immer ist es aus großer Liebe heraus. In vielen Fällen sind es äußere, strukturelle Faktoren, welche das Paar zusammenhalten, und nicht das innige Gefühl der romantischen Liebe. Solche pragmatischen Gründe können gemeinsamer Besitz sein, ein gemeinsam aufgebauter Betrieb, gemeinsame Kinder, gemeinsame finanzielle Investitionen oder wahrgenommene Erwartungen seitens anderer. Man muss eine Fassade wahren, weil der eine oder beide Partner unter öffentlicher Beobachtung steht, ein politisches Amt bekleidet, Repräsentant von sozialen Werten in der Gesellschaft ist oder, weil die Herkunftsfamilie einen unter Druck setzt und eine Trennung oder Scheidung nicht akzeptieren würde.

> Je stärker die Ausprägung von Nähe, Leidenschaft und Commitment, desto größer ist die Liebe. Ein gleichschenkliges Dreieck, in welchem alle drei Komponenten gleich ausgeprägt sind, bildet eine Liebe ab, welche alle drei Bedürfnisse (nach Nähe/Verbundenheit, sexueller Erfüllung und Commitment) befriedigt.

Gerta (61 Jahre alt) und Klaus (64 Jahre alt) sind seit mehr als dreißig Jahren ein Paar. Sie haben zwei Kinder und drei Enkelkinder, sind gutbürgerlich situiert, mit eigenem Haus und Garten, einem angenehmen Lebensstandard. Gerta ist seit mehreren Jahren in der Gemeindepolitik tätig, amtiert zurzeit als Präsidentin ihrer Partei und ist stark von ihrem politischen Amt absorbiert, in welchem sie aufblüht und sich verwirklichen kann. Klaus steht kurz vor der Pensionierung, hat beruflich bereits runtergefahren, sein Eisenwarengeschäft abgetreten und arbeitet dort nur noch in Teilzeit mit.

Die Ehe der beiden ist längst nicht mehr zufriedenstellend. Man lebt nebeneinander her, Konflikte hat man selten, doch ebenso wenig Zärtlichkeit. Die Sexualität ist bereits seit langer Zeit eingeschlafen. Die beiden führen eine „Fassaden-Ehe". Zu den Wahlen und den vielen politischen Anlässen zeigt sich Gerta gern mit Klaus, da Gertas politische Partei familiäre Werte hochhält. Eine Scheidung kommt für sie nicht infrage, auch wenn Klaus immer häufiger klagt, dass er sich von ihr nicht mehr gesehen fühle, er in ihrem Leben keine Rolle mehr spiele, außer als repräsentatives Anhängsel bei ihren politischen Anlässen. Trotz Entfremdung und Unzufriedenheit bleiben Gerta und Klaus zusammen.

Gerta und Klaus verkörpern den Typ der *pragmatischen Liebe*. Sie bleiben zusammen, weil es Gertas politischer Karriere dient. Eine Scheidung würde sich nicht gut machen. Man arrangiert sich, hält die äußere Fassade aufrecht. Im Rampenlicht mimt man das glückliche Paar.

Zum Nachdenken

Kennen Sie Paare, welche nur wegen des äußeren Scheins zusammenbleiben? Wie sieht es in der Partnerschaft Ihrer Eltern aus? Wie wichtig ist der äußere Schein in Ihrer eigenen Beziehung?

Paare können eine Trennung auch vermeiden wollen, weil diese mit bürokratischen Hürden, hohen Kosten oder einer schlechteren finanziellen Situation nach der Trennung verbunden sein kann. Wenn die Trennung oder Scheidung eine Verschlechterung des Lebensstandards bedeutet, die man nicht gewillt ist hinzunehmen, bleibt man häufig auch einfach aus diesem Grund beim Partner. Liebe hat damit viele Gesichter. Oft dient sie einem Zweck. Solange dieser für beide einigermaßen stimmt, besteht sie fort. Dabei spielt Commitment als rationales Kalkül eine Rolle. Man bleibt, weil es für einen besser ist, als zu gehen, weil das Bleiben letztlich mehr Vorteile bringt als die Trennung. Das Konto der Liebe bedeutet nicht immer tiefe emotionale Verbundenheit, es bedeutet ganz oft einfach Sicherheit, Bequemlichkeit, die Wahrung eines Images oder eines Lebensstils.

Obwohl eine längerfristige Partnerschaft oder Ehe aus romantischer Liebe für viele die Idealvorstellung ist, gilt dies bei weitem nicht für alle. Nach wie vor ist die pragmatische Liebe weit verbreitet, bei der Partnerwahl ebenso wie beim Verbleiben in einer Paarbeziehung. Liebe soll nicht zu anstrengend sein. Das Eingehen einer Partnerschaft aus romantischer Liebe wurde für die breite Bevölkerung überhaupt erst in den letzten fünfzig Jahren eine Option, früher ging es hauptsächlich um die Wahrung des Standes, finanzielle Absicherung und eine gesicherte Zukunft. Geld, Verlässlichkeit oder Tüchtigkeit mit Aussicht auf finanziellen oder sozialen Erfolg spielten eine größere Rolle als Liebe. Romantische Liebe ist gut und recht, alle reden von ihr und preisen sie, doch letztlich möchten viele vor allem eine gute Partie, welche einem ein sorgenfreies Leben ermöglicht. Dieses Ziel war früher leitend, ist aber heute nicht minder oft anzutreffen. Deutlich wird dies auch in Studien zur Partnerwahl.

Viele Paare bleiben zusammen, weil eine äußere Klammer sie zusammenhält. Es ist nicht mehr oder war nie die romantische Liebe. Es gibt viele gute andere Gründe oder Druck von außen, weshalb man ein Paar wurde und bleibt.

Stellen Sie sich vor, Sie könnten aus einer Reihe von Bildern einen Partner, eine Partnerin auswählen. Die Bilder stellen unterschiedlich attraktive, unterschiedlich hübsche Personen dar. Welche Personen würden Sie auswählen?

Normalerweise wählt man den Partner, die Partnerin in Abhängigkeit der selbst eingeschätzten Attraktivität. Wenn man sich als mittelattraktiv einschätzt, wählt man mittelattraktive Personen oder leicht attraktivere.

Nun sehen Sie zwei Personen, welche Ihrem Niveau entsprechen, beide sind äußerlich ähnlich attraktiv. Beide kommen als Partner, den Sie auswählen, potenziell infrage. Auf der Rückseite des Bildes stehen kurze Angaben zu Beruf und Einkommen. Sie sehen, dass die eine Person einen guten Job mit entsprechend hohem Einkommen hat. Der andere kann in dieser Hinsicht nicht punkten. Welchen der beiden wählen Sie aus?

Die Antwort hängt von Ihrem Geschlecht ab. Als Frau werden Sie mit hoher Wahrscheinlichkeit die Person mit dem besseren Einkommen, aber ähnlicher Attraktivität wählen. 84 % der Männer achten bei der Partnerwahl stärker auf das Äußere, während 67 % der Frauen die finanzielle Perspektive besonders gewichten.[10]

Ähnlich verhält es sich bei der Frage, ob man beim Partner, bei der Partnerin bleiben soll, wenn die Beziehung ihre ursprüngliche Faszination verloren hat. Gibt einem der Partner finanzielle Sicherheit, bietet er einem Wohlstand, Status und ein bequemes Leben, überlegt man es sich zweimal, ob man ihn verlassen will. Damit man dies tut, braucht es eine deutlich bessere Alternative, die vielversprechender ist. Viele gehen Partnerschaften ein und halten diese aufrecht, weil es in irgendeiner Weise lohnend ist. Da spielt die romantische Liebe oft eine untergeordnete oder gar keine Rolle. Wenn das Bankkonto ausreichend attraktiv ist, lohnt es sich für viele zu bleiben.

Commitment kann auch rein *moralisch* oder *religiös* begründet sein. Man bleibt zusammen, weil man sich dazu verpflichtet fühlt. Man bleibt in der Partnerschaft oder Ehe aus einer inneren Überzeugung heraus, dass man bis zum Tod zusammenbleiben sollte oder den anderen nicht im Stich lassen darf. Menschen mit einem hohen moralischen Commitment sehen es als ihre Pflicht an, die Partnerschaft zu erhalten. Für sie kommt eine Trennung oder Scheidung nicht infrage, da es ein Verstoß gegen ihre Werte wäre.

Das Commitment kann durch folgende drei Motive gekennzeichnet sein: das *„Müssen-Motiv“* („Ich muss in dieser Beziehung bleiben, da ich keine bessere Alternative habe“), das *„Sollen-Motiv“* („Ich soll in dieser Beziehung bleiben, weil es sich so gehört und von mir erwartet wird“) und das *„Wollen-Motiv“* („Ich will in dieser Partnerschaft bleiben, weil ich den Partner liebe“).[11]

Wenn Sie Ihren Partner fragen, weshalb er bei Ihnen ist und vorhat zu bleiben, und er antwortet, weil er müsse (es sei halt praktisch so und mit dem geringsten Aufwand verbunden) oder weil er solle (es sei ihm moralisch nicht möglich zu gehen), dann werden Sie vermutlich enttäuscht, verletzt oder gekränkt sein. Wer möchte einen Partner, der bei einem bleibt, weil er muss oder soll? Man möchte einen Partner, der mit klarer, fester und überzeugter Stimme antwortet, dass er bei einem sein und bleiben möchte, weil er einen liebt.

Genauso möchte er von Ihnen hören, dass Sie ihn lieben und aus diesem Grund in der Beziehung sein möchten. Auch wenn man sich im Alltag arrangiert und aus pragmatischen Gründen in der Beziehung bleibt (viele tun dies auch den Kindern zuliebe und warten mit einer Trennung oder Scheidung, bis diese erwachsen sind), gestehen es sich die wenigsten ein. Das Bild von der romantischen, prickelnden Liebe ist zu sehr verbreitet, als dass man sich ohne weiteres eingestehen würde, dass man nicht aus diesem Grund beim Partner, bei der Partnerin bleibt. Ideal und Wirklichkeit klaffen sehr oft auseinander, und nicht in allen Fällen sind Beziehungen, welche bereits Jahrzehnte dauern, ein Ausdruck tiefer Liebe und Sinnbild einer positiven Bilanz. Nur zu oft sind sie leider Ausdruck von Kalkül oder Bequemlichkeit.

Wie sieht dies bei Ihnen aus, wenn Sie ganz ehrlich in sich hineinblicken? Welche Rolle spielen die drei Motive für Sie? Oder für Ihren Partner, Ihre Partnerin?

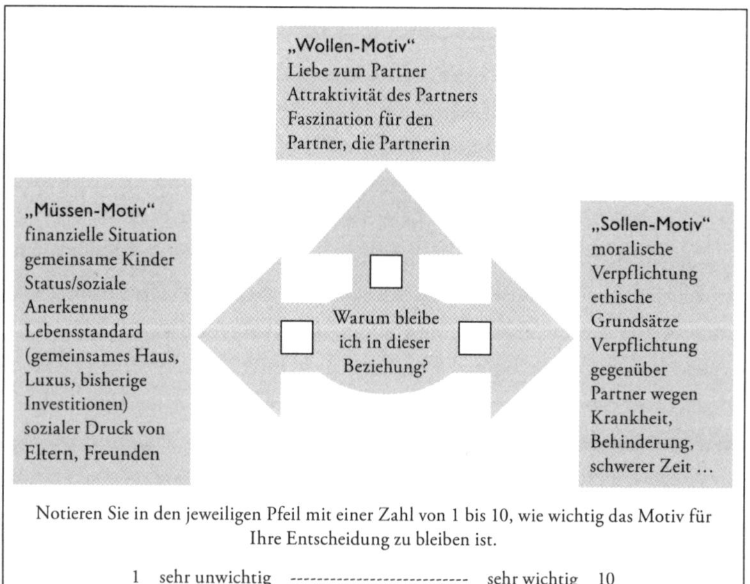

Abbildung 2: Selbstevaluation: Aus welchen Gründen bin/bleibe ich bei meinem Partner, meiner Partnerin?

Ihr Partner, Ihre Partnerin kann dieselbe Aufgabe machen. Tauschen Sie sich anschließend über Ihre Einschätzungen aus. Überlegen Sie sich, warum Sie welches Motiv am stärksten gewichtet haben.

Unabhängig davon, welches Motiv man in der aktuellen Beziehung am stärksten wahrnimmt, letztlich wünschen sich alle die Dauerhaftigkeit der Partnerschaft aufgrund eines Commitments, das von wahrer Liebe getragen ist. Der andere soll von ganzem Herzen aus *Wollen*. Wahre Liebe soll das Fundament des Zusammenseins sein, nicht Pragmatik oder Tugend. Jeder möchte, dass der andere bei einem aus dem „Wollen"-Motiv heraus ist und bleibt. Alle suchen dasselbe: Man möchte exklusiv für den anderen sein, exklusiv von ihm geliebt werden.

Liebesbasiertes Commitment („Wollen-Motiv") ist diejenige Art von Motivation zur Partnerschaft, welche man sich tief im Innersten vom Partner wünscht: Der andere möchte in dieser Beziehung sein und bleiben, weil sie für ihn wertvoll ist und er diese Lebensform aus freien Stücken heraus wählt. Er engagiert sich für die Partnerschaft, weil er einen liebt und auch in Zukunft bei einem sein möchte. Es ist eine persönlich motivierte Entscheidung. Es ist ein Bleiben aus Liebe.

Wollen, Müssen und Sollen können auch gemeinsam auftreten. Man liebt den Partner („Wollen"-Motiv), fühlt sich aus moralischen Gründen zum Bleiben verpflichtet („Sollen"-Motiv) und möchte auch den Kindern zuliebe die Partnerschaft aufrechterhalten („Müssen"-Motiv). Paare, bei denen alle drei Formen vorliegen, erweisen sich als besonders stabil. Sie schöpfen aus allen drei Quellen Kraft für ihr Engagement und die dauerhafte Verbindlichkeit. Nicht zu jedem Zeitpunkt sind alle drei Aspekte gleich ausgeprägt. Manchmal ist die eine oder andere Form des Commitments vorherrschend oder die eine oder andere Form fehlt völlig. Wenn die Liebe zum Partner erkaltet ist (verblasstes „Wollen"-Commitment), führen bessere, attraktivere Alternativen trotzdem häufig nicht zwangsläufig zur Trennung, wenn das „Müssen"- oder „Sollen"-Motiv weiterhin ausgeprägt sind.

Wenn das Commitment unterschiedlich ist

Schwierig wird es, wenn das Commitment nicht bei beiden Partnern gleich, in ähnlicher Stärke und aufgrund derselben Motive (Wollen, Sollen, Müssen) vorliegt, wenn sich einer für die Partnerschaft einsetzt, während der andere „Trittbrettfahrer“ ist. Wenn einer aus Liebe die Beziehung wünscht („Wollen-Motiv“) und der andere aus pragmatischen Gründen („Müssen-Motiv“), ist dies nicht einfach. Wenn der eine von der Langfristigkeit träumt und in diese Vision investiert, während der andere keine Verbindlichkeit sucht, sich einfach mal treiben lassen möchte, Probleme damit hat, sich festzulegen, liegt ein Problem vor.

Wenn das Commitment der beiden Partner vorübergehend oder phasenweise unterschiedlich stark ist, was durchaus natürlich ist und bei den meisten Paaren vorkommt, stellt dies kein sonderliches Problem dar. Liegt jedoch die Dauerhaftigkeit der Partnerschaft nicht beiden Partnern gleichermaßen am Herzen oder beruht die Beziehung auf unterschiedlichen Motiven, wird dies irgendwann zum Spannungsfeld. Ein ungleiches Commitment (ob objektiv oder subjektiv wahrgenommen spielt letztlich eine untergeordnete Rolle) führt zu Leidensdruck und bei vielen Paaren früher oder später zur Auflösung der Paarbeziehung.

Doch wie merkt man, ob das eigene und das Commitment des Partners übereinstimmen? Wie kann man gewiss sein, dass der andere dieselben Ziele verfolgt, dieselben Investitionen in die Liebe zu tätigen bereit ist, wie man selber? Natürlich könnte man den anderen fragen. Doch gerade dies tun viele nicht. Sie scheuen sich, dieses Thema anzusprechen. Viele Frauen tauschen sich stattdessen lieber mit ihren besten Freundinnen aus, interpretieren mit ihnen die Aussagen und Verhaltensweisen des Partners, suchen gemeinsam mit ihnen nach Hinweisen für sein Commitment. Sie analysieren gemeinsam seine Worte und Taten. Manchmal liegen sie richtig, häufig falsch.

> Commitment drückt das Bedürfnis nach Langfristigkeit und Beständigkeit der Paarbeziehung aus. Wenn beide Partner nicht dasselbe Bedürfnis oder dasselbe Verständnis von Verbindlichkeit haben, wird es kompliziert.

Ergiebiger ist die Analyse des eigenen Leidensdrucks. Wenn man merkt, dass einem das Commitment des anderen nicht genügt, dass man den Eindruck hat, mehr in die Beziehung zu investieren als der andere, dann ist dies ein Zeichen dafür, dass etwas mit dem Commitment nicht stimmt. Wenn man ständig die Initiative für die Partnerschaft ergreifen muss, wenig vom anderen kommt und der andere auch nicht das Bedürfnis verspürt oder die Notwendigkeit erkennt, sich für die Beziehung zu engagieren, ist dies Ausdruck eines fehlenden oder mangelhaften Commitments des Partners, der Partnerin. Sobald der Eindruck entsteht, dass man selbst mehr auf das Beziehungskonto einzahlt als der andere, man sich über den Tisch gezogen oder ausgenutzt fühlt, unsicher ist, ob es der andere ernst meint oder gleich ernst wie man selber, ist der Zeitpunkt gekommen, das Commitment zu thematisieren. Diese Zweifel und der Leidensdruck lügen nie. Es gilt, ihnen nachzuspüren, festzustellen, woher die Unzufriedenheit kommt. Zur Klärung hilft nur das Gespräch, in welchem man den anderen mit der Frage nach seinem Commitment konfrontiert. Was bedeutet die Beziehung für dich? Wie viel Verbindlichkeit bist du bereit einzugehen? Wie ernst ist es dir mit dieser Beziehung? Wieso habe ich den Eindruck, dass ich mich stärker engagiere und mehr in uns investiere? Und hier sollte man keine halben Antworten akzeptieren. Gleichzeitig sollte man genauso offen auf diese Fragen des Partners, der Partnerin eingehen und sich ehrlich überlegen, ob man ausreichend und fair in diese Beziehung investiert.

Sina (36 Jahre alt) empfindet ihren Partner Andreas (37 Jahre alt) seit der Geburt des zweiten Kindes als distanziert. Sie haben seit zwei Jahren keinen Sex mehr. Er arbeitet viel, kommt abends spät nach Hause, ist häufig gereizt oder zieht sich zurück. An den Wochenenden möchte er vor allem seine Ruhe, macht deutlich, dass er erschöpft ist und Zeit für sich braucht. Auch bei den gemeinsamen Abendessen wirkt er abwesend. Er fragt nie nach, wie es ihr geht, beteiligt sich nur am Rande an den Gesprächen am Tisch, steht auf, sobald er fertig gegessen hat. Er ist nicht mehr fürsorglich, interessiert sich nicht mehr für Sina wie früher. Wenn sie ihn darauf anspricht, weicht er aus, sagt, es sei alles in Ordnung, er sei nur müde. Er arbeite hart.

Was Sina erlebt, schildern viele Paare. Es sind am Anfang häufig kleine, unscheinbare Veränderungen im Verhalten, die einem auffallen. Der Partner wirkt weniger offen, ist seltener zu Hause, wirkt unbeteiligter als früher, nimmt am Paar- oder Familienleben nicht mehr gleichermaßen teil, wirkt abwesend und distanziert. Etwas hat sich unmerklich verändert. Es öffnet sich eine Kluft zwischen den beiden. Diese gilt es wahrzunehmen und anzusprechen. Sina macht dies richtig. Doch sie lässt sich zu schnell abspeisen. Das Verhalten von Andreas ist nicht nur aufgrund von harter Arbeit und Müdigkeit erklärbar. Es hat einen anderen, tieferen Hintergrund. Diesen gilt es zu ergründen, mit wohlwollender Hartnäckigkeit. Sina sollte daher am Ball bleiben und Andreas klarmachen, dass diese Veränderungen nicht nur Ausdruck von Müdigkeit sein können. Es steckt etwas anderes dahinter.

Zum Nachdenken
Kennen Sie die Reaktionen von Andreas bei Ihrem Partner, Ihrer Partnerin ebenfalls? Wie gehen Sie damit um, wie schnell lassen Sie sich abwimmeln? Wie sieht es umgekehrt aus: Gehen Sie auf die Bedenken und Fragen Ihres Partners, Ihrer Partnerin ein?

Veränderungen im Commitment können bereits früh in der Beziehung eintreten oder sich in deren Verlauf ausbilden. Während in der Verliebtheitsphase beide mit Commitment meist noch nicht geizen, ändert sich dies rasch danach.

Realisiert man ein Ungleichgewicht im Commitment oder Veränderungen im Verhalten des Partners, gilt es dies anzusprechen. Tut man dies nicht, leidet man nicht nur selber darunter, sondern auch die Beziehung. Das Paar entfremdet sich. Die Partnerschaft wird unterhöhlt.

Dies kann innere oder äußere Gründe haben. *Innere Gründe* für ein schwaches oder fehlendes Commitment schon früh zu Beginn der Beziehung oder auch in deren Verlauf können die folgenden sein:

- *Zweifel* und *Unsicherheit*, sich auf diesen Menschen voll einzulassen (Passt er wirklich zu einem? Will man eine verbindliche, feste Beziehung mit ihm? Ist er der Richtige?).

- *Zögern* aufgrund von früheren negativen Beziehungserfahrungen (Man wartet vorsichtig ab und tastet sich langsam heran, da man ein „gebranntes Kind" ist und nicht erneut verletzt werden möchte).
- *Noch nicht bereit sein* für eine feste Partnerschaft (Man möchte noch mehr Beziehungserfahrung sammeln, sich noch nicht endgültig einlassen, sich nicht festlegen, das Leben genießen und sich nicht vorschnell an eine Person binden. Man ist noch nicht bereit für eine dauerhafte Beziehung).
- *Angst* vor Verletzung (Man lässt sich nicht ganz ein, um nicht enttäuscht oder zurückgestoßen zu werden, schützt sich vor Verletzungen und Kränkungen).
- *Generelle Unfähigkeit,* sich auf andere emotional einlassen zu können (aufgrund von Bindungsunsicherheit, einer schwierigen Persönlichkeit, traumatischen Erfahrungen).
- *Mangelnde Bereitschaft,* sich auf einen oder diesen einen Menschen voll einlassen zu können (aufgrund liberaler, progressiver Einstellungen zu Partnerschaft, Sexualität oder Treue, einem großen Freiheitsdrang, starkem Individualismus).

Äußere Gründe für mangelndes oder fehlendes Commitment können sein:
- Zu wenig klare Zeichen des Commitment des anderen.
- Keine Zeit für eine Beziehung aufgrund einer beruflichen oder persönlichen Stressphase.
- Einschneidende Lebensereignisse (aktuell schwierige Lebensphase).
- Zu viele mögliche Optionen gleichzeitig (man datet mehrere Personen gleichzeitig und kann oder will sich nicht entscheiden).
- Unklare Signale seitens des anderen und damit eine Hemmung, sich voll auf diesen einzulassen.

Beide Gründe können auch zusammen auftreten. Auf sie gilt es zu hören. Wenn etwas nicht stimmt, dann sollte man dies nicht unter den Teppich kehren und so tun, als ob alles in Ordnung wäre. Das Commitment muss man von Beginn an einfordern und die ganze Beziehung über dranbleiben. Aber es gilt auch, auf das eigene Commitment zu achten. Ist man selber engagiert? Stimmt für einen die Verbindlichkeit in dieser Partnerschaft? Hat man ausreichend Interesse an diesem Menschen, um sich an ihn zu binden? Warum zögert man, was lässt einen warten? Was hemmt einen?

Um diese Fragen genauer beantworten zu können, gilt es drei Formen des Commitments zu unterscheiden: Das willentliche, das emotionale und das sexuelle Commitment. Man selber oder der Partner, die Partnerin können unterschiedlich starkes Commitment in diesen drei Bereichen zeigen. Letztlich wünschen wir uns in allen drei Bereichen ein starkes Commitment des Partners, der Partnerin. Was genau damit gemeint ist, darauf gehen wir im Folgenden ein.

„Mit dir möchte ich alt werden!" – willentliches Commitment

Wenn man sich vornimmt, mit dem Partner alt zu werden, ihm das Leben lang treu zu sein und ihm in guten und schlechten Zeiten zur Seite zu stehen, ist dies ein willentliches Commitment. Es ist eine *bewusste Entscheidung* für die Partnerschaft und ihre Beständigkeit. Doch reicht es in der Regel nicht aus, wenn man dieses willentliche Commitment für sich im Stillen beschließt. Der Partner, die Partnerin möchte davon erfahren, möchte, dass es auch andere außerhalb der Beziehung zur Kenntnis nehmen.

Willentliches Commitment ist ein *Bekenntnis* zu dieser Beziehung gegenüber dem Partner, aber ebenso gegenüber der Umwelt.

Paare jedes Alters, jeglicher sexuellen Orientierung und unabhängig von der Beziehungsdauer wünschen sich Verbindlichkeit und die Gewissheit, dass man definitiv oder für längere Zeit zusammengehört. Der Satz „Nun sind wir zusammen" bedeutet vor diesem Hintergrund mehr als nur eine Floskel. Es ist ein verbales Bekenntnis zueinander, ein Bekenntnis zum „Wir". Man hat sich für den anderen entschieden und signalisiert nach außen, dass man zusammengehört, ein Paar ist.

Wie eng oder lose diese Beziehung definiert wird, ist nicht entscheidend. Man tritt als Paar in Erscheinung, präsentiert sich im Freundeskreis und in der Familie als *zusammengehörig*. Das ist, was zählt. Die Entscheidung zusammenzugehören wird nach außen kommuniziert: verbal, indem man anderen mitteilt, dass man nun ein Paar ist, oder nonverbal durch Händchenhalten, eng umschlungen durch die Gegend laufen, öffentlichem Küssen. Interessanterweise und in Kontrast zu früheren Gepflogenheiten gelten Zungenküsse oder Sex nicht mehr oder nicht zwangsläufig als Bekenntnis zu einer Partnerschaft. Viele sind sexuell mit jemandem aktiv, ohne dass damit das Verständnis verbunden wäre, dass man sich als Paar definiert und mit dieser Person zusammen sein möchte. „Freundschaft Plus" ist ein gängiges Beziehungsmodell. Viele haben Sex miteinander, ohne dabei die Idee im Hinterkopf zu haben, mit dieser Person eine Beziehung eingehen zu wollen. Damit sind Handlungen weniger verbindlich geworden als Worte. Aussagen, welche das willentliche Commitment ausdrücken, sind entscheidend. Erst wenn man sich verbal zueinander bekannt hat, ist man ein Paar.

Damit kommt dem Satz „Am Anfang war das Wort" auch in Partnerschaften eine besondere Bedeutung zu. Die entscheidende Aussage „Wir sind ein Paar" bildet den Startpunkt der Zweierbeziehung. Dieser wichtige Satz kann mündlich von Angesicht zu Angesicht ausgesprochen oder per SMS bzw. WhatsApp versandt werden. Die Form ist weniger wichtig, als dass der Satz ausgesprochen wird. Denn damit geht man einen „mündlichen Vertrag" ein, von dem beide wissen, was er zu bedeuten hat, was man voneinander erwartet. Die wenigsten allerdings sprechen konkrete Erwartungen aus oder legen fest, was es nun zu bedeuten hat, dass sie ein Paar sind. Doch implizit stehen Erwartungen unmissverständlich im Raum.

> Jede Partnerschaft beginnt mit einem Bekenntnis zum „Wir". Es braucht für die meisten ein verbales Bekenntnis. Viele Paare symbolisieren die Paarbildung darüber hinaus durch ein Ritual, tragen einen Ring, gemeinsamen Schmuck oder schenken sich etwas Persönliches. Der Tag oder Moment, ab dem man sich neu als Paar versteht, stellt damit einen definierten Startpunkt dar und wird von vielen (zumindest zu Beginn oder über eine gewisse Zeit hinweg) in der einen oder anderen Form in Erinnerung behalten oder gefeiert (vergleichbar dem Hochzeitstag).

Während in früheren Zeiten die *Verlobung* die nächste Stufe einer auf Dauer angelegten Partnerschaft darstellte, ist diese Form der Verbindlichkeit heute aus der Mode gekommen. Wenige Paare verloben sich noch – Prominente häufiger als Normalsterbliche und meist im Sinne einer medienwirksamen Inszenierung in der Öffentlichkeit.

Das stärkste Symbol des willentlichen Commitments findet sich zweifellos in der *Eheschließung*. Die Heirat stellt für viele Menschen den Höhepunkt ihrer Liebe und Verbindung dar und wird deshalb pathetisch oft als der „schönste Tag im Leben" bezeichnet. Durch die Eheschließung bekennt man sich zum anderen in aller Form, nennt den anderen zärtlich die „bessere Hälfte" oder „meine Frau" und „mein Mann“ und nicht mehr Freund, Partnerin oder Lebensgefährten.

Beim Ehegelübde verspricht man sich die Beziehung für die Ewigkeit, und dies seit Jahrhunderten in weitgehend unveränderter Form („Ich gelobe dich zu lieben, zu achten und zu ehren und dir die Treue zu halten alle Tage meines Lebens, in guten und bösen Tagen, in Gesundheit und Krankheit – bis dass der Tod uns scheidet“).

Für viele mag das Eheversprechen heute veraltet und verstaubt, konservativ, rückständig oder spießig daherkommen. Doch immer noch wohnt der Ehe ein Zauber inne, eine Magie, die auch die Moderne nie ganz zu entzaubern vermochte.

Fabienne (38 Jahre alt) und Markus (46 Jahre alt) sind seit 15 Jahren ein Paar. Sie haben zwei Kinder. Für Markus war die Ehe kein Thema, da er sich nach der Scheidung von seiner ersten Frau keine Ehe mehr vorstellen konnte. Die Vorstellung, sich nochmals auf diese Form der Beziehung einzulassen, war für ihn ein rotes Tuch. Fabienne beteuerte zwar auch immer, dass Ehe etwas Spießiges und Unnötiges sei, dennoch spürte sie zunehmend ein gewisses Unbehagen, wenn sich ihre Freundinnen allmählich eine nach der anderen verheirateten. Das Unbehagen ging schließlich in Zweifel über, ob für sie die aktuelle Beziehungsform längerfristig stimmte, da sie sich zwar nicht aus traditionellen Gründen, aber doch irgendwie tief im Innersten eine größere Verbindlichkeit von Markus wünschte und ein Zeichen für diese Partnerschaft setzen wollte. Irgendwie empfand sie es auf einmal als stimmiger, von ihrem „Mann“ sprechen zu können als von ihrem „Partner“. Markus erzählte sie nichts davon, sprach das Thema nie an. Als er eines Tages ankam und sie scheu fragte, was sie davon hielte, wenn sie heiraten würden, kamen ihr die Tränen.

Markus und Fabienne stehen für viele moderne Paare. Man lehnt nach außen die Ehe ab, findet, dass diese unnötig und antiquiert sei, dass man sich auch so lieben, zusammen sein und Kinder haben könne, ohne diese unnötige Formalisierung der Partnerschaft. Und trotzdem spüre ich bei vielen eine Ambivalenz. Sie möchten sich modern und progressiv geben, und dennoch sind viele der Ehe gegenüber gar nicht so abgeneigt, wie sie sich den Anschein geben. Oder wenn es keine Ehe sein soll, dann sehnt man sich doch wenigstens nach einer Klärung des Beziehungsstatus, nach einem verbindlichen Commitment des Partners, der Partnerin. So erzählte mir jüngst eine junge Frau Ende zwanzig, dass für sie die Heirat vor zwei Jahren der Höhepunkt in ihrem Leben gewesen war. Der schönste und denkwürdigste Tag. Ich fragte nach, warum sie denn geheiratet hätte. Sie antwortete, weil das irgendwie dazugehöre. Erst dann sei es eine „richtige" Beziehung. Sonst fehle das Tüpfchen auf dem i. Ohne die Heirat wäre ihre Liebe nicht komplett gewesen.

Dies ist kein Einzelfall. Viele hegen innerlich diesen Wunsch. Ihn auszusprechen fällt vielen schwer – weil sie denken, der andere wolle dies nicht, oder weil sie sich von der Gesellschaft dazu getrieben fühlen, modern sein zu müssen.

Statistisch gesehen ist die Ehe nicht so sehr aus der Mode gekommen wie viele behaupten. Zwar heiraten viele Paare später als in früheren Epochen, doch die meisten Partnerschaften münden irgendwann in eine Ehe. Rund 95 % der Bevölkerung sind irgendwann in ihrem Leben verheiratet. In den deutschsprachigen Ländern sind es immerhin rund 75 %. Eingetragene Partnerschaften gleichgeschlechtlicher Paare nahmen von 2006 bis 2017 kontinuierlich zu (von 12.000 auf 53.000). Seit im Jahr 2017 die Möglichkeit zur Heirat für gleichgeschlechtliche Paare eingeführt wurde, verzeichnen diese Eheschließungen in Deutschland ebenfalls eine bemerkenswerte Zunahme von 37.000 in 2018 auf 52.000 in 2019.

Doch letztlich ist nicht die Formalisierung der Beziehung oder die Eheschließung entscheidend und ein Garant für deren Dauerhaftigkeit, wie die hohen Scheidungsraten von über 40 % in Westeuropa verdeutlichen, sondern das Commitment.

> Der Trauschein oder das Versprechen, füreinander da zu sein, hält eine Partnerschaft nicht lange über Wasser. Es ist das Engagement für die Beziehung im Alltag. Wichtiger als die äußere Form ist die innere Orientierung und das willentliche Commitment: die bewusste Entscheidung für die Partnerschaft und ihre Beständigkeit, die in der täglichen Interaktion mit dem Partner, der Partnerin gelebt werden will.

Ist das willentliche Commitment nur ein

leeres Lippenbekenntnis, trägt es nicht ein Leben lang. Mit Worten oder guten Gedanken allein schafft man keine Partnerschaft auf Dauer. Das Eheversprechen ist daher nur so viel wert, wie es sich auch im gelebten Alltag bewährt. Willentliches Commitment sollte sich nicht auf *schöne Phrasen* beschränken, sondern *ein aktives Bestreben* verdeutlichen, sich die Faszination für den anderen zu erhalten, seine positiven Seiten stärker zu gewichten als die negativen und sich diese positive Sicht des Partners, der Partnerin nicht von kleinen Störfaktoren untergraben zu lassen.

Willentliches Commitment spiegelt die Bereitschaft wider, störende Macken, Fehler und Schwächen des Partners zu tolerieren und trotz Enttäuschungen und Einschränkungen die Paarbeziehung zu bejahen. Willentliches Commitment gibt immer wieder den Anstoß dazu, sich ein positives Bild vom Partner zu bewahren, dessen Unzulänglichkeiten zu akzeptieren und diesen gegenüber in einem gesunden Maß tolerant und großzügig eingestellt zu sein und zu bleiben. Auch wenn die rosarote Brille der Verliebtheitsphase nicht ein Leben lang die Illusion aufrechterhalten kann, dass man den besten, schönsten, klügsten, witzigsten oder liebsten Partner gefunden hat, bemüht man sich im willentlichen Commitment darum, den Zauber, der dem Anfang innewohnte, nicht ganz zu verlieren. Auch wenn man den Partner im Laufe der Zeit realistischer zu sehen beginnt und die ursprüngliche Idealisierung abnimmt, gilt es, sich einen Teil der *Faszination* und *Begeisterung* für ihn zu erhalten.

Willentliches Commitment bedeutet nicht, dass man sich in die Tasche lügt und blind gegenüber Schwächen oder störenden Eigenschaften des Partners, der Partnerin ist. Es bedeutet vielmehr, dass man sich immer wieder positiv positioniert, wie zu dem Zeitpunkt, als man sich sicher war, zusammenbleiben zu wollen. Wie damals, als man großzügig über Schwächen des Partners, der Partnerin hinwegsah, kann man auch noch nach Jahren diese Haltung bewahren.

Jeder Partner sollte immer wieder ein inneres *positives Sich-Verankern* vornehmen, um die Partnerschaft längerfristig zu erhalten und das Wundervolle an ihr zu bewahren, ähnlich wie man in Situationen großer Verärgerung trotzdem Anstand gegenüber anderen wahrt oder trotz bestimmter Verlockungen nicht zu einem Dieb wird. Nur ein geringer Prozentsatz der Bevölkerung stiehlt Waren in einem

Kaufhaus, obgleich es unzählige Gelegenheiten dazu gäbe, mal etwas mitgehen zu lassen, was man begehrt oder sich nicht leisten kann. Warum tun es die meisten nicht? Weil man gelernt hat, dass man nicht stiehlt, dass sich dies nicht gehört, es ein krimineller Akt ist. So unbedeutend zum Beispiel der Diebstahl von Kaugummi finanziell auch sein mag, man stiehlt ihn nicht – wegen der Werte, die man von den Eltern, Großeltern und anderen wichtigen Bezugspersonen eingeprägt bekommen hat. Das ist mit willentlichem Commitment in der Partnerschaft gemeint: diese *inneren Werte*, welche einem Halt geben.

> Sich das Positive zu bewahren, erfordert ein konstantes Bewusstsein, dass man vor allem das Schöne am Partner und das Wertvolle der Partnerschaft im Blick behält. Nur so gelingt es, das kostbare Geschenk der Liebe zu bewahren. Nur so nimmt es im Alltag keinen Schaden, wird vom Zahn der Zeit nicht zernagt.

Doch dieser innere Anker kann in bestimmten Situationen den Halt verlieren, in denen der Wunsch nach etwas Neuem zu groß und die Verheißung, etwas Besseres zu erhalten, zu verlockend ist. In dieser Situation helfen das Innehalten und das Führen eines *inneren Monologs*. In dieser Situation gilt es, sich mit einer inneren Stimme deutlich und bestimmt die eigenen inneren Werte bewusst zu machen. Solche inneren Gespräche helfen, auf dem rechten Weg zu bleiben. Willentliches Commitment in der Partnerschaft ist nichts anderes als diese *innere Stimme*, die einen mahnt, warnt und einem immer wieder den richtigen Weg weist. Besonders relevant wird diese innere Stimme in Situationen von attraktiven Alternativen zur aktuellen Beziehung.

Werner (52 Jahre alt) lebt seit fünfzehn Jahren in einer festen Partnerschaft. Er ist zufrieden, findet seine Partnerin toll und ist glücklich mit ihr. Während eines dreitägigen Weiterbildungskurses im Ausland lernt er eine Französin kennen. Sie ist keck, lacht viel, hat eine erfrischende, neckische Art. Bei einer Stadtbesichtigung tauschen sie sich aus. Sie beeindruckt ihn mit ihrem Wissen. Ihm gefällt ihre offene Art, ihr kulturelles Interesse, ihre fundierten geschichtlichen Kenntnisse. Er ist fasziniert von ihr: wie sie spricht, wie sie geht, dieser geschmeidige Gang. Abends geht sie ihm nicht mehr aus dem Kopf. Anderntags sucht er einen Sitzplatz im Seminarraum an ihrer Seite.

Unvermittelt steht Werner zwischen zwei Frauen: seiner Frau, die er liebt und toll findet und mit der er seit langer Zeit zusammen ist, und dieser Französin, die in ihm etwas weckt. In dieser Situation braucht er diesen inneren Anker, diesen *Fürsprecher für seine eigene Partnerschaft*. Diesen Leuchtturm, der ihm den Weg weist, sein Schiff auf Kurs hält und ihn sicher durch stürmisches Gewässer navigiert. Je mehr er sich mit der Französin einlässt, je mehr er sich von ihr bezaubern lässt, desto mehr hängt auf einmal seine Partnerschaft an einem seidenen Faden. Willentliches Commitment wird in solchen Situationen besonders relevant. Ob Werner sich mit der Französin einlässt oder nicht ist letztlich seine freie Entscheidung. Ob er sich für seine Partnerin entscheidet, ist eine Frage des willentlichen Commitments.

Commitment bei Prüfungen und kritischen Lebensereignissen

Viele überlegen sich im normalen Beziehungsalltag nicht ständig, welch kostbares Geschenk die Partnerschaft darstellt, was sie am Partner haben und wie wichtig er für ihr Leben ist. Sie nehmen die Partnerschaft als Selbstverständlichkeit hin, als etwas, das man hat und das so bleiben wird. Vor lauter Alltagsroutine realisieren sie die Kostbarkeit der Liebe nicht. So wird das Commitment häufig erst dann relevant, wenn die Partnerschaft auf die Probe gestellt, die *Alltagsroutine* durchbrochen wird und wenn besondere *Anforderungen* an die Beziehung gestellt werden. Erst dann nimmt man ein fehlendes oder unbefriedigendes Commitment seitens des anderen wahr oder ertappt sich selbst dabei, dass das eigene Commitment bröckelt oder verloren gegangen ist. Oftmals wird leider das eigene willentliche Commitment und dasjenige des Partners, der Partnerin erst dann bewusst wahrgenommen, wenn Unvorhergesehenes eintritt, ein Ereignis, welches die Partnerschaft erschüttert oder infrage stellt.

Ereignisse, welche das Commitment herausfordern, sind meist Stressereignisse von großer Intensität oder längerer Dauer. Dieser Typ Stress wird als *kritische Lebensereignisse* bezeichnet. Es handelt sich um einschneidende, markante Veränderungen, welche die herkömmliche Routine durchbrechen und das Paar destabilisieren. In vielen Fällen erfordern solche Erlebnisse eine Neuorientierung als Paar.

Solche Ereignisse sind beispielsweise:

- Stellenverlust oder Arbeitslosigkeit,
- schwere Erkrankung oder chronische Krankheit,
- Behinderung infolge eines Unfalls,
- Auszug der Kinder,
- Kinderlosigkeit bei großem Kinderwunsch,
- Verlust eines nahen Angehörigen,
- Berufswiedereinstieg nach längerem Fernbleiben vom Arbeitsmarkt,
- Pensionierung,
- bekannt gewordene Untreue.

Diese Ereignisse (ob sie bei einem selber oder beim Partner auftreten, spielt eine untergeordnete Rolle) stellen Altbewährtes auf den Kopf, erschüttern das Gewohnte und Vertraute und erfordern *Anpassungsleistungen* in Form individueller und gemeinsamer Bewältigung. Man muss sich neu orientieren, die Beziehung neu definieren. Vielfach führen solche einschneidenden Ereignisse kurzfristig zu einer Erhöhung des Zusammenhalts und der Verbundenheit im Paar, doch bei fortgesetzter Dauer der Anforderungen kommt es häufig zu Spannungen, einem Einbruch des Commitments und Trennungsgedanken.

> Das Commitment wird einem oft erst dann bewusst, wenn die Partnerschaft aus ihrer gewohnten Bahn geworfen wird. Dies ist insbesondere bei kritischen Lebensereignissen der Fall. Das Schicksal fordert einen dazu auf, den Status und die Zukunft der Partnerschaft zu überdenken. Es handelt sich um eine Weichenstellung im Leben. Durch die neue Situation analysiert man die Bedeutung der Beziehung, was sie einem bringt, wie zufrieden man mit ihr ist, ob es sich trotz der neuen Ausgangslage weiterhin lohnt, beim Partner zu bleiben.

Obwohl die genannten Ereignisse allesamt gravierend sind, haben sie nicht alle dieselbe Bedeutung. Falls nicht selbst verschuldet, stellt eine schwere Krankheit oder eine Behinderung eine Prüfung dar, welche einem von außen auferlegt wird. Das Schicksal hat zugeschlagen und eine höhere Macht erfordert eine Umstellung des Lebens. Dieser Typ Stress prüft die Partnerschaft in anderer Weise als ein Ereignis, an dem der Partner vermeintlich oder offensichtlich die Schuld trägt. Eine Krebserkrankung, weil der Partner, die Partnerin über Jahre exzessiv rauchte und trotz der wiederholten Aufforderung, dieses bekannterweise gesundheitsschädigende Verhalten zu unterlassen, nicht damit aufgehört hatte, hat eine andere Bedeutung als eine schwere Erkrankung, die einen Menschen aus dem Nichts befällt. Ebenso verhält es sich mit der bekanntgewordenen Untreue des Partners. Die Tatsache, dass der Partner, die Partnerin einen betrogen hat, lässt die wenigsten kühl. Es ist eine Situation, mit der man nicht gerechnet hat, die eine neue Realität darstellt, mit der man allein und als Paar klarkommen muss.

Zum Nachdenken
Haben Sie schon solche schweren Prüfungen in Ihrer Partnerschaft erlebt? Wo ziehen Sie die Grenze zwischen den verschiedenen Ereignissen? Welche lösen bei Ihnen Empathie aus, welche Ärger und Frustration, welche Abneigung und Widerwillen?

Bei den diversen einschneidenden kritischen Lebensereignissen stellen sich auf einmal neue Fragen:

Bei schwerer Erkrankung oder Behinderung

- Ist man bereit, unter den neuen Konstellationen weiterhin für diese Partnerschaft einzustehen?
- Hat man ausreichend Kraft, um die Situation zu bewältigen und die Beziehung weiterzuführen?
- Will und kann man sich ein Leben mit einem Partner mit schwerer Erkrankung oder Behinderung vorstellen, den man gesund und unversehrt gewählt und im Vollbesitz seiner geistigen und körperlichen Kräfte geliebt, den man für seine Sportlichkeit und Kraft bewundert hatte?

- Ist man in der Lage, das Bild des Partners zu korrigieren, den gesunden Partner mit dem neuen, von Hilfe abhängigen, gebrechlichen oder versehrten Menschen zu tauschen?
- Kann man den Partner weiter lieben oder kann man ihn nur pflegen, sich um ihn kümmern?

Bei Stellenverlust und Arbeitslosigkeit

- Kann man sich die Partnerschaft weiterhin vorstellen, wenn der Partner seine Stelle und damit Status, Ansehen und seine finanzielle Attraktivität verloren hat?
- Ist das weiterhin die richtige Partnerschaft, wenn sie einem den bisherigen Lebensstandard nicht mehr bieten kann?
- Ist man bereit, auf den früheren Luxus zu verzichten, sich auf ein bescheideneres Leben einzustellen, viele Privilegien nicht mehr zu besitzen?

Bei Untreue

- Ist man bereit und dazu in der Lage, die Untreue des Partners, der Partnerin zu verzeihen?
- Kann man dem Partner je wieder vertrauen, sich wieder auf ihn einlassen?
- Kann man die Beziehung trotz dieses Vorfalls weiterführen? Zu welchem Preis und unter welchen Bedingungen?
- Ist man bereit, diesen Preis zu bezahlen?

Bei den verschiedenen Stressoren

- Ist man bereit, mit den neuen Einschränkungen und Veränderungen konfrontiert, sich auf ein anderes Leben einzustellen?
- Reicht die Liebe für das weitere Leben zu zweit aus trotz der neuen Situation?
- Wo liegt die Schmerzgrenze? Wie viel ist man bereit zu ertragen?

Selbstevaluation: Wie würde ich mich verhalten, wenn mein Partner, meine Partnerin plötzlich nicht mehr derselbe/dieselbe wäre oder uns ein Schicksalsschlag träfe?

	Bleiben			Weiß nicht	Gehen		
	3	2	1	0	1	2	3
Bei schwerer Krankheit	☐	☐	☐	☐	☐	☐	☐
Bei einer Behinderung	☐	☐	☐	☐	☐	☐	☐
Bei längerer Arbeitslosigkeit	☐	☐	☐	☐	☐	☐	☐
Bei hoher Verschuldung	☐	☐	☐	☐	☐	☐	☐
Bei nur von ihm/ihr gewollter Kinderlosigkeit	☐	☐	☐	☐	☐	☐	☐
Bei von ihm/ihr verschuldeter Kinderlosigkeit	☐	☐	☐	☐	☐	☐	☐
Bei Kriminalität/Verbrechen	☐	☐	☐	☐	☐	☐	☐
Bei häuslicher Gewalt	☐	☐	☐	☐	☐	☐	☐
Bei einmaliger Untreue	☐	☐	☐	☐	☐	☐	☐
Bei wiederholter Untreue	☐	☐	☐	☐	☐	☐	☐
Bei	☐	☐	☐	☐	☐	☐	☐
Bei	☐	☐	☐	☐	☐	☐	☐
Bei	☐	☐	☐	☐	☐	☐	☐

Füllen Sie anschließend dieselben Fragen so aus, wie Sie denken, dass Ihr Partner reagieren würde, wenn Sie der Grund für eine Überprüfung seines Commitments wären. Auch er soll die Fragen für sich beantworten. Tauschen Sie sich anschließend über Ihre Einschätzungen aus.

Partnerevaluation: Wie denke ich, würde sich mein Partner, meine Partnerin mir gegenüber verhalten, wenn ich plötzlich nicht mehr derselbe/dieselbe wäre oder uns ein Schicksalsschlag träfe?

	Bleiben			Weiß nicht	Gehen		
	3	2	1	0	1	2	3
Bei schwerer Krankheit	☐	☐	☐	☐	☐	☐	☐
Bei einer Behinderung	☐	☐	☐	☐	☐	☐	☐
Bei längerer Arbeitslosigkeit	☐	☐	☐	☐	☐	☐	☐
Bei hoher Verschuldung	☐	☐	☐	☐	☐	☐	☐
Bei nur von mir gewollter Kinderlosigkeit	☐	☐	☐	☐	☐	☐	☐
Bei von mir verschuldeter Kinderlosigkeit	☐	☐	☐	☐	☐	☐	☐
Bei Kriminalität/Verbrechen	☐	☐	☐	☐	☐	☐	☐
Bei häuslicher Gewalt	☐	☐	☐	☐	☐	☐	☐
Bei einmaliger Untreue	☐	☐	☐	☐	☐	☐	☐
Bei wiederholter Untreue	☐	☐	☐	☐	☐	☐	☐
Bei	☐	☐	☐	☐	☐	☐	☐
Bei	☐	☐	☐	☐	☐	☐	☐
Bei	☐	☐	☐	☐	☐	☐	☐

Natürlich denkt man zu Beginn einer Paarbeziehung nicht, dass man sich je solche Fragen stellen muss. Viele bleiben zum Glück von schweren Schicksalsschlägen verschont und müssen sich diese Fragen auch nie stellen. Einige hingegen schon. Und je länger eine Beziehung dauert, desto größer wird die Wahrscheinlichkeit, dass eines oder mehrere dieser Ereignisse Realität werden. Die Vorstellung, dass man immer nur gute und schöne Zeiten mit dem Partner, der Partnerin verbringen wird, ist naiv. Schwierige Zeiten und anspruchsvolle Phasen gehören dazu. Das willentliche Commitment wird dann relevant, wenn solche Anforderungen an einen herangetragen werden. Auf einmal gilt es, sich darauf zu besinnen, wozu man bereit ist, und was einem die Kraft gibt, um diese Beziehung aufrechtzuerhalten. Welchen Preis man zu bezahlen in der Lage ist. Welche Investitionen auf das Konto der Liebe sich noch lohnen. Und dabei wird es eine große Rolle spielen, wie viel bereits von beiden Partnern auf das Beziehungskonto einbezahlt wurde.

Wenn man sich vor Augen führt, was sich in der Paarbeziehung durch ein kritisches Lebensereignis verändern kann, wird einem die Bedeutung von Commitment erst richtig bewusst. Es ist einfach, von Commitment zu reden, es als schönen und wichtigen Aspekt für die Liebe zu definieren. Aber Commitment im Alltag zu leben und insbesondere unter diesen schwierigen Vorzeichen, ist eine ganz andere Geschichte.

Gabriele (51 Jahre alt) und Max (55 Jahre alt) sind seit zehn Jahren ein Paar. Gabriele hatte eine schwierige Scheidung hinter sich. Max lebte zum Zeitpunkt, als sie sich in den Ferien beim Surfen kennenlernten, in einer langjährigen Beziehung und hat zwei Kinder. Gabriele und Max hatten in den besagten Ferien viel Spaß miteinander, entdeckten die gemeinsame Freude am Sport und verstanden sich prächtig. Es sprang dieser magische Funken über. Kurz danach trennte sich Max von seiner langjährigen Lebenspartnerin und zog mit Gabriele zusammen. Sie hatten eine berauschende Zeit. Endlich hatte er eine Seelenverwandte gefunden. Sie gingen zusammen surfen, tauchen, biken und im Winter Ski fahren. Max war so glücklich wie seit langem nicht mehr. Diese Phase dauerte vier Jahre. Dann passierte das Schreckliche: Gabriele erlitt einen schweren Schlaganfall mit halbseitiger Lähmung. Sie kämpfte sich zwar ins Leben zurück, doch war das Leben im früheren Stil kein Thema mehr. Aus der dynamischen Frau wurde ein Schatten ihrer selbst. Sie rang mit Übergewicht und Depressionen. Max hielt sich zuerst zurück, dann fing er wieder mit den früheren sportlichen Aktivitäten an. Er konnte sich das Leben ohne sie nicht mehr vorstellen. Zu lange war er in seiner ersten Beziehung diesbezüglich gebremst worden. Gabriele versteht dies, dennoch fühlt sie sich im Stich gelassen.

Gabriele und Max kamen zu mir in eine Paartherapie, als Gabriele es nicht mehr aushielt und immer tiefer in ihrer Depression zu versinken drohte. Sie fühlte sich von Max verraten und im Stich gelassen. Jetzt, wo sie ihn am meisten brauchte, wo es ihr so schlecht wie noch nie im Leben ging, war er nicht für sie da. Er ging ihren alten gemeinsamen Aktivitäten nach, die sie auch so sehr liebte und nun nicht mehr ausüben konnte. Sie fühlte sich ihm nicht mehr ebenbürtig, hatte eine Behinderung. Sie vermisste seine Loyalität, sein Verständnis, sein Sich-Bekennen zu ihr trotz ihrer Einschränkungen.

Max sah dies nicht so. Er kümmere sich ja fürsorglich um sie, bleibe schließlich auch bei ihr, sagte er. Dennoch müsse er doch nicht sein ganzes Leben aufgeben und könne doch auch weiterhin Freude am Sport haben. Er habe schon einmal sein Leben für sie auf den Kopf gestellt und seine damalige Familie verlassen. Sport tue ihm gut, er könne doch auch weiterhin seine Freude daran haben. Schließlich sei die Situation auch für ihn sehr schwierig. Durch das kritische Lebensereignis entstand ein Graben zwischen den beiden, der zur Zerreißprobe wurde.

Zum Nachdenken

Wie sehen Sie die Situation der beiden? Wen können Sie besser verstehen? Wer hat Ihre größere Sympathie? Aus welchen Gründen? Wie würden Sie an der Stelle von Gabriele oder Max reagieren?

Anders sehen die Herausforderungen bei Kerstin und Jan aus. Auch sie haben mit einer plötzlichen Veränderung zu kämpfen.

Kerstin (32 Jahre alt) und Jan (34 Jahre alt) sind seit neun Jahren ein Paar. Sie haben sich im Studium kennengelernt. Sie waren sogleich sehr angetan voneinander, verliebten sich stürmisch. Nach dem Studium fanden beide gute Stellen und genossen zusammen das Leben. Dann wurde Kerstin schwanger, und für sie ging ein Traum in Erfüllung. Aber Jan war dazu noch nicht bereit. Er hätte gerne das Leben weiterhin unbeschwert genießen wollen. Freiräume und Freizeit sind ihm wichtig, er möchte sich nicht einschränken müssen. In der Beziehung beginnt es schwierig zu werden. Man schweigt sich häufiger an, eine Gereiztheit ist spürbar.

Die beiden unternehmen weniger miteinander. Kerstin fühlt sich einsam, vermisst die Unterstützung von Jan, seine Fürsorge während ihrer Schwangerschaft, seine Freude am werdenden Kind. Jan dagegen verspürt nur noch den Drang auszubrechen, sich das zurückzunehmen, was für ihn verloren zu gehen droht. An einem Mittwochnachmittag kündigt er an, dass er das kommende Wochenende mit einem Freund eine Städtereise machen werde. Kerstin ist im achten Monat schwanger. „Muss das sein?", fragt sie enttäuscht. Sie hätte sich gewünscht, dass er bei ihr bleibt. Jan fährt weg. An diesem Wochenende stellen sich Komplikationen ein. Kerstin muss notfallmäßig ins Krankenhaus. Jan ist nicht erreichbar, hat sein Handy ausgeschaltet. Als er endlich zurückkehrt, findet Kerstin ihn verändert: Keine wirkliche Empathie, kein schlechtes Gewissen.

Bei Kerstin und Jan stellt sich, anders als bei Gabriele und Max, ein an und für sich schönes Lebensereignis ein: Die Geburt eines Kindes wird allgemein als Grund zur Freude angesehen. Zwar erfordert die Elternschaft eine große Umstellung, jedoch eine, die einen froh und stolz stimmen sollte. Kerstin fühlt sich auch so. Nicht jedoch Jan. Für ihn stimmt der Zeitpunkt nicht. Er ist noch nicht bereit für ein Kind, noch nicht bereit für diese Herausforderung und die Veränderungen, welche die Elternschaft mit sich bringt. Das Paar wird durch dieses Ereignis auf die Probe gestellt. Kerstin spürt Zeichen der Veränderung bei Jan, die sie mit Sorge erfüllen. Sie spürt sein Commitment nicht mehr, und seine Reaktionen zeigen, dass er stärker mit sich selber beschäftigt ist, als mit ihr und der Partnerschaft.

Nochmals anders stellt sich die Situation von Jeanne und Thorsten dar:

Jeanne (35 Jahre alt) und Thorsten (38 Jahre alt) sind seit fünf Jahren ein Paar. Es geht ihnen gut miteinander, sie haben viele gemeinsame Interessen und unternehmen viel zusammen. Der einzige schwerwiegende Konfliktpunkt ist der unerfüllte Kinderwunsch von Jeanne. Sie war die Beziehung eingegangen mit dem Wunsch, mit Thorsten Kinder zu haben. Er hatte sich dies ebenfalls gewünscht. Nach fünf Jahren sind sie immer noch kinderlos.

Thorsten scheint medizinisch nicht in der Lage zu sein, Vater werden zu können. Das Thema spaltet die beiden. Jeanne wird mit der Zeit immer ungeduldiger und unzufriedener. Es kommt immer häufiger zu heftigen Auseinandersetzungen und gegenseitigen Vorwürfen. Thorsten schlägt schließlich eine Adoption vor. Jeanne verwirft diese Option. Für sie kommen nur eigene Kinder infrage. Thorsten ist ratlos und auch ziemlich entsetzt, als Jeanne ihm vorschlägt, dass sie sich künstlich besamen lassen will. Sie sei ja in der Lage, Mutter zu werden, und möchte ein Kind, das von ihr sei.

Das Paar ging schließlich diesen Weg. Jeanne wurde von einem Samenspender schwanger, gebar ihr Kind. Thorsten hatte große Mühe damit. Es war für ihn ein einseitiger, unfairer und für ihn beschämender Weg. Er blieb außen vor, um ihn ging es nicht. Er war der Versager, der kein Kind zeugen konnte und dem man dies in aller Deutlichkeit vor Augen führte. Er konnte sich nicht an diesem Kind freuen. Heimlich nagte ein Zweifel an ihm, ob Jeanne die Richtige für ihn sei. Ob er ihr weiterhin vertrauen, sich bei ihr geborgen fühlen kann. Sie hatte ihre eigenen Bedürfnisse über diejenigen des Paares gestellt und „ihr Ding“ aus seiner Sicht rücksichtslos und auf seine Kosten durchgezogen. Ihm kommen Zweifel an der Beziehung und Trennungsgedanken. Um ihn geht es in dieser Partnerschaft nicht, das Commitment von Jeanne ist für ihn nicht ausreichend.

> Die Schmerzgrenze bei kritischen Lebensereignissen ist individuell unterschiedlich. Einige Menschen sind mehr zu tragen bereit und auch dazu in der Lage, während andere schneller an ihre Grenzen kommen. Entscheidend sind auch die Dauer der Belastung, die Aussicht auf Besserung und die längerfristige Perspektive. Man ist eher willens und fähig, kürzere Belastungen zu tragen, als solche, welche eine sehr lange Zeitspanne oder gar den Rest des Lebens andauern. Es ist häufig jedoch nicht nur eine Frage der eigenen Widerstandskraft und der einem zur Verfügung stehenden Ressourcen, sondern meist eine motivationale Frage: Ist man dazu bereit? Will man sich das antun? Macht diese Beziehung für einen weiterhin Sinn?

Die Beispiele verdeutlichen, dass in schweren Lebenskrisen bzw. angesichts kritischer Lebensereignisse oftmals Zweifel und schließlich Gedanken an eine Trennung oder Scheidung hochkommen. Die Situationen führen zum Hinterfragen der Beziehung. Man beginnt zu bilanzieren: Wie fiel das Commitment des anderen über die Jahre hinweg aus? Wie ist es nun? Reicht es einem? Das Ausmaß der von beiden getätigten Investitionen in die Beziehung bestimmt nun darüber, ob die Partnerschaft weiterhin von Bestand sein wird.[12] Sie werden zum Zünglein an der Waage. Die Einzahlungen auf das Beziehungskonto werden analysiert.

Wer über die Jahre hinweg in die Beziehung investiert hat, kann sich in einer gewissen Sicherheit wähnen. Es ist wie bei der Altersvorsorge: Wer während der aktiven Berufsphase regelmäßig in diese eingezahlt hat, wird sich im Alter einigermaßen sorgenfrei einen finanziell abgesicherten Ruhestand leisten können. Genauso verhält es sich mit der Liebe und Partnerschaft: Wer regelmäßig in die Liebe und Paarbeziehung investiert, investiert in seine Zukunft. Wer sich hingegen über die Jahre nicht ausreichend getragen fühlte, sieht unter den veränderten Bedingungen häufig keinen Sinn mehr in der Fortführung der Partnerschaft. Unter den neuen Bedingungen lohnt sich dies nicht mehr.

Die über die Jahre getätigten Investitionen an Zeit, Interesse, Zuwendung und Unterstützung bilden das unverzichtbare Fundament der Beziehung und wirken als Puffer bei schwerwiegenden Prüfungen der Partnerschaft. Die oben genannten kritischen Lebensereignisse können einer Partnerschaft in der Regel nichts anhaben, wenn ausreichend in sie investiert und eine stabile Grundlage für die Liebe geschaffen wurde. Wenn das Konto der Liebe gut gepolstert ist, ist die Beziehung resistent gegen Stress. Wenn nur wenige Einzahlungen erfolgt waren, wird es kritisch.

> Letztlich ist willentliches Commitment mit dem kontinuierlichen Einzahlen auf ein „Beziehungskonto" vergleichbar. Wer viel und regelmäßig einzahlt, hat am Schluss mehr auf dem Konto. Er kann sich sicher fühlen und schwierigen Zeiten gelassener entgegensehen. Commitment ist nichts anderes als ein verlässliches Einzahlen auf das Beziehungskonto. Je mehr und je länger dies erfolgt, desto solider ist das Fundament der Beziehung.

Investitionen in die Partnerschaft schaffen eine *Gegenkraft zu den Verschleißerscheinungen* einer Paarbeziehung. Monotonie und zunehmende Langeweile in der Partnerschaft sind Anzeichen solcher Ermüdungserscheinungen.

Regelmäßige Investitionen werden dann besonders wichtig, wenn eine „ermüdete" Beziehung auf die Probe gestellt wird. Je mehr man sich für die Paarbeziehung eingesetzt hat und sich für sie engagiert, desto besser sind die Karten. In diesem Aspekt arbeitet die Beziehungsdauer für einen. Die Belastbarkeit des Paarsystems hängt von den durch beide getätigten Investitionen ab. Die Beziehung wird tragfähiger und strapazierbarer im Wissen und Vertrauen darauf, dass man sich aufeinander verlassen kann.

In diesen Situationen wirken zwei entgegengesetzte Kräfte in der Beziehung:

1. die *Gewöhnung*, welche mit einer Abnahme der Faszination und der Partnerschaftsqualität einhergeht (aufgrund fehlender Neuartigkeit und verblassender Attraktivität des anderen sinkt die Faszination), und
2. das *Commitment*, welches zu größerer Intimität, tieferem gegenseitigem Vertrauen und stärkerer Verbundenheit führt (siehe Abbildung 3).

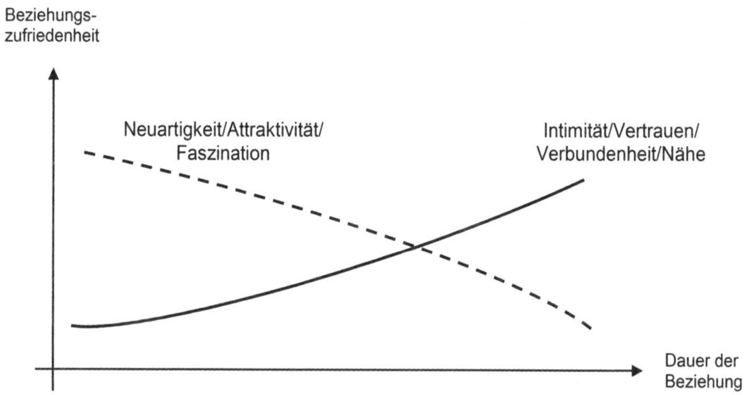

Abbildung 3: Zusammenspiel zwischen Gewöhnung und Commitment

Während die gestrichelte Linie die Abnahme der Beziehungszufriedenheit infolge von Gewöhnung darstellt, bildet die zweite Kurve einen gegensätzlichen Verlauf ab: eine Zunahme der Zufriedenheit infolge eines Zuwachses an Nähe, Verbundenheit, Vertrauen und Intimität. Je länger man sich kennt und gute Erfahrungen miteinander gemacht hat, desto mehr kann man sich aufeinander verlassen. Man weiß, was man am anderen hat. Er ist vorhersehbar, verlässlich und damit eine *sichere Größe*. Und letztlich suchen wir im Leben immer dasselbe: Konstanz und Sicherheit. Neue Partner sind zwar attraktiver aufgrund ihrer Neuartigkeit (man kann wieder alles neu entdecken), gleichzeitig aber auch anstrengender. Es gilt, wieder von vorne anzufangen. Man muss das gegenseitige Vertrauen erst wieder über Jahre grundlegend aufbauen. So hat beides seine Vorteile. Die Neuartigkeit geht mit höherer Faszination und einem neuen Kick (auch im Bereich der Sexualität) einher, dafür ist das Konto der Liebe eingangs leer und muss neu gefüllt werden. Eine längerfristige Beziehung dagegen kann auf ein sattes Beziehungskonto zurückgreifen (sofern beide Partner in sie investiert haben), dafür ist die Frische der Partnerschaft nicht mehr in gleichem Maße vorhanden.

Mit zunehmender Dauer einer Partnerschaft nimmt die Attraktivität des Partners für einen ab. Man gewöhnt sich an seine Schönheit, seinen Status, seine Intelligenz, Witzigkeit, Sprachgewandtheit. Was einen zu Beginn faszinierte, wird mit der Zeit langweilig. Der Sex wird eintönig, der Reiz des verführerisch Neuen beginnt zu fehlen. Was vielversprechend begann, verliert seinen Glanz mit zunehmender Dauer der Beziehung.

Die Abnahme der Zufriedenheitskurve ist ein natürlicher Prozess, dem alle Partnerschaften mehr oder weniger stark unterworfen sind. Nicht alle in demselben Ausmaß, aber keine Beziehung ist davor gefeit.[13] Bei manchen Menschen setzt dieser Prozess früher und schneller ein, bei anderen später und langsamer. Bei gewissen Paaren nimmt die Beziehungsqualität rapide ab, bei anderen kontinuierlich. Bei einigen ist es bewusst wahrnehmbar, bei anderen unmerklich. Das Phänomen der Gewöhnung in der Liebe ist vergleichbar mit dem Lieblingsessen. Wenn man dieses jede Woche kocht, wird man es nach einiger Zeit nicht mehr leiden können. Bei der Partnerschaft ist es ähnlich: Immer derselbe Partner, dasselbe Aussehen, dieselben Verhaltensweisen, denselben Sex. So schön der Partner auch sein mag, an seine Schönheit gewöhnt man sich, sie wird selbstverständlich und irgendwann einmal langweilig. Durch Variation gelingt es zwar, diesen Prozess zu verlangsamen, doch ganz entkommen kann man ihm nicht. *Gewöhnung* und *Monotonie* sind Bestandteil dessen, was lange währt. Gewöhnung ist mit einer Abnahme der Partnerschaftszufriedenheit verbunden und im schlimmsten Fall mit der Auflösung der Beziehung.

Dieser Aspekt der Partnerschaft erhält heute sehr viel mehr Aufmerksamkeit und Bedeutung als der zweite – das Commitment. Die Konsumgesellschaft mit ihrem Hang zu Optimierung und Maximierung sucht das immer noch Bessere. Der Wert des Vertrauten, des Verlässlichen wird vor diesem Hintergrund weniger wertgeschätzt als der Wert des Neuen, der stärker strahlt als das Bekannte.

Leider sehen viele die Wichtigkeit des Commitments zu wenig. Der Kick des Neuen wird als attraktiver empfunden. Dabei ist der Wert des Commitments letztlich sehr viel wichtiger als der Reiz des Neuen. Das eine ist nett und schön zu haben, das andere ist essentiell und entscheidet letztlich darüber, ob eine Beziehung von Bestand ist, wenn sie auf die Probe gestellt wird. Denn tritt eine belastende Situation (z. B. schwere Krankheit, Behinderung, Stellenverlust, Untreue etc.) ein und hat die Gewöhnung ihre Spuren in der Partnerschaft hinterlassen, stehen die Karten für den Erhalt der Partnerschaft meistens schlecht, wenn die Partner kein ausreichendes Commitment über die Jahre hinweg gezeigt haben.

> Neues wird in unserer Gesellschaft als attraktiver empfunden als die Sicherheit des Bekannten und Vertrauten. Sobald das neuste Modell eines Autos oder Smartphones auf dem Markt ist, zieht man dieses dem alten Modell vor. Man meint, immer das Neuste und Beste benötigen zu müssen, um glücklich zu sein. Diese Einstellung macht auch vor Partnerschaften nicht Halt.

Warum sollte man bei einem Partner bleiben, der nicht mehr den Ansprüchen und Vorstellungen genügt, der einem zur Last fällt, einen enttäuscht und verletzt hat, der einen nicht mehr sonderlich anzieht und dem man sich nicht mehr nah und verbunden fühlt?

Viele Partner ziehen in diesem Moment die Reißleine oder denken zumindest daran, es zu tun. Ohne regelmäßige, bedeutsame Investitionen fehlt in solchen Momenten die nötige *Substanz*, um diesen Herausforderungen begegnen zu können. Hat man in der Beziehung nicht gespürt, dass man dem anderen wichtig ist, wichtiger als andere oder anderes wie Karriere und Beruf oder persönliche Erfolge, fehlt die Motivation, sich nun angesichts der neuen Lage weiter für diese Partnerschaft zu engagieren.

Eine Trennung oder Scheidung erscheint auf einmal als Option, außer man weist ein starkes „Müssen"-Commitment (z. B. gemeinsame Finanzen, gemeinsames Haus oder Geschäft, gemeinsame Kinder) respektive ein starkes „Sollen"-Commitment (starke Verankerung in moralischen Werten) auf. Unter diesen Umständen kann es sein, dass es trotz des Wunsches nach einer Trennung nicht dazu kommt. Paare mit einem starken „Müssen"- oder „Sollen"-Commitment bleiben zusammen, auch wenn die Beziehung überstrapaziert wird. Doch die Risse können häufig nicht mehr gekittet werden. Es ist wie bei einer Vase, die zu Boden gefallen und zersprungen ist. Man kann die einzelnen Scherben zwar wieder zusammenkleben, und die Form ist dadurch vielleicht mehr oder weniger wieder herstellbar, doch die Ästhetik ist nicht mehr dieselbe, ganz zu schweigen von der Funktionalität. Die Vase wird nicht mehr zu gebrauchen sein, denn kleine Splitterteile, die man nicht mehr einfügen konnte, machen sie undicht. Man kann sie nur noch zu dekorativen Zwecken aufstellen, mehr nicht. So verhält es sich mit „Fassaden-Ehen": Mit ausreichend Make-up lässt sich nach außen die Fassade wahren, aber es wird nie wieder eine Beziehung voll Leben und Freude sein.

Ganz anders sieht die Situation aus, wenn trotz des Eintritts eines schwierigen negativen Ereignisses und trotz Gewöhnung das Paar über die Jahre hinweg in die Partnerschaft investiert hat, sich beide Partner durch Intimität und Nähe verbunden fühlen, die Partnerschaft als *sicheren Hafen* erleben. Auf einmal spielt das Commitment das Zünglein an der Waage, ob die Beziehung beendet oder weitergeführt wird. Warum sollte man den Partner verlassen, gerade jetzt, wo er einen am nötigsten braucht, wo er von wohlwollender Unterstützung oder vom Verzeihen seiner Fehler abhängig ist? Warum sollte man die Partnerin jetzt verlassen, wo sie in Not geraten ist und dringend des Beistands bedarf? Warum sollte man den Partner verlassen, auch wenn er einen mit seiner Untreue verletzt hat, wenn man dieses Verhalten als Ausrutscher und Fehlhandlung innerhalb ansonsten zufriedenstellenden Verhaltens sehen kann, wenn man über die Jahre vom Partner viel Liebe und Wertschätzung erfahren hatte?

Hatte man sich beim Eingehen der Beziehung nicht versichert, füreinander da zu sein oder im traditionellen Eheversprechen gelobt, in guten wie in schlechten Zeiten zueinander zu stehen? Nun sind die schlechten Zeiten eingetreten, nun gilt es, dem früher Gesagten gerecht zu werden, sich daran zu erinnern. Die Erinnerung fällt leichter, wenn man auf dem Beziehungskonto ausreichend Einzahlungen wahrnimmt.

> Das Bankkonto der Liebe wird dann relevant, wenn man es in der Beziehung am meisten benötigt, wenn man sich in die Misere geritten hat, es einem schlecht geht, man am Boden ist, große Fehler gemacht hat. Dann wird das über die Jahre gezeigte Commitment zentral, die Investitionen in die Beziehung, das Einzahlen auf das Beziehungskonto. Kann man in der Not auf ein ausreichendes Polster auf diesem Konto zurückgreifen?

Ich möchte den Unterschied in Bezug auf getätigte Investitionen und deren Bedeutung, wenn die Beziehung auf dem Prüfstand steht, noch einmal anhand von zwei Paaren illustrieren. Beide kamen in eine Paartherapie, und zwar wegen einer bekannt gewordenen Untreue. Beide schlitterten in eine tiefe Krise. Dem einen gelang der Neubeginn als Paar, dem anderen misslang dies, es kam zur Scheidung. Es war das Commitment, das über den Ausgang entschieden hatte.

Bea (53 Jahre alt) und Tom (50 Jahre alt) kamen in eine Paartherapie. Sie hatte im Spätherbst beim Wegräumen der Sommerkleidung zufällig in Toms Regenmanteltasche einen zerknitterten Zahlungsbeleg eines Hotels gefunden. Das ist ja fast klassisch, dachte sie und lachte. Dennoch schaute sie sich den Beleg genauer an und stellte fest, dass Tom in einem Hotel in einer benachbarten Stadt übernachtet hatte. Sie dachte nach. Hatte er ihr davon erzählt? War er geschäftlich dort gewesen? Seltsam war, dass er bei einer Sitzung in dieser Stadt problemlos hätte nach Hause fahren können und doch übernachtet hatte. Die Distanz war keine 30 Kilometer gewesen, und in solchen Fällen pflegte er jeweils nach Hause zu kommen, auch wenn es sehr spät wurde. Oder er hätte ihr mitgeteilt, dass er auswärts übernachten werde, da es zu spät werden würde. Am gleichen Abend spricht sie Tom an. Dieser reagiert verlegen, weiß nicht mehr, was damals war und versucht etwas verstört, sich aus der Affäre zu reden. Bea realisiert, dass etwas nicht stimmt. Nach vielen unschönen Szenen über mehrere Wochen, der schlimmsten Krise in ihrem Leben mit viel Weinen und Schreien, beschließen sie, eine Paartherapie zu versuchen.

In dieser wird der Hergang der Außenbeziehung rekonstruiert. Tom hatte vor drei Monaten bei einer Feier in der Firma eine Frau kennengelernt und mit ihr einen angeregten Abend verbracht. Sie hatten viel gelacht, sich gut verstanden. Als er ging, tauschten sie ihre Nummern aus. Sie schickte ihm noch in derselben Nacht eine SMS. Er schrieb am Morgen zurück. Es folgten Schlag auf Schlag weitere Nachrichten, der Tonfall wurde immer intimer, der Inhalt zärtlicher. Es ging hin und her. Tom geriet immer mehr in einen Strudel seiner Gefühle. Als sie ihm schließlich ein Treffen vorschlug, willigte er ein. Es war erneut ein schöner, berauschender Augenblick, intensiv, unterhaltsam, unbeschwert und stimulierend. Er fühlte sich frei von den Sorgen seines Alltags, von der Last der Familie. Auf dem Heimweg offenbarte sie ihm, dass sie verheiratet sei, dass ihr diese Beziehung mit ihm jedoch enorm viel bedeute. Er sei eine „Sünde" wert. Tom fühlte sich geschmeichelt, so etwas hatte noch nie jemand zu ihm gesagt. Obgleich er Gewissensbisse gegenüber Bea empfand, ließ er die neue Liebe mit sich geschehen. Der besagte Abend im Hotel (zu dem Bea die Abrechnung in seiner Manteltasche fand) setzte dem Taumel die Krone auf. Er fühlte sich verjüngt, vitalisiert. Gleichzeitig spürte er, dass er eine rote Linie überschritten hatte. Er war zu weit gegangen. Doch wie kam er wieder aus der Situation heraus? Selber hatte er die Kraft dazu nicht, zu viel war in ihm aufgebrochen.

Erst Beas Entdeckung brachte ihn wieder zu Sinnen. In der Therapie merkte er, dass er Bea immer noch liebte, dass ihm jedoch dieses Unbeschwerte, diese Intensität der Liebe, Komplimente und die Wertschätzung seiner Person fehlten. Beide merkten, dass sie über die Jahre immer füreinander da gewesen waren, dass sie sich immer gegenseitig respektiert hatten, dass ihre Partnerschaft eine solide, gute Basis hatte. Tom war stets ein fürsorglicher, liebevoller

Partner gewesen, hatte sich für Bea und die Familie eingesetzt. Doch gleichzeitig realisierten sie, dass vieles von ihnen vernachlässigt worden war, dass der Alltag sie verschlungen hatte.

Die Therapie war ein langer und schmerzhafter Weg, doch beide gingen ihn. Nach vielen Tränen und langem Ringen gelang die Versöhnung und der Neubeginn.

Was die Beziehung von Bea und Tom retten konnte, waren die über die Jahre getätigten Investitionen in die Beziehung. Tom hatte sich über viele Jahre als liebevoller, engagierter und fürsorglicher Partner erwiesen. Er hatte auf das Beziehungskonto einbezahlt, hatte eine hübsche Summe im Beziehungsfonds eingelegt. Von dieser konnten er und Bea nun zehren. Für Bea war der Seitensprung von Tom extrem schmerzhaft. Sie war enttäuscht, traurig und verzweifelt. Sie realisierte jedoch auch, dass letztlich jedem ein solcher Ausrutscher passieren kann. Er hätte auch ihr passieren können. Was Tom in Bezug auf ihre Partnerschaft bemängelte, traf zu. Sie hatten sich zwar immer noch sehr lieb, waren aber deutlich weniger zärtlich zueinander als früher. Der Alltagsstress hatte dazu geführt, dass sie viel abends arbeiteten oder zu müde waren, um sich auszutauschen. Oft fragte man sich nur kurz, wie der Tag gelaufen sei, erledigte zusammen noch die wichtigsten Dinge und ging dann erschöpft zu Bett. Darunter litt auch ihre Sexualität. Man schlief noch höchstens einmal alle vierzehn Tage miteinander und auch diese Begegnungen waren nicht mehr von derselben Qualität wie früher. Bea konnte nachvollziehen, was Tom fehlte. Es fehlte auch ihr. Wie hatten sie es nur versäumen können, ihren liebevollen, intimen Umgang von damals auf diese Weise verkommen zu lassen? Zwar waren sie weiterhin nett und respektvoll zueinander, doch nicht mehr mit dem gleichen inneren Engagement. Der Alltagstrott hatte sie zu sehr im Griff. Er hatte ihre Liebe unmerklich und schleichend untergraben.

Da insgesamt die Substanz stimmte, gelang es Bea und Tom, ihre Beziehung neu auf Kurs zu bringen. Sie hatten beide erkannt, dass sich die Beziehungsinvestitionen lohnen und dass diese wieder stärker getätigt werden müssen. Sie erkannten, woran ihre Partnerschaft fast zu zerbrechen drohte und welche gute Grundlage sie doch besaß oder zumindest über Jahre besessen hatte.

Anders sah es bei Susanne und Werner aus. Hier führte ein über Jahre mangelndes Commitment zum Beziehungsaus nach dem Bekanntwerden der Untreue.

Susanne (51 Jahre alt) und Werner (56 Jahre alt) kamen in Therapie wegen bekannt gewordener Untreue. Er ist ein sehr erfolgreicher Kaufmann, sie eine bekannte Fitness-Trainerin und gefragte Referentin. Ihre drei Kinder sind bereits erwachsen und wohnen nicht mehr zu Hause. Beide haben ihr Leben lang viel gearbeitet, waren oft auf Reisen und beruflich sehr engagiert. Werner hatte kurz nach der Ehe sein eigenes Geschäft aufgebaut und viel Zeit und Energie in dieses Unternehmen mit seinen Höhen und Tiefen gesteckt. Dasselbe trifft auf Susanne zu, welche ihr eigenes Fitnessstudio betrieb und mit Vorträgen und Kursen häufig auf Achse war. Die Partnerschaft und Familie bildete ihre Rückzugsbasis, die beide schätzten. Sie war der Fixpunkt in ihrem bewegten Leben. Hier tankte man auf, um sich wieder mit neuen Kräften in die Herausforderungen zu stürzen.

Eines Tages, als Werner müde von einer mehrtägigen Auslandsreise zurückkehrte, ging er ohne viele Worte gleich nach oben, um einen Mittagsschlaf zu halten. Da vibrierte auf Susannes Nachttisch ihr Handy, das sie offenbar hatte liegen lassen. Er schaute auf das Display und las einen ihm unbekannten Namen und eine irritierende Nachricht. Verstört ging er zu Susanne und fragte, was hier gespielt würde. Sie reagiert wütend, dass er in ihren privaten Angelegenheiten herumschnüffle. Es kam zu gegenseitigen Vorwürfen, üblen Beschimpfungen und Abwertungen und schließlich einem wüsten Handgemenge. Danach war Funkstille für mehrere Wochen. Man ging sich aus dem Weg, die Stimmung war frostig.

Susanne und Werner entschieden sich nach einigen Wochen für eine Paartherapie. Mehrere Monate wurde intensiv gearbeitet. Viele Altlasten wurden abgetragen, Verletzungen aufgearbeitet. Es wurde versucht, das brüchige Vertrauen ineinander mühsam wiederaufzubauen, auf einem Fundament, das sich aber umso zerrütteter erwies, je länger der Prozess dauerte. Die Therapie wurde beendet, die beiden trennten sich.

Im Gegensatz zu Bea und Tom hatten Susanne und Werner ihre Partnerschaft zu wenig gepflegt. Sie lief nebenher, anderes war wichtiger. Beide hatten mehr Zeit und Energie in die Verwirklichung ihrer beruflichen Träume gesteckt als in die Beziehung. Zwar hatten sie sich mal geliebt und waren einige Jahre lang ein glückliches Paar gewesen. Doch die Liebe war erkaltet, sie hatten ihr nicht ausreichend Raum gegeben und ihr nicht die Aufmerksamkeit entgegengebracht, die sie benötigt hätte. Susannes Affäre rüttelte das System wach. Es hätte genauso gut ein anderes kritisches Lebensereignis sein können oder eine Affäre von Werner. Welcher Auslöser es ist, spielt meist eine untergeordnete Rolle. Bedeutsam ist, dass durch den Auslöser das eigene und das Commitment des Partners, der Partnerin bilanziert werden. Bei Susanne und Werner fiel diese Bilanzierung negativ aus. Ihre Beziehung verkraftete die Belastung nicht. Auf das Beziehungskonto war über die Jahre zu wenig einbezahlt worden. Zur Gewöhnung aneinander (und damit zum Verlust der gegenseitigen Attraktivität) gesellte sich ein mangelhaftes Commitment, das nicht in der Lage war, den Härtetest zu bestehen. Das Fundament der Liebe war zu wenig tragfähig.

Wenn eine Außenbeziehung des Partners, der Partnerin entdeckt wird, stellen sich viele Fragen, an welche das Paar früher nie gedacht hat und die auf einmal existenziell werden:

- Ist die Beziehung noch zumutbar und vorstellbar, wenn man erfährt, dass der Partner, die Partnerin eine Affäre hatte, dass er/sie sich emotional oder sexuell mit einer anderen Person eingelassen und einen betrogen hat?
- Ist die Partnerschaft noch möglich, wenn die Außenbeziehung noch andauert?
- Wie ist es, wenn der Partner, die Partnerin mehr als einmal fremdging, über Jahre hinweg untreu war?
- Wie steht es um die Fortsetzung der Beziehung, wenn man die Person kennt, mit welcher man betrogen wird oder wurde?
- Macht es einen Unterschied, ob es sich um einen kurzen Flirt, mehrere One-Night-Stands oder eine jahrelange Affäre handelt?
- Welche Auswirkungen hat es, wenn er oder sie sich nie etwas anmerken ließ, einem ständig etwas vorgemacht hat, Überstunden im Geschäft oder Ähnliches vorgeschoben hat?

- Kann man je wieder Vertrauen in den Partner aufbauen, ihm verzeihen?

Diese Fragen sind schmerzhaft. Sie gehen ans Eingemachte. Es sind Fragen, die wir uns eigentlich nie stellen möchten. Sie erschüttern die Grundfesten der Partnerschaft, der eigenen Werte, der eigenen Persönlichkeit. Was darf einem ein Partner, eine Partnerin antun? Wie weit dürfen Verletzungen gehen, dass man weiterhin in der Lage sein kann, in dieser Beziehung zu bleiben?

Zum Nachdenken

Spüren Sie diesen Fragen nach. Was lösen sie in Ihnen aus? Auch wenn Sie selbst nie mit einer solchen Situation konfrontiert wurden, was denken Sie, wie Sie reagieren würden? Wie würden Sie auf die verschiedenen Fragen antworten? Welche zusätzlichen Fragen würden Sie sich stellen?

Nachfolgend bitte ich Sie, sich zu überlegen, warum Sie sich in einer Situation, in der das willentliche Commitment arg strapaziert wird (denken Sie an die vielen verschiedenen Möglichkeiten, die oben ausgeführt wurden), dennoch dafür entscheiden könnten, bei Ihrem Partner, Ihrer Partnerin zu bleiben und die Beziehung fortzuführen.

Selbstevaluation: Warum würde ich trotz allem bei meinem Partner, meiner Partnerin bleiben?

	gar nicht				sehr stark		
	3	2	1	0	1	2	3
Weil ich meinen Partner, meine Partnerin liebe.	☐	☐	☐	☐	☐	☐	☐
Weil mir diese Beziehung viel bedeutet.	☐	☐	☐	☐	☐	☐	☐
Weil ich viel in diese Partnerschaft investiert habe.	☐	☐	☐	☐	☐	☐	☐
Weil der andere viel in diese Partnerschaft investiert hat.	☐	☐	☐	☐	☐	☐	☐

	gar nicht				sehr stark		
	3	2	1	0	1	2	3
Weil ich ein treuer, verlässlicher Mensch bin.	☐	☐	☐	☐	☐	☐	☐
Weil eine Trennung Niederlage/ Schmach bedeutet.	☐	☐	☐	☐	☐	☐	☐
Weil ich keine bessere Alternative habe.	☐	☐	☐	☐	☐	☐	☐
Weil eine Trennung die schlechtere Option wäre.	☐	☐	☐	☐	☐	☐	☐
Weil ich andere enttäuschen würde.	☐	☐	☐	☐	☐	☐	☐
Weil ich das den Kindern nicht antun möchte.	☐	☐	☐	☐	☐	☐	☐
Weil	☐	☐	☐	☐	☐	☐	☐
Weil	☐	☐	☐	☐	☐	☐	☐

Füllen Sie anschließend die Liste aus, so wie Sie denken, warum Ihr Partner, Ihre Partnerin bei Ihnen bleiben würde. Vergleichen Sie anschließend die beiden Antworten. Tauschen Sie sich mit Ihrem Partner, Ihrer Partnerin aus, der/die dieselben Listen für sich ausfüllen kann. Kommen Sie so ins Gespräch miteinander, warum Sie eigentlich in dieser Beziehung sind, was Sie heute darin hält und was Sie darin halten würde, wenn sie auf eine harte Probe gestellt würde.

Partnerevaluation: Was denke ich, warum mein Partner, meine Partnerin bei mir bleiben würde?

	gar nicht				sehr stark		
	3	2	1	0	1	2	3
Weil er/sie mich liebt.	☐	☐	☐	☐	☐	☐	☐
Weil ihm/ihr diese Beziehung viel bedeutet.	☐	☐	☐	☐	☐	☐	☐
Weil er/sie viel in diese Partnerschaft investiert hat.	☐	☐	☐	☐	☐	☐	☐

	gar nicht				sehr stark		
	3	2	1	0	1	2	3
Weil ich viel in diese Partnerschaft investiert habe.	☐	☐	☐	☐	☐	☐	☐
Weil er/sie ein treuer, verlässlicher Mensch ist.	☐	☐	☐	☐	☐	☐	☐
Weil eine Trennung für ihn/sie eine Niederlage/Schmach bedeutet.	☐	☐	☐	☐	☐	☐	☐
Weil er/sie keine bessere Alternative hat.	☐	☐	☐	☐	☐	☐	☐
Weil eine Trennung die schlechtere Option für ihn/sie wäre.	☐	☐	☐	☐	☐	☐	☐
Weil er/sie andere enttäuschen würde.	☐	☐	☐	☐	☐	☐	☐
Weil er/sie das den Kindern nicht antun möchte.	☐	☐	☐	☐	☐	☐	☐
Weil	☐	☐	☐	☐	☐	☐	☐
Weil	☐	☐	☐	☐	☐	☐	☐

Angesichts der verschiedenen Stresssituationen entscheidet letztlich immer die Bilanz bezüglich des Commitments darüber, ob man bleibt oder geht. Das eigene Commitment, dasjenige des Partners sowie die Ausgewogenheit zwischen den beiden (investiere ich mehr, weniger oder gleich viel wie der andere?) sind zentral bei dieser Bilanzierung.

Das Commitment sollte einem Paar jedoch nicht erst bewusst werden, wenn die Partnerschaft aufgrund eines einschneidenden kritischen Lebensereignisses auf dem Prüfstand steht und es um „Alles oder Nichts“ geht. Willentliches Commitment sollte sich im täglichen engagierten Bemühen um die Partnerschaft zeigen. Die Einzahlung auf das Beziehungskonto sollte ständig erfolgen.

> Wer selber ausreichend in die Beziehung investiert, das Gefühl hat, dass auch der andere dies tut, und wer ein faires Geben und Nehmen wahrnimmt, wird gefeiter gegen schwere Krisen und eine Auflösung der Beziehung sein.

Auf das Commitment im Alltag kommt es an

Alltags-Commitment bedeutet, sich unspektakulär jeden Tag für die Beziehung einzusetzen, sich vorzunehmen, dem Partner, der Partnerin gegenüber freundlich, nett und respektvoll zu sein wie am ersten Tag, als man frisch verliebt war. Es geht dabei nicht um den *großen Wurf* einmal im Jahr, sondern um die täglichen kleinen Zeichen der Liebe und Wertschätzung.

Alltags-Commitment heißt, dem anderen ohne besondere Aufforderungen die Liebe zu zeigen. Wenn der eine dies tut, wird es auch der andere mit größerer Wahrscheinlichkeit tun, ganz im Sinne des Sprichworts „Wie man in den Wald hineinruft, so schallt es heraus". Wer dem anderen Gutes tut, wird auch selber Positivität ernten. Wenn man sich als Paar diesen positiven gegenseitigen Austausch erhält, bewahrt man sich ein *Klima des Wohlwollens* und der gegenseitigen *Wertschätzung*. Dies ist eine Voraussetzung für ein tragfähiges Fundament der Beziehung. Damit dies gelingt, muss man es sich vornehmen, muss man sich bewusst dafür einsetzen und sein Commitment immer wieder neu ausrichten.

Zeichen für tägliches Commitment als Investitionen in die Partnerschaft können die folgenden Verhaltensweisen sein:

- kleine Aufmerksamkeiten und Überraschungen für den Partner, die Partnerin,
- dem Partner, der Partnerin einen Liebesgruß senden (SMS, WhatsApp-Nachricht oder ein Kärtchen mit einem lieben Wort oder Kompliment),
- ihn/sie von der Arbeit abholen gehen,
- sich vom Partner, der Partnerin morgens achtsam verabschieden,
- ihn/sie am Abend liebevoll begrüßen,
- Interesse für den Partner und sein Leben zeigen,
- Unterstützung des Partners, der Partnerin bei Sorgen und Nöten,
- Entlastung des Partners, der Partnerin, wenn er/sie überlastet ist,
- Mithilfe im Haushalt, bei der Kinderbetreuung usw.,
- Achtsamkeit gegenüber Bedürfnissen und Wünschen des Partners, der Partnerin,
- dem Partner, der Partnerin spontan etwas zuliebe tun.

Im Alltag lässt sich das Commitment besonders leicht beobachten. Täglich sehe ich im Zug Paare, die sich verabschieden. Es sind jedes Mal aufs Neue interessante Szenen, die Aufschluss über das Commitment der Paare geben. Einer der beiden steigt an einer Haltestelle aus, der andere fährt weiter. Die Verabschiedung sieht sehr unterschiedlich aus. Während sich die einen trocken voneinander trennen und mit einem kurzen Gruß auseinandergehen, umarmen sich andere zärtlich, küssen sich zum Abschied, wünschen sich gegenseitig einen schönen Tag. Andere wiederum halten Händchen bereits minutenlang vor der bevorstehenden Trennung, fragen nach, was den anderen an diesem Tag erwarten wird, wünschen ihm gutes Gelingen bei seinen Unternehmungen, muntern ihn auf, drücken ihre Freude auf das Wiedersehen am Abend aus, winken sich nach der Trennung durch das Fenster zu, schicken sich Handküsse und ein verliebtes Lächeln.

> Während man in der Phase der Verliebtheit spontan herzlich und großzügig gegenüber dem Partner, der Partnerin ist, muss man sich dies später immer wieder vornehmen. Man muss es sich zum Ziel machen, die Positivität in der Beziehung zu bewahren. Im Alltag geht dieses Verhalten nur allzu leicht im Stress oder der Alltagsroutine unter. Man muss sein Engagement für die Beziehung jeden Tag aufs Neue bekräftigen.

Meist kann man die Dauer der Beziehung erahnen. Je länger das Paar zusammen ist, desto nüchterner erfolgt in der Regel die Verabschiedung. Sicher spielt auch manchmal die Stimmung der Partner eine Rolle, ob das Paar vorher eine Meinungsverschiedenheit oder einen Streit hatte. Einige Menschen genieren sich vielleicht auch, in der Öffentlichkeit zärtlich zueinander zu sein. Doch auch wenn man dies alles in Rechnung stellt, bleibt unter dem Strich die Aussage: Wer dem Partner, der Partnerin seine Liebe zeigen möchte, kann dies auch tun diskret im Verborgenen, unauffällig, unspektakulär und beiläufig. Während man dies in der Phase der Verliebtheit spontan und im Überschwang der Gefühle macht, braucht es später den bewussten Vorsatz, das willentliche Commitment, um es zu tun, um das Praktizieren dieser kleinen schönen Gesten nicht einschlafen zu lassen.

Diese vielen kleinen Zeichen des Wohlwollens im Alltag nähren letztlich die Liebe und erhalten sie am Leben. Es sind Einzahlungen auf das Beziehungskonto, Investitionen in die Qualität und Dauerhaftigkeit der Beziehung. Und der Aufwand dafür ist gering, es kostet keine große Anstrengung, nicht viel Zeit. Doch tun muss man es. Es ist kein Selbstläufer. Es braucht dazu den *Vorsatz*, das willentliche Commitment.

Zum Nachdenken
Wie sieht es bei Ihnen aus? Wie groß ist Ihr Commitment, sich im Alltag für die Positivität einzusetzen? Sind Sie noch so aufmerksam Ihrem Partner, Ihrer Partnerin gegenüber wie zu Beginn der Beziehung? Was hindert Sie daran, was erleichtert es Ihnen, diese kleinen Zeichen der Zuneigung und Liebe im Alltag zu zeigen?

Analysieren Sie, welche Zeichen von Commitment Sie und Ihr Partner, Ihre Partnerin im Alltag einander geben.

Selbstevaluation: Welche positiven Verhaltensweisen zeige ich gegenüber meinem Partner, meiner Partnerin?

	Wie sehr nehme ich es mir vor?					Wie oft zeige ich es?			
	stark		kaum			selten		häufig	
	4	3	2	1	0	1	2	3	4
Ich sage meinem Partner, meiner Partnerin Koseworte.	☐	☐	☐	☐	☐	☐	☐	☐	☐
Ich sage ihm/ihr, dass ich ihn/sie liebe.	☐	☐	☐	☐	☐	☐	☐	☐	☐
Ich bringe ihm/ihr einfach so ein Geschenk mit.	☐	☐	☐	☐	☐	☐	☐	☐	☐
Ich überrasche ihn/sie mit einer kleinen Aufmerksamkeit, z.B. von der Arbeit abholen.	☐	☐	☐	☐	☐	☐	☐	☐	☐

	Wie sehr nehme ich es mir vor?					Wie oft zeige ich es?			
	stark		kaum			selten		häufig	
	4	3	2	1	0	1	2	3	4
Ich mache ihm/ihr Komplimente, lobe ihn/sie.	☐	☐	☐	☐	☐	☐	☐	☐	☐
Ich interessiere mich dafür, wie es ihm/ihr geht.	☐	☐	☐	☐	☐	☐	☐	☐	☐
Ich frage nach, wie sein/ihr Tag war.	☐	☐	☐	☐	☐	☐	☐	☐	☐
Ich zeige Wertschätzung für das, was er/sie tut.	☐	☐	☐	☐	☐	☐	☐	☐	☐
Ich übernehme etwas, um ihn/sie zu entlasten.	☐	☐	☐	☐	☐	☐	☐	☐	☐
Ich bin zärtlich zu ihm/ihr.	☐	☐	☐	☐	☐	☐	☐	☐	☐
Ich	☐	☐	☐	☐	☐	☐	☐	☐	☐
Ich	☐	☐	☐	☐	☐	☐	☐	☐	☐

Füllen Sie anschließend die Liste mit Blick auf Ihren Partner, Ihre Partnerin aus und kreuzen Sie an, was er/sie aus Ihrer Sicht Ihnen gegenüber für positive Verhaltensweisen im Alltag zeigt. Lassen Sie auch Ihren Partner, Ihre Partnerin die Listen ausfüllen. Vergleichen Sie anschließend Ihre Antworten und tauschen Sie sich darüber aus. Melden Sie an, was Sie sich mehr wünschen würden, was Ihnen fehlt. Hören Sie auch zu, was sich Ihr Partner, Ihre Partnerin mehr von Ihnen wünschen würde. Nehmen Sie sich mehr Alltagspositivität als Ausdruck Ihres Commitments vor. Tauschen Sie sich darüber aus, wie zufrieden Sie beide mit dem Alltags-Commitment sind.

Partnerevaluation: Welche positiven Verhaltensweisen zeigt mein Partner, meine Partnerin mir gegenüber?

	Wie sehr nimmt er es sich vor?					Wie oft zeigt er es?			
	stark		kaum			selten		häufig	
	4	3	2	1	0	1	2	3	4
Er/sie sagt mir Koseworte.	☐	☐	☐	☐	☐	☐	☐	☐	☐
Er/sie sagt mir, dass er/sie mich liebt.	☐	☐	☐	☐	☐	☐	☐	☐	☐
Er/sie bringt mir einfach so ein Geschenk mit.	☐	☐	☐	☐	☐	☐	☐	☐	☐
Er/sie überrascht mich mit einer kleinen Aufmerksamkeit, z.B. von der Arbeit abholen.	☐	☐	☐	☐	☐	☐	☐	☐	☐
Er/sie macht mir Komplimente, lobt mich.	☐	☐	☐	☐	☐	☐	☐	☐	☐
Er/sie interessiert sich dafür, wie es mir geht.	☐	☐	☐	☐	☐	☐	☐	☐	☐
Er/sie fragt nach, wie mein Tag war.	☐	☐	☐	☐	☐	☐	☐	☐	☐
Er/sie zeigt Wertschätzung für das, was ich tue.	☐	☐	☐	☐	☐	☐	☐	☐	☐
Er/sie übernimmt etwas, um mich zu entlasten.	☐	☐	☐	☐	☐	☐	☐	☐	☐
Er/sie ist zärtlich zu mir.	☐	☐	☐	☐	☐	☐	☐	☐	☐
Er/sie	☐	☐	☐	☐	☐	☐	☐	☐	☐
Er/sie	☐	☐	☐	☐	☐	☐	☐	☐	☐

Wenn wir uns in langjährigen Beziehungen nicht vornehmen, uns nett, zuvorkommend und respektvoll gegenüber dem Partner zu verhalten, ihm besonderes Interesse zu schenken, ihn mit unserer Aufmerksamkeit zu verwöhnen, dann geht dieses Verhalten leider allzu rasch verloren. Niemandem gegenüber sind wir so schnell indifferent und lassen an ihm so sehr unsere schlechte Laune aus wie beim Partner. Willentliches Commitment bedeutet, dieser Tendenz gegenzusteuern.

Commitment im Alltag sollte zum *Programm* werden. Je mehr positive Verhaltensweisen als Einzahlungen auf das Beziehungskonto erfolgen, desto höher ist die Beziehungszufriedenheit.[14] Und desto mehr federn diese Investitionen kritische Lebensereignisse ab und verringern die Wahrscheinlichkeit einer Trennung oder Scheidung.[15]

Leider nimmt die Positivität bei den meisten Paaren mit zunehmender Beziehungsdauer im Alltag ab. Sie wird vernachlässigt. Die Paare schenken ihr zu wenig Beachtung, werden nachlässig und knausriger mit netten Gesten, Komplimenten, Lob, Interesse füreinander, fürsorglichem Verhalten und Zärtlichkeit. Man glaubt, es sei nicht mehr notwendig, sich besonders Mühe zu geben. Man kennt sich ja bereits lang genug, da braucht es „diesen Kram“ nicht mehr. Und genau diese Einschätzung ist fatal.

> Positive Verhaltensweisen im Alltag sind tägliche, kleine Einzahlungen auf das Beziehungskonto. Tägliche Investitionen auf das Beziehungskonto sind wirksamer als seltene große Beträge.

Ohne Positivität im Alltag wird das Fundament der Partnerschaft brüchig. Es ist, wie wenn die Erde einer Steppe austrocknet. Sie wird dürr und rissig, die tägliche Bewässerung fehlt. Wenn es dann mal kräftig regnet, kann das Wasser nicht mehr aufgenommen werden. Wenn Commitment sich nicht kontinuierlich in positiven Handlungen zeigt, vertrocknet die Beziehung. Ein Übermaß an Commitment an wenigen Tagen im Jahr (z. B. im Rahmen von extravaganten Ferien oder luxuriösen Geschenken) ist wie ein starker Regenguss auf einem ausgetrockneten Boden: Er bleibt ergebnislos.

Die Abnahme des Commitments sieht man häufig daran, dass der Partner weniger Zeit mit einem verbringt, dass ihm andere Dinge wichtiger werden (sei dies der Beruf, die individuelle Freizeitgestaltung, politische Ämter, die Verwirklichung eigener Pläne) und sich eine gewisse emotionale Distanz einstellt.

Alex (38 Jahre alt) und Jan (34 Jahre alt) sind seit zehn Jahren ein Paar. Sie haben einen gemeinsamen Haushalt, ein gemeinsames Konto und verbringen viel Freizeit zusammen. Beide musizieren oft abends gemeinsam, besuchen gerne zusammen Konzerte, Ausstellungen oder Diskussionsrunden. Sie haben sich damals im Germanistikstudium kennen- und lieben gelernt. Beruflich sind beide etabliert, haben erfüllende Berufe und könnten eigentlich ganz glücklich sein. Dennoch spürt Alex, dass er etwas in dieser Beziehung vermisst. Während Jan ihn früher spontan mit einer schönen Idee überraschte, ihm unaufgefordert einen Wunsch erfüllte, sich für ihn interessierte und sich Zeit für ihn nahm, sind diese kleinen feinen Zeichen der Liebe immer seltener geworden. Es ist alles nur noch gleichförmig und glatt. Man ist nett zueinander, doch es ist nicht mehr dieses spezielle Interesse spürbar, alles ist eine Spur oberflächlich geworden.

Es gilt, wachsam gegenüber den kleinen feinen Zeichen des Commitments im Alltag zu sein. Man muss sie zeigen, der andere muss sie aber auch wahrnehmen. Es gilt, sie als wahrnehmbare Einzahlungen auf das gemeinsame Beziehungskonto zu verbuchen. Nur so trägt Commitment die Liebe auf Dauer.

Commitment zur Deeskalation

Willentliches Commitment bekommt noch in einer weiteren Form Bedeutung: bei Meinungsverschiedenheiten, Spannungen, Streit. Commitment zur Deeskalation meint die Bereitschaft, in schwierigen Situationen oder Konflikten nach Lösungen zu suchen, sich für diese zu engagieren und mit ihnen zur Fairness in der Zweierbeziehung beizutragen.

In einer Partnerschaft zu leben, geht zwangsläufig mit Reibungen, Spannungen und Konflikte einher. Diese gehören einfach dazu. Wie sollen zwei Menschen mit unterschiedlichen Biographien, verschiedenen Bedürfnissen, Wünschen und Zielen, die auf engem Raum leben, den Alltag zusammen gestalten, ohne sich dabei immer mal wieder in die Haare zu geraten? Konstante *Harmonie* ist nicht realistisch. Konflikte gehören zu Partnerschaften dazu wie der Schatten zum Licht.

Je unterschiedlicher die Bedürfnisse und Ziele der beiden Partner sind, desto größer ist die Wahrscheinlichkeit für Konflikte. Ähnlichkeit zwischen den Partnern erleichtert einiges.[16] Differenzen schaffen mehr Spannung, denn nur allzu oft beharren beide auf ihren Argumenten und vertreten stur den eigenen Standpunkt. Die Sicht des Partners, der Partnerin aufzunehmen, neutral zu bewerten, darauf angemessen einzugehen und gemeinsam nach tragfähigen, fairen Lösungen zu suchen, klingt gut, entspricht jedoch vielfach nicht der Realität.

In Situationen, in denen beide im anderen einen Gegner und nicht mehr den liebenden Partner sehen, gilt es, sich auf das Commitment zur Deeskalation zu besinnen. Faire Kompromisse und Lösungen sind nur möglich, wenn beide bereit sind, die Ansichten und Bedürfnisse des anderen in die eigene Betrachtung einzubeziehen. Es gilt, das Gespräch zu suchen, die eigene Meinung darzulegen, diejenige des Partners anzuhören und gemeinsam nach einem *Kompromiss* zu suchen, mit dem beide leben können.

Dies ist anspruchsvoll und gehört zu den wichtigsten Aufgaben einer gelingenden Partnerschaft. Dazu braucht es einen besonderen motivationalen Anstoß im Sinne des willentlichen Commitments.

> Je stärker das Commitment zur Deeskalation bei beiden Partnern ist, desto höher ist die Wahrscheinlichkeit eines konstruktiven Ausgangs von Konflikten. Jeder muss bereit sein, den ersten Schritt zu tun, sich für einen fairen und tragfähigen Kompromiss einzusetzen und dem anderen die Hand zu reichen, um eine Lösung zu finden. Kompromisse sind keine Niederlage, sondern eine Notwendigkeit für ein friedliches Zusammenleben zu zweit.

Doch leider fällt es Paaren oft nicht leicht, diese Form des Commitments zu zeigen. Jeder denkt, dass er mit seinen Bedürfnissen im Recht sei und der andere sich anpassen und nachgeben müsse. Auch wenn man weiß, dass die Sache eigentlich eine Bagatelle ist, welche nicht der Rede wert wäre, denkt man, sich durchsetzen zu müssen, um nicht das Gesicht zu verlieren, nicht in der Rolle des Schwächeren zu sein oder einfach, um Stärke und Durchsetzungskraft zu demonstrieren. Der andere reagiert häufig genauso, aus denselben Motiven heraus. Dies ist der Grund, weshalb sich viele Paare in unselige *Machtkämpfe* verstricken, aus denen sie nur schwer wieder herausfinden und die längerfristig ihre Beziehungsqualität untergraben und die Partnerschaft zerstören.

Begegnet man den Anliegen des Partners jedoch mit Wohlwollen (wie man dies tut, wenn man frisch verliebt ist), indem man ihn zuerst einfach mal anhört und seine Bedürfnisse schildern lässt, sie nachzuvollziehen versucht und sie schließlich mit den eigenen Bedürfnissen abgleicht, erkennt man, dass in den meisten Fällen faire, für beide stimmige Lösungen gefunden werden können. Es braucht Größe, Großzügigkeit und Toleranz, um eine Partnerschaft längerfristig erfolgreich führen zu können. Und dabei ist das Commitment zur Deeskalation wichtig.

Sue (61 Jahre alt) und Walther (65 Jahre alt) geraten sich seit Walthers Pensionierung zunehmend in die Haare. Obschon inzwischen fast vierzig Jahre verheiratet und nach einem relativ harmonischen gemeinsamen Leben während all der Jahre, häufen sich nun im Alter tägliche Streitigkeiten um kleine Dinge. Sue stört es, dass sich Walther immer mehr in ihre Lebensbereiche, in ihre Domänen, wie sie es nennt, einmischt, sich dort Raum nimmt, sich breitmacht und ihr im Haus keine eigenen Nischen mehr bleiben. Überall ist er, „wie ein Bazillus“, meint sie, „der sich unkontrolliert ausbreitet“. Walther fühlt sich unverstanden. Er hatte jahrelang hart als Ingenieur im Maschinenbau gearbeitet, war berufshalber viel unterwegs gewesen, monatelang im Ausland, und genoss es nun, zu Hause bei seiner Frau zu sein. Er sei endlich zu Hause angekommen, sagte er in einer Therapiestunde. Sue dagegen sieht die Lage anders. Sie hatte über die Jahre mit seiner Abwesenheit zu leben gelernt, war auf eigenen Füßen gestanden und hatte sich gut geschlagen. Nun kam er daher, drängte sich in ihr wohl organisiertes Leben, übernahm Bereiche, welche sie jahrelang unter ihrer Obhut hatte und mischte sich überall ein. Er forderte Zeit mit ihr, wollte sie ständig um sich haben. Sie wollte weiterhin ihre Treffen mit den Freundinnen haben, ihren Rhythmus von früher beibehalten. Als er eines Morgens beim Frühstück sagte, dass er vorhabe, einen Kochkurs zu besuchen, um künftig auch Gerichte für sie beide zubereiten zu können, flippte sie völlig aus. „Nun nimmt er mir noch den letzten Bereich weg“, dachte sie. „Er dringt in jede Ritze meines Lebens. Ich ersticke in diesem neuen Leben! Er nimmt mir alles weg! Ich habe kein einziges Hoheitsgebiet mehr, wo ich ihm überlegen bin, wo ich das Sagen habe!“ Sie wurde extrem wütend und schrie ihn minutenlang an. Walther war hoch konsterniert und verstand die Welt nicht mehr. Er dachte, es würde gern gesehen, wenn er sich nach all den Jahren nun auch um Haushalt und Kochen zu bemühen beginnen würde. Das Gegenteil war der Fall.

In der Paartherapie lernten sie, die jeweilige Sicht des anderen zu verstehen und ihre Konflikte zu bewältigen. Dazu benötigten sie zuerst einmal ausreichendes willentliches Commitment zur Deeskalation, welches über mehrere Wochen mühselig aufgebaut werden musste.

Die geschilderte Situation von Sue und Walther ist ein klassisches Beispiel für eine Eskalation aufgrund der mangelnden Fähigkeit oder Bereitschaft, sich in den anderen hineinzuversetzen, die Sicht des anderen, seine Gefühle und Beweggründe zu verstehen. Beide haben ihre guten Gründe und man kann beider Sicht gut nachvollziehen. Das Problem ist nicht, wie Sue empfindet oder wie Walther sich neu einbringen möchte, sondern dass die Bedürfnisse der beiden nicht kompatibel sind. Hier gilt es anzusetzen. Nicht der jeweils andere ist das Problem, sondern die Nichtübereinstimmung der Lebensentwürfe. Damit es hier nicht zu einem Zerwürfnis zwischen den beiden kommt, bedarf es des Commitments zur Deeskalation.

Zum Nachdenken

Kennen Sie dieses Problem ebenfalls? Gibt es in Ihrer Beziehung auch Konflikte dieser Art, wo beiden die Bereitschaft oder die Kompetenz fehlt, die Sichtweise des anderen wahrzunehmen und zu verstehen? Wie gehen Sie in diesen Konflikten vor? Wie sieht Ihr Commitment zur Deeskalation aus? Wie dasjenige Ihres Partners, Ihrer Partnerin?

Stärkung des willentlichen Commitments

Willentliches Commitment kommt nicht von allein. Es muss immer wieder aufs Neue gelebt werden, insbesondere dann, wenn die Beziehung gefährdet erscheint, wenn man vom Partner enttäuscht ist, ihm etwas nachträgt, von ihm verletzt oder gekränkt wurde, oder wenn er in bestimmten Situationen versagt und nicht das halten kann, was man von ihm erwartet hat. Doch nicht nur im Falle eines schwerwiegenden Härtetests spielt willentliches Commitment eine wichtige Rolle, sondern ebenso beim Erhalt der Alltagspositivität und zum Einlenken bei Konflikten. Willentliches Commitment als Motivation, immer wieder und regelmäßig Einzahlungen auf das Beziehungskonto zu machen, muss gestärkt werden. Es gilt, das willentliche Commitment immer wieder aufs Neue zu festigen. Dies kann mit inneren Leitsätzen geschehen:

- Ich mag diese Seiten nicht an dir, doch insgesamt stimmt für mich das Gesamtpaket.
- Du verletzt mich mit diesem Verhalten, doch weiß ich, dass du es nicht absichtlich tust. Du willst mir nicht wehtun.
- Du hast Ecken und Kanten, doch das gibt dir auch Profil.
- Auch wenn du mir nicht immer genügst, ich kann dir auch nicht alle deine Wünsche erfüllen.
- Ich leide unter gewissen Eigenschaften und Macken von dir, doch dasselbe trifft vermutlich auch auf dich in Bezug auf mich zu.
- Auch wenn ich nicht alles an dir mag, ich liebe dich.

Mit solchen oder ähnlichen inneren Sätzen relativiert man zum einen die Bedeutung des Negativen, des Störenden und Fehlenden, zum anderen besinnt man sich darauf, was man letztlich am Partner, an der Partnerin hat. Damit dies gelingt, bedarf es immer wieder dieser inneren Orientierung, diesem positiven Zuspruch zur Partnerschaft. Man muss sich immer wieder auf den *inneren Anker* und den Beziehungskompass besinnen.

Diese Leitsätze sind an und für sich simpel, doch sollten sie keine leeren Lippenbekenntnisse und keine hohlen Floskeln sein. Es geht vielmehr um eine *Advokatenstimme* für die Beziehung. Eine Stimme, welche gegen die kleinen Frustrationen, den Ärger gegenüber dem

Partner, der Partnerin und die Enttäuschungen redet. Eine Stimme, welche Partei für die Partnerschaft ergreift und sich für sie einsetzt.

Zu gerne und zu schnell sind wir bereit, Fehler beim anderen zu suchen, Vorwürfe zu machen und uns zu beklagen. Commitment heißt, diese Tendenzen zu erkennen und ihnen gegenzusteuern.

Die Liebe muss täglich gepflegt werden. Wie bei der Erde dürfen wir sie nicht vertrocknen lassen und meinen, man könne sie mit gelegentlichem ausgiebigem Gießen ausreichend tränken. Wir müssen sie täglich befeuchten. Zu viel Wasser auf einmal nimmt der ausgetrocknete Boden nicht auf. Es gilt, ihn täglich zu bewirtschaften. Dasselbe gilt für das Beziehungskonto der Liebe. Einmalige große Einzahlungen haben letztlich eine geringere Wirkung als eine immer wieder erfolgende regelmäßige Einzahlung. Die Liebe lebt nicht von seltenen großen Würfen, sie lebt von den kleinen täglichen Zeichen.

Noch wichtiger werden solche inneren Leitsätze bei Veränderungen der Partnerschaft im Zuge einschneidender Lebensveränderungen.

Zum Nachdenken

Wie sieht Ihr innerer Anker aus? Sehen Sie in ausreichendem Maße die positiven Seiten Ihres Partners, Ihrer Partnerin? Nehmen Sie das Schöne und Wertvolle Ihrer Partnerschaft wahr? Welche Leitsätze würden Ihnen helfen, Ihren Partner, Ihre Partnerin und die Beziehung in einem günstigeren Licht zu sehen? Welche Leitsätze wären für Sie wichtig im Falle gravierender Einschnitte?

„Du bist mir so nahe“ – emotionales Commitment

Neben dem willentlichen Commitment spielt das emotionale Commitment für die Beziehung eine zentrale Rolle. Emotionales Commitment bedeutet, dass der Partner, die Partnerin als *wichtigste Bezugsperson* angesehen wird, als Person, welcher man sich emotional anvertrauen kann, der man sich am nächsten fühlt, näher als den besten Freunden oder nahen Verwandten. Man fühlt sich dem Partner gegenüber auf *besonders intime Weise* verbunden und sucht diese emotionale Zusammengehörigkeit. Wenn einen etwas belastet, teilt man es zuerst dem Partner mit. Persönlich wichtige Themen werden mit ihm ausgetauscht, er wird in persönlich relevante Entscheidungen eingebunden. Ihn fragt man bei wichtigen Entscheidungen, ihm teilt man mit, was einen umtreibt, was wichtig für einen ist. Er ist die hauptsächliche *Vertrauensperson*. Ihm fühlt man sich am nächsten. Er ist der emotionale *Referenzpunkt*. Durch emotionales Commitment signalisiert man dem Partner, dass er für einen die *wichtigste Person* im Leben ist, dass man die stärkste emotionale Verbindung zu ihm aufweist. Während dies für viele klar sein mag und sich richtig anfühlt, ist dies bei weitem nicht bei allen Paaren der Fall.

> Iris (29 Jahre alt) stört es, dass ihr Freund Cedric (31 Jahre alt) so unzuverlässig ist. Immer wieder vergisst er Abmachungen und Termine, die ihr wichtig sind. Jüngst hatten sie vorgehabt, an einem verlängerten Wochenende an den Gardasee zu fahren. Sie hatte sich sehr darauf gefreut. Das Datum stand seit drei Monaten fest. Zwei Wochen vor der geplanten Reise kommt Cedric und erzählt, dass ein Freund von ihm an besagtem Wochenende eine Party anlässlich der Rückkehr eines Kollegen aus dem Ausland schmeißen würde, bei der er sehr gerne dabei wäre. Diese Clique hätte sich seit längerer Zeit nicht mehr gesehen und es wäre schade, wenn er nicht dabei sein könnte. Den geplanten Aufenthalt am Gardasee könnten sie ja gut verschieben, es sei einen Monat später sogar noch

schöner dort, wenn das Wasser zum Baden wärmer wäre. Iris ist enttäuscht und findet es daneben, dass Cedric diesen Rückzieher macht und sie die zweite Geige spielen soll. Abgemacht ist abgemacht, sagt sie. Doch Cedric findet das kein Argument. An diesem Abend telefoniert Iris über eine Stunde mit ihrer besten Freundin und heult sich aus.

Iris steht für viele Frauen, die letztlich eine innigere, persönlichere und intimere Beziehung zur besten Freundin unterhalten als zum Partner. Anstatt ihre Anliegen mit ihm zu Ende zu diskutieren und sich ihm mitzuteilen, zieht sie es vor, sich mit ihrer besten Freundin auszutauschen. Dadurch unterminiert sie das emotionale Commitment zu Cedric. Sie ist ihrer Freundin emotional näher als ihrem Partner. Sie tauscht mehr wichtige Dinge mit ihr aus als mit ihm. Iris vermisst das Commitment von Cedric und zeigt selber kein wahres eigenes emotionales Commitment. Dadurch entziehen beide dieser Partnerschaft den Boden. Eine langsame, unmerklich stattfindende Entfremdung wird die Folge sein.

Iris hätte Cedric klarmachen müssen, was die Reise für sie bedeutet und warum seine Reaktion sie sehr enttäuscht. Sie hätte sich nicht einfach abservieren lassen dürfen, sondern das Gespräch suchen und sich dabei erklären sollen.

Ein zentraler Aspekt des emotionalen Commitments ist die Bereitschaft zur *emotionalen Selbstöffnung* gegenüber dem Partner, der Partnerin. Emotionale Selbstöffnung bildet die Grundlage für emotionale *Intimität* und damit für die emotionale Basis der Paarbeziehung. Emotionale Selbstöffnung stellt einen Prozess dar, in welchem sich die Partner sehr persönliche Gefühle und Inhalte mitteilen,[17] die sie exklusiv mit ihm teilen. Anstatt viel Worte um nichts zu machen und sich oberflächlich auszutauschen (wie es leider viele Paare tun), geht es bei der emotionalen Selbstöffnung darum, wirklich Wichtiges einander mitzuteilen. Und Wichtiges ist, wie es einem damit geht, was dies für einen bedeutet, wie man sich damit fühlt. Iris sollte Cedric keine Vorwürfe machen und ihn nicht anklagen, dass ihm alles andere immer wichtiger ist als sie und er unzuverlässig ist, sondern ihm mitteilen, wie es für sie ist, dass er diese Party mit seinen Freunden dem geplanten Ausflug mit ihr vorzieht. Sie sollte ihm ihre Gefühle diesbezüglich offenbaren und dabei nicht beim Ärger bleiben, sondern herausarbeiten, was die Situation für sie bedeutet.

Selbstöffnung bedeutet, dass man den Partner in sein Innerstes einweiht und ihm tiefere Gefühle (Traurigkeit, Einsamkeit, Angst, Hilflosigkeit, Scham) offenbart. Es geht dabei darum, zu eigenen Bedürfnissen, verletzlichen Seiten und Schwächen zu stehen. Selbstöffnung im Sinne der Intimitätsstiftung beruht auf *Wechselseitigkeit.* Nur wenn beide zu emotionaler Selbstöffnung bereit sind, gelingt Partnerschaft auf Dauer.

Selbstöffnung ist eine der *wichtigsten Komponenten* der Kommunikation. Es geht um das Teilhabenlassen des anderen an der eigenen Gefühlswelt. Ihm wird das Innerste mitgeteilt, ohne falsche Scheu und Scham.

> Leider ist emotionale Selbstöffnung bei vielen Paaren nicht wirklich vorhanden. Viele zieren sich, sich einander mitzuteilen. Viele bleiben oberflächlich, sprechen wichtige Belange nicht an – entweder weil die Grundlagen für emotionale Selbstöffnung fehlen oder weil man das Wissen nicht besitzt, wie man dies tun soll.

Die Tiefe der emotionalen Selbstöffnung variiert erheblich. Viele Paare öffnen sich nur auf einer oberflächlichen Ebene. Je tiefer die emotionale Selbstöffnung, desto größer der Nutzen für die Beziehung. Emotionale Selbstöffnungen sind substanzielle Einzahlungen auf das Beziehungskonto.

Lassen Sie mich an drei Beispielen aufzeigen, wie unterschiedlich die Tiefe der emotionalen Selbstöffnung sein kann.

Im ersten Beispiel wird fehlende oder oberflächliche Selbstöffnung dargestellt. Hier geht der Sprechende nicht auf das eigene Erleben und Empfinden ein. Er schildert sachlich die Situation, wer was wann gemacht hat. Es findet dadurch keine persönliche Begegnung statt. Der Sprecher enthüllt nichts von sich selbst. Er vergibt dadurch die Chance, sich dem anderen mitzuteilen, ihm nahezukommen, für ihn *interessant* zu sein. Leider kommunizieren sehr viele Paare auf diese Weise – teils aus mangelnder Kenntnis, anders zu kommunizieren, weil ihnen Vorbilder fehlten, teils aus der Befürchtung heraus, sich zu entblößen, schwach oder inkompetent zu erscheinen oder den Partner, die Partnerin zu enttäuschen. All das trifft nicht zu. Emotionale Selbstöffnung ist der Schlüssel zu einer glücklichen Partnerschaft.[18]

1. Beispiel: Keine oder oberflächliche Selbstöffnung

Julius war für einen Bericht, den er für seine Vorgesetzte nächtelang erstellt und den er von einem kranken Kollegen freiwillig übernommen hatte, bei der heutigen Sitzung heftig kritisiert worden. Seine Vorgesetzte fand die Fakten zu wenig recherchiert und die Argumentation zu wenig schlüssig. Er hätte sich nicht dafür engagiert, einen wirklich hervorragenden Bericht zu verfassen. Sie sei konsterniert.

Julius setzt diese Rückmeldung sehr zu. Er konnte sich den ganzen Nachmittag nicht mehr richtig konzentrieren und war aufgewühlt. Er empfand das Feedback als unfair. Es wurde ihm und seiner Leistung nicht gerecht, noch weniger der Tatsache, dass er den Bericht anstelle des kranken Kollegen verfasst hatte, in einem Gebiet, das nicht sein Schwerpunkt war. Er hatte helfen wollen und wurde nun in dieser Art und Weise runtergemacht.

Am Abend, als er nach Hause kommt, ist seine Stimmung noch immer bedrückt. Er ist wortkarg und mürrisch. Als ihn seine Frau darauf anspricht und ihn fragt, ob seine schlechte Laune mit der heutigen Sitzung zu tun habe, antwortet er einsilbig. Sie lässt nicht locker, will wissen, was vorgefallen ist, schließlich hatte sie mitbekommen, wie viel Arbeit ihm dieser Bericht gemacht hatte.

Julius antwortet: „Sie hat ihn nicht gut gefunden. Sie kritisierte, dass er zu wenig Fakten enthielt, die berücksichtigt hätten werden sollen. Sie fand, dass die Argumentation zu wenig schlüssig und überzeugend gewesen sei. Sie hätte mehr von mir erwartet und ist enttäuscht gewesen."

Julius resümiert einzig die Aussagen seiner Vorgesetzten. Er erzählt nichts von sich. Er erzählt nur Oberflächliches. Damit lässt er seine Frau nicht teilhaben an seinem Innenleben, an seinen Gefühlen. Er nutzt damit die *Ressourcen* des Paares nicht, seine Belastung gemeinsam zu tragen und zusammen mit seiner Frau die Frustration zu bewältigen. Aber noch schlimmer ist, dass er seine Frau nicht einbezieht, es verpasst, sie zu seiner Verbündeten zu machen. Er behält das Wichtigste für sich, er teilt sich ihr nicht mit. Er *grenzt sie aus* von seinem Erleben, lässt sie nur an unbedeutenden Fakten teilhaben, an dem, was die Vorgesetzte ihm rückgemeldet hat, nicht daran, was dies für ihn bedeutet und wie es ihm damit geht. Sie kann dies als Mangel an emotionalem Commitment deuten und ihrerseits frustriert und enttäuscht sein. Sie empfindet sich nicht als seine wichtigste Bezugsperson, mit der man sich ausspricht, wenn es einem nicht gut geht. Künftig kann dies dazu führen, dass sie sich ebenfalls zurückzieht, kein Interesse an seinem Leben mehr zeigt und der Austausch zwischen ihnen versiegt. Es kommt zur Entfremdung.

Beim zweiten Beispiel findet eine persönlichere Begegnung statt, jedoch immer noch sehr verhalten. Es werden nur vage Andeutungen gemacht. Man äußert zwar oberflächliche Gefühle, doch weiter lehnt man sich nicht aus dem Fenster. Noch immer verschließt man sich vor dem anderen, lässt ihn nicht am eigenen Erleben teilhaben. Häufig werden Ärger oder Frustration genannt. Gefühle, die immer noch mit einer gewissen Stärke einhergehen. Darunterliegende tiefere Gefühle behält man für sich, aus Angst, sich zu entblößen oder nicht richtig reagiert zu haben, schwach wirken zu können. Anstatt dem Partner, der Partnerin mitzuteilen, wie es einem geht, was einen beschäftigt und betrübt, kratzt man nur an der Oberfläche der Gefühle.

2. Beispiel: Vage Selbstöffnung

Julius kommt abends mit andauernder Missstimmung nach Hause. Das Feedback seiner Vorgesetzten hat ihm sehr zugesetzt. Er ist bedrückt. Als ihn seine Frau darauf anspricht und ihn fragt, ob seine schlechte Laune mit der heutigen Sitzung zu tun hat, antwortet er: „Ja, in der Tat. Das ist überhaupt nicht so gelaufen, wie ich mir das vorgestellt hatte. Echt beschissen lief es. Sie hatte kein einziges gutes Wort für den Bericht übrig, kritisierte nur. Das war echt daneben. Nach all dem Aufwand, den ich hatte und in Anbetracht dessen, dass ich diesen Bericht freiwillig übernommen hatte, um ihr aus der Patsche zu helfen, ist das frustrierend. Ich bin echt sauer. Nie wieder mache ich diesen Fehler und helfe aus.«

In diesem Beispiel weiht Julius seine Frau etwas stärker in sein Innenleben ein. Er teilt ihr mit, dass er frustriert und sauer ist, was ihn am Feedback seiner Vorgesetzten stört, dass er sich ungerecht behandelt fühlt. Er lässt sie nicht ganz außen vor wie beim ersten Beispiel. Er äußert, was ihn stört, und gibt ihr damit Anhaltspunkte für seine schlechte Laune. Doch immer noch wird seine Missstimmung nur angedeutet. Er behält immer noch sehr viel Persönliches für sich, öffnet sich nur ein wenig und vor allem thematisiert er nur „starke" Emotionen wie Ärger oder Gefühle, die jeder in dieser Situation gehabt hätte (etwa Frustration). Obgleich diese Art der Selbstöffnung bereits viel besser ist als beim ersten Beispiel, bleibt noch viel Luft nach oben. Julius lässt seine Partnerin nur so viel an seinem Empfinden teilhaben, wie dies ihm erlaubt, sein Gesicht zu wahren und weiterhin in einer Position der Stärke zu sein. Doch damit ist ihm nicht geholfen. Er bleibt mit seinem Kummer allein. Seine Frau kann ihn nicht unterstützen, wenn sie nicht weiß, wie es ihm geht. Im besten Fall wird sie seinen Ärger teilen, doch um den Ärger geht es gar nicht.

3. Beispiel: Wahre emotionale Selbstöffnung

> Julius kommt abends mit andauernder Missstimmung nach Hause. Das Feedback seiner Vorgesetzten hat ihm sehr zugesetzt. Er ist bedrückt. Als ihn seine Frau darauf anspricht und ihn fragt, ob seine schlechte Laune mit der heutigen Sitzung zu tun hat, antwortet er: „Das war eine schreckliche Sitzung. Lisbeth sah nur, was am Bericht nicht gut war, in keinem Satz würdigte sie meinen Einsatz, dass ich den Bericht zusätzlich zu meinem Arbeitspensum übernommen hatte, um ihr aus der Patsche zu helfen, dass dies nicht mein Arbeitsgebiet ist, dass ich diesen Bericht übernommen habe, weil Jonas krank war. Es war völlig unfair und gemein. Ich war so was von enttäuscht, ja erschüttert. Ich saß da und wusste nicht, wie ich reagieren sollte. Ich war völlig hilflos, ausgeliefert. Dieses Gefühl, ihr ausgeliefert zu sein, sich nicht wehren zu können, das hat mich am meisten bedrückt. Am liebsten wäre ich aufgestanden und hätte ihr klar und deutlich gesagt, dass ich mich ungerecht behandelt fühle. Doch ich wollte nicht alles ruinieren und blieb still. Ich war zu feige. Aber innerlich kochte ich. Es war schon auch Wut, doch vor allem machte es mich traurig. Traurig, dass ich mir den Arsch aufreiße und überhaupt keine Wertschätzung dafür erfahre. Ich merkte, dass ich für sie nicht länger arbeiten möchte."

Julius berichtet im dritten Beispiel vor allem von seinem Erleben. Er geht nur am Rande auf seine Vorgesetzte ein. Stattdessen lässt er seine Frau an seinen Gedanken und Gefühlen teilhaben. Er geniert sich nicht, ihr zu sagen, wie hilflos er sich fühlte, als Feigling, der sich nicht traute, sich zu wehren. Er berichtet von seiner Enttäuschung, seiner Erschütterung, seiner Wut und seiner Traurigkeit. Er ist als Mensch und Partner spürbar. Er schämt sich nicht, vor seiner Frau sein Innenleben zu beschreiben. Dies macht ihn nahbar und interessant. Es entsteht emotionale Intimität, eine Verbundenheit zwischen ihm und seiner Frau. Eine *exklusive Nähe*, da er mit großer Sicherheit nicht mit jedermann so sprechen würde, er nur ihr dies in dieser Form mitteilt. Es ist eine Selbstöffnung, die er nur seiner Frau gegenüber zeigt. Sie erhält dadurch einen besonderen Status. Sie ist seine Verbündete, die Person, die er in sein Erleben einweiht und sein Innerstes mit ihr teilt. Sie wird dadurch Teil seiner Welt. Damit erhöht er nicht nur die Chance auf eine tragende Unterstützung seitens seiner Frau, er schafft auch das Fundament für eine intime, persönliche Partnerschaft, getragen von einem „Wir-Gefühl" und gegenseitiger Intimität. Es ist zu erwarten, dass sich auch seine Frau ihm gegenüber emotional in gleicher Weise mitteilen wird. Dadurch entsteht ein Klima des wechselseitigen Vertrauens und der tiefen Verbundenheit.

Zum Nachdenken
Welche der drei Formen der Selbstöffnung zeigen Sie gegenüber Ihrem Partner, Ihrer Partnerin? Bei welcher ist Ihnen wohl? Spüren Sie nach aus welchen Gründen.

Selbstevaluation: Welche Form der Selbstöffnung zeige ich meinem Partner, meiner Partnerin gegenüber?

	Trifft gar nicht zu			Trifft sehr stark zu		
	1	2	3	4	5	6
Ich behalte für mich, wie ich mich fühle. Das geht niemanden etwas an.	☐	☐	☐	☐	☐	☐
Ich zeige meinem Partner, meiner Partnerin durch mein Verhalten, wie es mir geht, wie ich mich fühle.	☐	☐	☐	☐	☐	☐
Ich öffne mich immer mal wieder vor meinem Partner, meiner Partnerin, doch zögerlich und vage.	☐	☐	☐	☐	☐	☐
Ich lasse meinen Partner, meine Partnerin an meinem Erleben teilhaben.	☐	☐	☐	☐	☐	☐

Partnerevaluation: Welche Form der Selbstöffnung zeigt mein Partner, meine Partnerin?

	Trifft gar nicht zu			Trifft sehr stark zu		
	1	2	3	4	5	6
Er/sie behält für sich, wie er sich fühlt. Er/sie teilt sich mir nicht mit.	☐	☐	☐	☐	☐	☐
Er/sie zeigt mir durch sein/ihr Verhalten, wie es ihm/ihr geht, wie er/sie sich fühlt.	☐	☐	☐	☐	☐	☐
Er/sie öffnet sich immer mal wieder vor mir, doch zögerlich und vage.	☐	☐	☐	☐	☐	☐
Er/sie lässt mich an seinem/ihrem Erleben teilhaben.	☐	☐	☐	☐	☐	☐

Emotionale Intimität ist das Ergebnis von emotionalem Commitment. Es ist die Frucht der Bereitschaft, sich dem anderen mitzuteilen. Es ist die Bereitschaft, seine Schwächen zu akzeptieren und zu ihnen zu stehen, gegenüber dem Menschen, der einem am meisten nahesteht. Ohne Schminke.

> Wenn Paare sich gegenseitig einander öffnen, entsteht eine starke tragende Intimität. Das vertrauliche Wissen voneinander ist der Schatz einer Partnerschaft, den man gemeinsam teilt. Es bedarf dafür jedoch der Gegenseitigkeit. Beide müssen sich gleichermaßen einander mitteilen. Emotionale Selbstöffnungen sind zentrale Einzahlungen auf das Beziehungskonto.

Jeder hat Stärken und Makel. Das macht uns menschlich. Dem anderen das Gefühl zu geben, dass man perfekt sei, alles könne, über allem stehe und überall souverän sei, ist letztlich überhaupt nicht sexy. Niemand möchte einen perfekten Partner, neben dem man verblasst, sich defizitär und minderwertig fühlt. Man möchte seinesgleichen, einen Partner auf *Augenhöhe*. Emotionales Commitment erlaubt diese Beziehung, in der man sich gleichwertig, angenommen und geliebt fühlt, so wie man ist. Ohne sich verstecken, verstellen und verdrehen zu müssen. Doch dazu braucht es den *Mut*, sich dem anderen unverblümt zu zeigen. Dieser Mut wird mit echter Liebe belohnt.

Emotionales Commitment bildet durch emotionale Selbstöffnung die Grundlage für emotionale Intimität und damit die Basis echter Liebe. Liebe bedeutet Hingabe, tiefe Verbundenheit und Vertrauen. Liebe und emotionales Commitment sind heute so stark miteinander verbunden wie nie zuvor. Der Partner muss uns ganz gehören, mit Körper, Geist und Seele. Wir möchten ihm maximal nahe sein, wenn wir dies wünschen, und wir möchten Distanz, wenn wir sie benötigen. Und vor allem möchten wir, dass der Partner unsere Wünsche wahrnimmt und auf sie eingeht. Er muss spüren, wann wir Nähe oder Distanz brauchen und richtig auf diese Bedürfnisse reagieren. Doch anstatt dies von ihm zu erwarten, wäre es für alle einfacher und zielführender, man würde die Bedürfnisse dem Partner mitteilen. Nur so kann er angemessen darauf reagieren.

Liebe ohne emotionales Commitment ist nicht denkbar. Emotionales Commitment ist die Voraussetzung für Bindung, Nähe und Intimität. Wir wünschen uns in einer Paarbeziehung diese emotionale Nähe viel stärker und intensiver als jedes andere Verhalten. Dies wird beim folgenden Paar deutlich.

Birgit (58 Jahre alt) und Jens (61 Jahre alt) sind seit sieben Jahren ein Paar. Beide hatten schwierige Beziehungen hinter sich.

Birgit ist zunehmend unglücklich in der Beziehung. Sie empfindet Jens als gefühlskalt und unnahbar. Jens seinerseits versteht Birgit nicht und zieht sich frustriert zurück. Er hat das Gefühl, ihren Ansprüchen nie genügen zu können. Seine Fürsorge um sie komme nicht an und er wisse nicht, was er noch mehr tun könne.

Als Beispiel berichten die beiden von einem Unfall bei der Gartenarbeit. Birgit hatte in eine Scherbe im Gras getreten und vor Schmerz aufgeschrien. Ein Stück Glas stak noch immer im Fleisch, und es blutete. Jens war etwas entfernt beim Zurückschneiden eines Busches. Als er ihren Schmerzensschrei hörte, drehte er sich sofort um und ging zu ihr hin. Er prüfte die Wunde, betupfte sie mit Desinfektionsmittel und zog ihr mit einer Pinzette die Scherbe heraus. Danach legte er einen sterilen Verband an. Sie machte ihm Vorwürfe, dass er damals beim Runterfallen des Glases nach der Gartenparty nicht alle Scherben säuberlich aufgekehrt habe. Sonst wäre das nicht passiert.

Abends kochte er für beide, da es ihr noch immer nicht gut ging und ihr Fuß schmerzte. Er prüfte die Wunde erneut, machte einen frischen Verband und schlug vor, dass sie am nächsten Tag zum Arzt gehen solle.

Birgit klagte in der Paartherapie, dass Jens zwar instrumentell alles richtig gemacht habe, doch habe ihr seine emotionale Fürsorge gefehlt. Er habe sich kein einziges Mal danach erkundigt, wie sie sich fühle, wie es ihr gehe, habe sie nicht in die Arme genommen, sie nicht getröstet. Er habe nur „hantiert", dabei hätte sie viel mehr seine Nähe und emotionale Unterstützung benötigt, als seine Kompressen und Salben. Sie hätte sich gewünscht, dass er für sie emotional da gewesen wäre, denn es ging ihr vor allem deswegen schlecht, weil sie sich Sorgen machte, dass sie bei der bevorstehenden Tanzshow vielleicht ausfallen müsste. Davon konnte sie ihm nichts erzählen.

Ihr Eindruck ist, dass die wirklich wichtigen Dinge in ihrer Beziehung auf der Strecke bleiben, dass keine wirkliche Begegnung zwischen ihnen stattfindet, sich alles aufs Sachliche beschränkt. Ihr fehlt die Emotionalität, die emotionale Nähe und Verbundenheit. Jens habe sich zwar wie ein „Rettungssanitäter" verhalten, nicht jedoch wie ein liebevoller, fürsorglicher Partner. Das sei das Muster in ihrer Beziehung.

Jens seinerseits fühlt sich abgewertet, seine Zeichen der Zuneigung und Liebe würden nicht gesehen, er könne ihren Ansprüchen nie genügen. Alles was er tue, werde nicht geschätzt. Alles, was er mache, sei falsch, er fühle sich in dieser Partnerschaft defizitär. Emotionen seien nun mal nicht sein Ding, er verstehe nicht, warum sie immer auf diesem Punkt herumreiten würde. Man könne doch seine Liebe auch anders ausdrücken, indem man dem anderen Dinge zuliebe tue, ihm Unangenehmes abnehme, ihn unterstütze.

Was Birgit und Jens erleben, ist nicht selten in Partnerschaften. Die Erwartungen sind oft nicht dieselben. Während Jens denkt, dass er sich vorbildlich um seine Partnerin kümmert, empfindet Birgit seine „medizinische“ Versorgung nicht als das, was sie vor allem benötigt. Sie hätte sich emotionale Unterstützung gewünscht, dass er für sie da ist, emotional verfügbar, sie tröstet, in die Arme nimmt, sich ihre Sorgen anhört und ihr gut zuredet. Jens würde immer nur „hantieren“, doch das sei nicht das, was sie brauchen würde. Das wirklich Wichtige fehle ihr in dieser Beziehung. Deshalb sei sie unglücklich. Deswegen hätten sie die Paartherapie aufgesucht. Warum sie ihm denn nichts von ihren Sorgen mit der Tanzshow erzählt habe, frage ich Birgit. Das würde nichts bringen. Sie hätte ihm früher viel erzählt, doch sei er nicht in der Lage gewesen, so darauf einzugehen, wie sie es gebraucht hätte. Er sei wie ein Stockfisch, emotional unfähig. Es fallen Begriffe wie Autist. Birgit fehlt der emotionale Draht zu Jens. Er sei zwar in praktischen Belangen unterstützend, hilft im Haushalt, kocht und putzt, doch emotional vermisst sie seine Nähe, sein Interesse. Sie empfinde keine Geborgenheit in dieser Beziehung. Sie vermisst seine emotionale Präsenz.

Vielleicht werden Sie sich jetzt fragen, warum dies ein Beispiel für emotionales Commitment sei, da Birgit ihm ja nicht vorwirft, dass er sich keine Mühe gebe, sondern es nicht anders könne. Er sei nicht fähig dazu. Gut beobachtet!

Es handelt sich in diesem Beispiel auch nicht primär um das emotionale Commitment von Jens, das ich aufzeigen wollte, sondern um dasjenige von Birgit. Sie denkt, dass Jens zu emotionaler Unterstützung nicht fähig ist und es nichts bringt, ihm von ihren Sorgen zu erzählen. Dadurch zieht sie ihr emotionales Commitment von ihm ab. Es lohnt sich nicht, ihm zu erzählen, wie es ihr geht, da er sie sowieso nicht versteht. Sie teilt sich ihm nicht mehr mit, weil er offenbar früher falsch reagiert hatte. Und da liegt das Problem. Viele geben an, dass sie sich früher vor dem Partner geöffnet hätten, dass dies aber nichts gebracht habe. Er sei nicht so auf sie eingegangen, wie sie es sich gewünscht hätten. Mit der Zeit sei es einem dann verleidet, ihm weiter davon zu erzählen. Fragt man nach, wie denn diese Selbstöffnung stattgefunden hat, erkennt man, dass es bereits zu Beginn keine wahre emotionale Selbstöffnung war. So hat der Partner keine Chance, „richtig" zu reagieren. Man ist dann enttäuscht und frustriert von seiner Reaktion, zieht sich zurück und unterlässt es künftig, sich ihm mitzuteilen.

Wie bei Birgit und Jens beginnt sich ein Muster einzuschleifen, das für beide unbefriedigend ist. Birgit erzählt nicht mehr, was sie wirklich beschäftigt, fühlt sich dadurch unverstanden, und Jens kann tun, was er will, es kommt nicht an. Für beide ist diese Situation schädlich. Beide sind unzufrieden und leben sich auseinander. Anstatt dem anderen mitzuteilen, was man braucht, schweigt man, schmollt man, zieht man sich zurück. Und damit entzieht man der Beziehung ihre Basis. In der Paartherapie gelang es, bei beiden wahre emotionale Selbstöffnung zu trainieren und ihren Nutzen erfahrbar zu machen.

Zum Nachdenken
Kennen Sie das Problem von Birgit und Jens ebenfalls? Wie gehen Sie damit um?

Emotionale Untreue

Einen weiteren wichtigen Aspekt des emotionalen Commitments bildet die emotionale Exklusivität oder emotionale Treue. Der Begriff *emotionale Treue* mag etwas merkwürdig klingen. Mit Treue verbinden die meisten sexuelle Treue. Über Jahrtausende wurde Treue in dieser Weise definiert. Emotionale Treue war bis vor kurzem kein

Thema. Heute allerdings ist emotionales Fremdgehen auf einmal eine neue Realität, mit welcher mehr Paare konfrontiert sind, als sie es wissen.

Sarah (50 Jahre alt, bisexuell) lebt seit zwanzig Jahren mit Mirjam (54 Jahre alt, lesbisch) zusammen. Das Paar hat zunehmend weniger Berührungspunkte, verbringt wenig Zeit miteinander und hat keine gemeinsamen Hobbys mehr. Man hat sich auseinandergelebt. Sarah fühlt sich ihrer Partnerin zunehmend entfremdet. Sie vermisst ihre Zärtlichkeit, ihre Komplimente und sagt ihr auch umgekehrt nicht mehr, dass sie sie attraktiv findet, dass sie sie begehrt. Sex haben die beiden seit fünf Jahren keinen mehr.

Seit mehreren Monaten chattet Sarah mit einem fremden Mann. Sie ist ihm emotional extrem nah, fühlt sich frisch verliebt und glücklich. Während ihre Partnerin im Nebenzimmer sitzt und die Zeitung liest oder fernsieht, schwelgt sie in ihren Gefühlen für diesen Fremden, der ihr innige Liebkosungen sendet, ihr schreibt, wie toll er sie findet, wie sehr er sie begehrt. Jeden Abend freut sie sich auf den emotionalen Kontakt mit ihm. Er bedeutet ihr sehr viel. Er hält sie über Wasser. Mehr als zwei Stunden pro Abend steht sie mit ihm in Kontakt.

Das Beispiel von Sarah steht für eine neue Form der Untreue – die emotionale Untreue. Sarah ist ihrer Partnerin nicht sexuell untreu. Sie hat keinen Sex mit dem Fremden. Doch lässt sie sich jeden Abend über Stunden mit einem Fremden ein, dem sie emotional um Welten nähersteht als ihrer eigenen Partnerin. Diese sitzt einige Meter von ihr entfernt und ahnt nicht, was sie macht. Sie denkt, sie chatte mit ihren Freundinnen. Auf den Gedanken, dass sie sich einem anderen Mann intim anvertraut, darauf kommt sie nicht. Sie fragt allerdings auch nicht nach, was Sarah tut. Sie zeigt zu wenig Interesse an ihr, ist zu wenig emotional verfügbar. Sarah sucht Bestätigung und emotionale Nahrung bei einem anderen.

Viele vermissen nach einiger Zeit Komplimente, liebe Worte, Bekundungen der Liebe, Interesse und Zärtlichkeit seitens des Partners. Was man zu Beginn der Partnerschaft in großem Ausmaß erhielt, wird auf einmal rar. Doch dieses positive, nette, achtsame und galante

Verhalten gegenüber dem Partner, der Partnerin ist zentral für die Qualität und längerfristige Stabilität einer Beziehung, wie oben bereits ausgeführt wurde. Ein Mangel davon oder sein gänzliches Fehlen führt nicht nur zu Unzufriedenheit, sondern ist oft Ausgangspunkt für emotionale oder sexuelle Untreue. Andere, neue potenzielle Partner geizen nicht mit positiven Worten, lassen einen wissen, wie intelligent, kommunikativ und attraktiv man ist. Sie stillen diesen Hunger nach Geborgenheit, Anerkennung und Wertschätzung, die einem der eigene Partner verwehrt. Sie geben einem die emotionale Nahrung, derer man bedarf. Und Chat-Partner sind diesbezüglich sehr großzügig. Sie suchen aus demselben Grund den Kontakt zu anderen, nähren sich genauso an der Zeit, die der andere ihnen schenkt, am Austausch und den positiven Gefühlen, die der andere ihnen entgegenbringt. Es ist ein Spiel, an dem beide ihre Freude haben, von dem beide profitieren.

Emotionale Untreue wird auch als *Internet-Untreue* bezeichnet, da diese Form der Untreue am häufigsten im Internet stattfindet.

> Das Internet ist zu einem Haupttummelplatz für Untreue geworden. Man kann, gemütlich auf dem Sofa sitzend, mit anderen Personen intime Nachrichten austauschen, sich auf Internetplattformen einschlägige Abenteuer ermöglichen oder mittels Partnervermittlungsbörsen oder Apps aktiv auf die Suche nach sexuellen Abenteuern gehen. Es handelt sich dabei nicht um die klassische sexuelle Untreue. Es ist oft emotionale Untreue, manchmal gemischt mit virtueller sexueller Untreue. Oftmals ist es auch eine Vorstufe für sexuelle Untreue im realen Leben.

Untreue im Internet ist ein modernes Phänomen, da es diese Möglichkeit des internationalen Datenaustausches erst seit Anfang der 1990er Jahre gibt. Inzwischen ist das Internet zur wichtigsten Informations- und Kommunikationsplattform geworden.

Obwohl von jüngeren Personen am meisten genutzt, zeigen die Statistiken, dass auch die älteren Generationen regen Gebrauch vom Internet machen. 2018 nutzten 95 % der 14–49-Jährigen, 88 % der 50–60-Jährigen und immerhin 44 % der über 70-Jährigen das Internet.[19]

Doch was versteht man genau unter emotionaler Untreue?

Emotionale Untreue umfasst den intensiven, intim-persönlichen, emotionalen Austausch einer Person, die in einer festen Paarbeziehung lebt, mit einer anderen Person, und zwar im Sinne einer engen partnerschaftlichen Beziehung. Es geht um das Flirten mit dieser Person und den Austausch von persönlichen Informationen, Komplimenten bis hin zu Liebesbekundungen. In einigen Fällen ist die Grenze fließend zum Austausch sexueller Inhalte und erotischer Phantasien oder gar erotischer Aufnahmen (Versenden von Nacktbildern an diese Person). Schließlich finden sich auch Masturbieren beim Chatten mit dieser Person oder sexuelle Handlungen vor einer Webcam als Beispiele von Internet-Untreue.[20]

Die emotionale oder virtuelle Untreue hat in den meisten Fällen einen emotionalen Charakter und verstößt aufgrund der Geheimhaltung vor dem Partner, der Partnerin gegen gemeinsame (oft implizite) Vereinbarungen und Abmachungen. Es ist eine Untergrabung des gegenseitigen Vertrauens, da es heimlich erfolgt und die Grenzen der Paarbeziehung im traditionellen Sinne sprengt. Sexuelle Handlungen mit einer fremden Person rein virtuell zu vollziehen, stellt eine *Grauzone zur sexuellen Treue* dar. Zwar hat man mit dieser Person keinen wirklichen Sex, doch zeigt man sich ihr nackt oder stimuliert sich vor ihr vor einer Webcam. Man empfindet sexuelle Lust mit einer anderen Person und lebt sie mit dieser aus. Intime Internetbekanntschaften nehmen zahlenmäßig zu. 84 % der Männer und 16 % der Frauen überschreiten dabei die rote Linie und haben virtuelle sexuelle Kontakte.[21]

Virtuelle Untreue ist recht häufig bei Paaren in einer festen Beziehung, und dies unabhängig vom Geschlecht. Frauen wie Männer suchen sich Geborgenheit, Zuneigung und Zustimmung im Internet.

In der Paartherapie schildert mir Sarah, dass sie von ihrer Partnerin seit Jahren nicht dieses Maß an Zuneigung, Zustimmung und Unterstützung erhalten habe wie von ihrem Chat-Bekannten. Dieser sei fürsorglich, erkundige sich nach ihrem Befinden, gebe ihr das Gefühl, wichtig und interessant zu sein. Sie fühle sich von ihm anerkannt, wertgeschätzt und als Frau attraktiv. Seine Komplimente täten ihr unheimlich gut. Sie fühle sich bei ihm als sinnliche Frau. Sie könne mit ihm Zukunftspläne und Visionen schmieden und fühle sich verstanden. Irgendwann habe sie sich in ihn verliebt, obgleich sie sich nicht sehen würden, sondern einander nur schrieben.

Neben dem rein schriftlichen Austausch werden heute vielfach auch Video-Chats bei der virtuellen Untreue genutzt. Dadurch entsteht eine noch tiefere Intimität mit dem fremden Unbekannten, der eine immer wichtigere Rolle im Leben zu spielen beginnt. Es entsteht eine *Dreiecksbeziehung*, von welcher der eigentliche Partner nichts weiß und immer mehr ins Abseits gedrängt wird. Unheimlich daran ist, dass der Dritte im Bund eine virtuelle Gestalt ist, kein Konkurrent aus Fleisch und Blut, den man anfassen kann.

Obwohl einige dieser Beziehungen im virtuellen Stadium bleiben, enden andere in Treffen im realen Leben. Die Magie, welche vom virtuellen Partner ausgeht, ist oft dermaßen überwältigend, dass man die Person im wahren Leben kennenlernen möchte. Nach anfänglichem rein emotionalem Chatten kommt es oft zu sexuellen Avancen. 65 % führen die virtuelle Affäre auch im realen Leben weiter.[22]

Über Monate führt Sarah eine rein virtuelle Beziehung zu ihrem Chat-Partner. Sie schrieben sich anfangs nur abends, schließlich immer häufiger auch tagsüber. Der Kontakt wurde immer intensiver. Die Liebesgefühle ließen Sarah nicht mehr los. Sie fühlte sich verliebt wie im realen Leben, obgleich sie ihren Chat-Partner noch nie gesehen hatte. Sie hatte nur Beschreibungen von ihm, wusste, was er machte, was er mochte. Als er ihr nach einiger Zeit von seinen sexuellen Phantasien erzählte, war sie zuerst schockiert. Danach fand sie es erregend. Als er ihr einige Wochen später ein reales Treffen vorschlug, war sie erneut verstört. Sie hatte ihn in dieser Parallelwelt verortet. Im realen Leben hatte sie ihre Partnerin, im virtuellen Leben ihren Chat-Partner. Die Vorstellung brachte sie durcheinander. Sie konnte mehrere Nächte nicht schlafen. Gewissensbisse begannen sie zu plagen. Zum ersten Mal hinterfragte sie ihr Verhalten und Zweifel kamen hoch. Doch ihr Chat-Partner ließ nicht locker und sie war zu verliebt, um sich einem Treffen zu widersetzen. Schließlich kam es zu einem realen Treffen. Heute ist Sarah von Mirjam getrennt.

Menschen, welche bereits virtuelle Sexkontakte hatten (z. B. Austausch von erotischen Phantasien, Zusenden von Nacktaufnahmen, gemeinsames Masturbieren vor einer Webcam) fällt der Schritt zu einer realen sexuellen Affäre leichter.[23] Sie weisen auch mehr Außenbeziehungen im realen Leben auf. Das Internet bietet dazu häufig den Einstieg. Man kann Personen, welche einem Seitensprung gegenüber offen sind, unkompliziert im Netz kennenlernen, sie über eine gewisse Zeit prüfen und schließlich bei gegenseitigem Wunsch persönlich treffen. Aus virtueller emotionaler Untreue wird daher nicht selten reale sexuelle Untreue.

Doch dies braucht es nicht zwingend, um die Gefühle des Partners zu verletzen, wenn er von der emotionalen Untreue erfährt. Allein der Austausch intimer Informationen, die der Partner einem selbst vorenthält, sie jedoch jemand anderem offenbart, ist erniedrigend. Kommt virtuelle Sexualität hinzu, wird dies häufig als noch gravierender erlebt, selbst wenn es nie zu einer realen sexuellen Handlung kommt.

Mit der virtuellen Untreue verschwimmt die Grenze von Untreue im klassischen Sinne. Der verheiratete amerikanische Kongressabgeordnete Anthony Weiner ist ein bekanntes Beispiel dafür. Er hatte über seinen Twitter-Account freizügige Bilder von sich an verschiedene Frauen verschickt und virtuellen Sex mit einigen von ihnen. Zu tatsächlichen sexuellen Treffen kam es laut seinen Aussagen nicht. Als die Sache aufflog, zeigte sich, dass sein Verhalten strafrechtlich nicht zu ahnden war. Seine Frau ließ sich danach trotzdem von ihm scheiden. Es erstaunt nicht, dass sich 20 % der Paare trennen, wenn die Online-Untreue bekannt wird.[24]

Zum Nachdenken
Wie würden Sie reagieren, wenn Sie von der emotionalen oder virtuellen Untreue Ihres Partners, Ihrer Partnerin erfahren würden? Macht es einen Unterschied, ob er oder sie nur emotional untreu oder auch virtuell sexuell untreu wäre? Worin liegt der Unterschied für Sie? Welche Konsequenzen würden Sie ziehen?

Die Grenze zwischen virtueller emotionaler und sexueller Untreue verschwimmt häufig. Der Umstand, dass der Partner, die Partnerin einem anderen Menschen emotional viel nähersteht als einem selber, sich mit ihm regelmäßig und intensiv persönlich austauscht, dieser Mensch mehr vom eigenen Partner weiß als man selber und der Partner einen anderen mehr an seinem Leben teilhaben lässt als einen selber, ist für viele gleich schwer zu ertragen, wie wenn er einen sexuell betrogen hätte. Dass er einen nur virtuell betrügt, macht häufig keinen Unterschied.

Ab welchem Zeitpunkt und mit welchem Verhalten die rote Linie des emotionalen Commitments überschritten wird, ist von jedem Paar selbst festzulegen. Die einen mögen diesbezüglich toleranter sein, die anderen restriktiver und die Grenze enger ziehen. Wenn beide Partner in ihren Einschätzungen und Vorstellungen von emotionalem Commitment übereinstimmen, ist es in der Regel kein Problem. Paare mit einer offenen Beziehung sind in der Regel auch bezüglich dieser Form der Außenbeziehung toleranter. Andere mit einem traditionellen Partnerschaftsverständnis oder einer stärkeren Gewichtung emotionaler Aspekte einer Beziehung dürften dagegen mehr Mühe haben. Das Thema wird dann zur Zerreißprobe, wenn die Ansichten bezüglich Treue auseinandergehen. Da sich diese im Verlauf des Lebens bei beiden Partnern verändern können, bedeutet eine hohe Übereinstimmung zu Beginn der Partnerschaft keine Garantie für eine längerfristig ähnliche Sicht. Auch sind viele Paare auf diese Form der Untreue nicht vorbereitet.

> Die meisten erwarten vom Partner emotionales Commitment. Man möchte für ihn exklusiv und der wichtigste Mensch in seinem Leben sein, möchte seine Liebe ungeteilt erfahren. Für viele ist es unerträglich, wenn dies nicht zutrifft. Für viele macht es keinen Unterschied, ob der Partner sexuell oder emotional untreu ist, ob die Untreue im realen Leben oder virtuell stattfindet.

Selbstevaluation: Wo beginnt für Sie selbst emotionale Untreue?

	Gar nicht tolerierbar			Völlig in Ordnung		
	1	2	3	4	5	6
eine andere Person* anziehend zu finden	☐	☐	☐	☐	☐	☐
einer anderen Person etwas sehr Persönliches von sich mitzuteilen	☐	☐	☐	☐	☐	☐
einer anderen Person Intimes von der eigenen Partnerschaft mitzuteilen	☐	☐	☐	☐	☐	☐
einer anderen Person Geheimnisse anzuvertrauen	☐	☐	☐	☐	☐	☐
einer anderen Person emotional näher zu sein als dem Partner, der Partnerin	☐	☐	☐	☐	☐	☐
mit einer anderen Person mehr Zeit als mit dem Partner, der Partnerin zu verbringen	☐	☐	☐	☐	☐	☐
sich von einer anderen Person trösten zu lassen anstatt vom Partner, der Partnerin	☐	☐	☐	☐	☐	☐
eine andere Person zu lieben, auch platonisch	☐	☐	☐	☐	☐	☐
einer anderen Person von Schwächen des Partners, der Partnerin zu erzählen	☐	☐	☐	☐	☐	☐
sie in Schwierigkeiten mit dem Partner, der Partnerin einzuweihen	☐	☐	☐	☐	☐	☐
sie an sexuellen Phantasien teilhaben zu lassen	☐	☐	☐	☐	☐	☐
sich mit der anderen Person Sex vorzustellen	☐	☐	☐	☐	☐	☐
an die andere Person zu denken, während man Sex mit dem Partner, der Partnerin hat	☐	☐	☐	☐	☐	☐

* Unter „eine andere Person“ sind nicht nahe Freunde oder beste Freundinnen gemeint, sondern virtuelle Partner oder Partnerinnen.

Partnerevaluation: Wo beginnt für Sie die emotionale Untreue Ihres Partners, Ihrer Partnerin?

	Gar nicht tolerierbar			Völlig in Ordnung		
	1	2	3	4	5	6
eine andere Person anziehend zu finden	□	□	□	□	□	□
einer anderen Person etwas sehr Persönliches von sich mitzuteilen	□	□	□	□	□	□
einer anderen Person Intimes von der eigenen Partnerschaft mitzuteilen	□	□	□	□	□	□
einer anderen Person Geheimnisse anzuvertrauen	□	□	□	□	□	□
einer anderen Person emotional näher zu sein als Ihnen	□	□	□	□	□	□
mit einer anderen Person mehr Zeit als mit Ihnen zu verbringen	□	□	□	□	□	□
sich von einer anderen Person trösten zu lassen anstatt von Ihnen	□	□	□	□	□	□
eine andere Person zu lieben, auch platonisch	□	□	□	□	□	□
einer anderen Person von Ihren Schwächen zu erzählen	□	□	□	□	□	□
sie in Schwierigkeiten mit Ihnen einzuweihen	□	□	□	□	□	□
sie an sexuellen Phantasien teilhaben zu lassen	□	□	□	□	□	□
sich mit der anderen Person Sex vorzustellen	□	□	□	□	□	□
an die andere Person zu denken, während der Partner, die Partnerin Sex mit Ihnen hat	□	□	□	□	□	□

Ich denke, das Ausfüllen dieser Fragen fällt nicht allen leicht. Manchmal muss man länger nachdenken, bis man sich zu einer Antwort durchringen kann. Was auf den ersten Blick trivial erscheint, erweist sich in der Realität als herausfordernd. Die Grenzen festzulegen, wo emotionale Untreue beginnt, ist schwierig.

70 % der Personen in einer Paarbeziehung geben an, regelmäßige sexuelle und romantische Phantasien mit Personen außerhalb der Partnerschaft zu haben und in Tag- oder Nachtträumen an diese Person zu denken. 84 % fühlen sich von potenziellen Partnern außerhalb der Paarbeziehung angezogen. 60 % vertrauen ihnen intime Details an, 78 % besprechen partnerschaftliche Konflikte mit ihnen und 59 % lassen sich von ihnen trösten.[25]

Interessanterweise finden sich 59 % nicht untreu, wenn sie eine Person außerhalb der Partnerschaft anziehend finden, viel Zeit mit ihr verbringen oder ihr intime Geheimnisse anvertrauen. Dennoch empfinden rund 80 % eine intensive emotionale Bindung mit einer fremden Person als mittlere bis schwere emotionale Untreue.[26] Dies zeigt, wie schwierig die Grenzziehung zwischen Treue und Untreue fällt und wie ambivalent viele diese beurteilen. Emotionales Commitment wird von den meisten vom Partner eingefordert, bei sich selbst ist man dagegen großzügiger. Doch warum ist das emotionale Commitment des Partners, der Partnerin für unser Wohlbefinden und die Qualität und Stabilität der Beziehung so wichtig?

Die Antwort liegt im *Bindungsbedürfnis*. Wir alle streben enge, verlässliche und intime Beziehungen an, um dieses Grundbedürfnis zu befriedigen. Erst wenn unser Bindungsbedürfnis gestillt ist, können wir glücklich sein.

Emotionales Commitment und Bindung

Beim emotionalen Commitment geht es fundamental um das Thema *Bindung*. Zum einen braucht man Bindung, um zu überleben. Ohne das Gefühl, von jemandem geliebt zu werden, verkümmert man. Zum anderen ist Bindung zentral für die Lebenszufriedenheit und das persönliche Glück, den eigenen Selbstwert und das persönliche Leistungsvermögen. Aus diesem Grund gehen auch heute noch die meisten Menschen eine feste Partnerschaft oder Ehe ein, weil sie eine feste, tragfähige Bindung suchen. Emotionales Commitment ist daher vor allem bindungsrelevant. Man möchte sich nur dann auf einen anderen

Menschen emotional einlassen, wenn man darauf *vertrauen* kann, dass er es ehrlich und gut mit einem meint, dass man sich auf ihn verlassen kann, dass er einem treu ist und bei einem bleiben möchte. Fehlt diese Grundlage, bleibt das Fundament der Beziehung schwach. Man akzeptiert den Partner erst dann als den wichtigsten Menschen im Leben, wenn diese Voraussetzungen erfüllt sind. Erst dann kann man Bindung zulassen.

> Tiefe emotionale Nähe können nur diejenigen Paare erfahren, welche bereit sind, sich auf eine gegenseitige emotionale Bindung einzulassen. Diese Art von Intimität ist in keiner anderen Beziehungsform Erwachsener in dem Ausmaß möglich wie in einer festen Partnerschaft. Emotionales Commitment stellt dazu die Grundlage dar und ist eine wesentliche Investition in die Bindung.

Wenn man sich auf Bindung einlässt, bedeutet dies aber auch, dass man miteinander verbunden ist, im gleichen Boot sitzt. Das eigene Leben ist nicht mehr losgelöst vom anderen. Man wird Teil eines „Wir“. Diese Interdependenz bedeutet, dass es einem nur so gut gehen kann, wie es dem Partner gut geht, da man sich wechselseitig beeinflusst und stimmungsmäßig voneinander abhängig wird. Positive Emotionen (z. B. Freude, Stolz, Zufriedenheit) wie negative Gefühle (z. B. Ärger, Angst, Traurigkeit) haben einen Effekt auf den anderen. Wenn einer leidet, betrifft dies auch den anderen, wenn einer sich freut, strahlt dies auch auf den anderen ab. Bindung bedeutet, sich einzulassen und damit auch ein Stück weit in Abhängigkeit zu einem anderen Menschen zu treten. Man lässt sich in seine Arme fallen, sich von ihm tragen und muss nicht mehr die ganze Last alleine stemmen. Gleichzeitig heißt Bindung auch, Verantwortung für den anderen zu übernehmen, für ihn da zu sein, wenn er einen braucht. Bindung ist ein Geben und Nehmen in einer Partnerschaft, ein Sich-fallen-lassen-Können und ein Den-anderen-auffangen-Wollen. Beides basiert auf gegenseitigem Vertrauen. Vertrauen und Bindung sind untrennbar miteinander verbunden. Bindung ist nur möglich, wenn man dem anderen vertrauen kann. Und vertrauen können wir nur, wenn der andere verlässlich da ist und richtig reagiert, wenn wir es brauchen.

Und hier kommt das willentliche Commitment ins Spiel. Menschen sind nur dann zu tiefem emotionalem Engagement in eine

Emotionales Commitment hat mit der Absicht zu tun, in die Bindung zum Partner zu investieren, sich auf eine tiefe Beziehung mit ihm einzulassen, sich ihm emotional anzuvertrauen. Doch damit man dies tun kann, müssen die Voraussetzungen stimmen. Man muss Verlässlichkeit, Engagement und Exklusivität von seiner Seite spüren.

andere Person bereit, wenn die Verbindung auf Langfristigkeit angelegt ist, wenn der Partner Verbindlichkeit zeigt.[27]

Um diese *Verlässlichkeit* geht es zentral bei der Bindung. Dies reicht bis ins frühe Säuglingsalter zurück.

Ursprünglich dient die Bindung dazu, das Überleben des Kindes zu sichern, indem die Bezugsperson auf die kindlichen Reaktionen von Stress aufgrund von Hunger, Durst, körperlichem Unwohlsein, Erschrecken und Angst mit verlässlichem Fürsorgeverhalten reagiert und hilft, das Bedürfnis zu befriedigen. So füttert die Bezugsperson das Kind, wenn es Hunger hat, sie wechselt seine Windeln, wenn sie nass sind, sie tröstet es, wenn es sich erschreckt hat, hält es, wenn es Sicherheit und Geborgenheit benötigt. Durch diese Erfahrungen bildet das Kind eine innere Vorstellung bezüglich der Verlässlichkeit der Umwelt aus, welches die Qualität seiner Bindung (sicher gebunden versus unsicher gebunden) bestimmt.[28]

Innerhalb der Bindung spielt die Feinfühligkeit der Bezugspersonen eine zentrale Rolle. Darunter versteht man die Fähigkeit, die Bedürfnisse des anderen wahrzunehmen, sie richtig zu interpretieren und prompt und angemessen darauf einzugehen. Nur wenn Verlässlichkeit erfahren und Vorhersehbarkeit des Verhaltens der anderen gegeben sind, kann emotionale Geborgenheit entstehen.

Ähnlich verhält es sich in der Partnerschaft. Der Bindung zum Partner, zur Partnerin liegen dieselben Prozesse zugrunde wie der Eltern-Kind-Bindung.[29] Erleichternd kommt im Erwachsenenalter allerdings hinzu, dass die eigenen Bedürfnisse klar kommuniziert werden können (und nicht mehr wie beim Säugling erspürt werden müssen), dass durch emotionale Selbstöffnung dem Partner mitgeteilt werden kann, was man benötigt. Doch genauso wie beim Kleinkind erleben wir die Bindung nur dann als tragfähig, wenn wir dieses Vertrauen in den Partner aufbauen können und seine Verlässlichkeit (in Form eines spürbaren Commitments) gegeben ist.

Eine sichere frühkindliche Bindung erweist sich als zentrales Fundament für das spätere Leben und die Bindungsfähigkeit im Erwachsenenalter.

Sichere Bindung und Commitment

Im Erwachsenenalter zeigen ehemals sicher gebundene Kinder eine größere soziale Offenheit und weisen eine gesunde Nähe-Distanz-Regulation auf. Ein gesunder *Selbstwert*, der mit einer sicheren Bindung einhergeht, erlaubt es ihnen, ihr Bedürfnis nach Autonomie respektive emotionaler Verbundenheit angemessen zu äußern und zu regulieren.[30]

Sicher gebundenen Menschen fällt es leicht, eine intime Bindung zum Partner einzugehen[31] und sich bezüglich Commitment festzulegen, da sie positive Erwartungen an den Partner haben und ein gesundes *Grundvertrauen* in die Verlässlichkeit und Treue anderer Menschen besitzen.[32] Sie haben keine Probleme damit, emotionale Intimität zuzulassen. Sie können körperliche und emotionale Nähe und Unterstützung genießen und fühlen sich geliebt und wertgeschätzt. Aufgrund dieses inneren Ankers vertrauen sie anderen und hegen an sich selbst und den Partner positive Erwartungen, die nicht so leicht zu erschüttern sind. Sie sind emotional robust und vertrauensvoll.

Bei erlebter Bedrohung (etwa in Situationen, in denen der Partner mit einer anderen Person flirtet oder sich grenzwertig verhält), aktivieren sie ihre positiven Einstellungen zu Beziehungen,[33] suchen Nähe und Kontakt zum Partner und sprechen das Problem an, da sie sich sicher sind, für das Verhalten des Partners eine plausible Erklärung zu erhalten. Sie zeigen weder übertriebene Angst oder Eifersucht noch ziehen sie sich verletzt zurück, sondern suchen aktiv eine Klärung und Auflösung der Spannung. Dies gelingt dank ihres soliden Selbstwerts, wodurch die Situation relativ unbekümmert angegangen und dem Partner, der Partnerin keine Szene gemacht werden muss.

Céline (23 Jahre alt) und Jan (24 Jahre alt) sind seit einem Jahr ein Paar. Sie leben zusammen in derselben WG. Sie unternehmen viel gemeinsam, haben Spaß beim Ausgehen, sind an ähnlichen Themen interessiert und genießen ihre Beziehung. Jan trinkt gerne mal etwas über den Durst, besonders in geselliger Runde. In dieser Situation wird er besonders anhänglich und für Célines Geschmack in der Öffentlichkeit etwas zu distanzlos. So kann es vorkommen, dass er sich dann in der Runde an Personen neben sich schmiegt. Oft sind dies Frauen. Céline kennt dieses Verhalten und es stört sie. Sie kann es aber einordnen. Sie vertraut Jan und denkt nicht, dass er ihr deswegen untreu werden könnte. Am darauffolgenden Tag spricht sie ihn jeweils auf den Abend an und erklärt ihm ruhig, dass sie sein Verhalten vom Vorabend gestört hat. Sie hätte nichts dagegen, wenn er mit Freunden mal etwas mehr trinke, doch würde er dann distanzlos und begänne Signale auszusenden, welche missverstanden werden könnten. Sie hätte realisiert, dass die Frauen oft von seinem Verhalten nicht unberührt bleiben würden. Das könnte mal ins Auge gehen.

Sicher gebundene Partner weisen in der Regel ein hohes emotionales Commitment auf. Dies fällt unsicher gebundenen Menschen schwerer. Es war ihnen in ihrer Kindheit nicht möglich, Vertrauen in andere in der Weise zu entwickeln, dass sie im Erwachsenenalter darauf aufbauen könnten. Eine sichere frühkindliche Bindung ist daher ein großes Geschenk, von dem man das ganze Leben zehrt.

Ängstlich-ambivalente Bindung und Commitment

Anders sieht es bei *ängstlich-ambivalent gebundenen* Menschen aus. Sie haben größere Mühe mit der Gefühlsregulation. Sie erleben ihre Gefühle gegenüber dem Partner als unsicher, unklar oder häufig konflikthaft. Oft verspüren sie Ärger und suchen die Schuld für ihr negatives Erleben beim anderen. Sie weisen ein negatives Selbstbild auf und haben ein geringes Vertrauen in die Verfügbarkeit und Verlässlichkeit wichtiger Bezugspersonen.[34] Es fällt ihnen schwer, ihre Gefühle zu ordnen und negative Gefühle zu regulieren.

Partner mit ängstlich-ambivalenter Bindung zeigen in der Regel auch ein ängstlich-ambivalentes Commitment und zeichnen sich aus durch ein starkes Ausmaß an Anhänglichkeit, Liebesbedürftigkeit und ein ausgeprägtes Bedürfnis nach emotionaler und physischer Nähe zum Partner. Gleichzeitig haben sie eine starke Furcht vor Zurückweisung und eine permanente Angst, vom Partner enttäuscht oder verlassen zu werden. Sie neigen dadurch zu hoher ängstlicher Aufmerksamkeit und starker Eifersucht. Da sie emotionale Zurückweisungen erwarten, versuchen sie, sich die Treue des Partners, der Partnerin durch Kontrolle zu sichern.[35]

Aufgrund eines niedrigen Selbstwerts empfinden sie ihre Ängste als begründet, da sie daran zweifeln, dass der Partner wirklich den ehrlichen Wunsch hegen könnte, bei ihnen zu bleiben. Vor allem angesichts attraktiver Alternativen empfinden sie hohen Stress.[36] Um sich zu versichern, dass der Partner sie liebt, fragen sie häufig nach, fordern seine Liebesbekundungen ein und kontrollieren sein Verhalten.

Das Beispiel des folgenden Paares gibt einen Eindruck, was ängstlich-ambivalentes emotionales Commitment bedeutet:

> Sybille (57 Jahre alt), sehr gebildet und erfolgreiche Geschäftsfrau, ist seit sieben Jahren mit Paul (59 Jahre alt) in einer festen Partnerschaft. Sie wurde als Kind aufgrund von gravierenden Alkoholproblemen der Mutter vom Vater in ein Heim gegeben, wo sie bis ins Alter von sechs Jahren aufwuchs. Als der Vater sich nach dem Unfalltod der Mutter neu verheiratete, nahm er sie wieder bei sich auf. Sie wuchs mit drei Geschwistern in ärmlichen und beengten Verhältnissen auf. Weder von der Stiefmutter noch vom Vater fühlte sie sich geliebt. Lob oder Zuwendung erhielt sie nur, wenn sie sich nützlich machte. Da die beiden Eltern am Limit arbeiteten, durfte sie keine Last sein, sie musste „pflegeleicht“ sein. In der Schule gab sie sich sehr viel Mühe, ging später auf eine Fachhochschule und baute ihr eigenes Geschäft auf. Heute arbeitet sie Tag und Nacht.
>
> Mit Paul kommt es immer häufiger zu Auseinandersetzungen. Sie macht ihm Vorwürfe, beschuldigt ihn, sie zu hintergehen. Sie unterstellt ihm, dass er anderen Frauen nachsehe, sich für sie interessiere. Sie weiß nicht, was alles in seinem Kopf vor sich geht, und ob er nicht fremdgeht. Sie kann ihm nicht vertrauen. Sieht sie in einer Bar, einem Restaurant, auf der Straße oder in der Straßenbahn eine attraktive Frau, wird sie sehr unsicher, spürt eine starke Beklemmung, verkrampft sich und schielt zu Paul herüber, um zu überprüfen, ob er die schöne Frau auch entdeckt hat, ob er ihr be-

reits nachsieht. Auch wenn sie kein verdächtiges Verhalten bei ihm feststellt, ist sie überzeugt, dass er sich für sie interessiert, dass er sich nur glänzend verstellen würde. Sie fühlt sich in diesen Situationen minderwertig, dumm und hässlich und zweifelt daran, dass jemand sie überhaupt lieben kann. Warum sollte Paul sie lieben?

Paul seinerseits stellt immer wieder klar, dass er keinen Grund habe, einer anderen Frau nachzusehen, dass er sie attraktiv finde, sie lieben würde.

Letztlich hat das Verhalten und Erleben von Sybille wenig mit Pauls Verhalten zu tun. Es ist ein *altes Thema*, das sie verfolgt. Es ist das Gefühl, nicht zu genügen, nicht geliebt zu werden, anderen unterlegen zu sein, dass andere besser ankommen, ihr andere das Geliebte wegnehmen könnten. Es ist ein altes Bindungsthema, das Sybille peinigt.

Dieses alte Thema belastet die Beziehung mit Paul erheblich. Es wird zur Zerreißprobe, da ihre Verkrampfung, ihr Leiden, das sich in Vorwürfen und Streit entlädt, Paul verstört zurücklässt und ihn an sich und der Beziehung zweifeln lässt. Mit Sybille auszugehen, macht alles andere als Spaß. Es ist ein ständiger Spießrutenlauf, ein Tanz auf rohen Eiern. Was Paul auch tut oder lässt, er erweckt Sybilles Misstrauen, so unbegründet es auch sein mag.

Sybille zweifelt konstant an Pauls emotionalem Commitment. Sie kann nicht glauben, dass er sie liebt. Sie kann sich nicht vorstellen, dass überhaupt jemand sie lieben kann, dass sie liebenswert ist.

Ängstlich-ambivalentes emotionales Commitment ist für beide Partner schwierig. Derjenige, der diese Form des Commitments aufweist, kann sich nicht authentisch auf die Partnerschaft einlassen, da das Vertrauen fehlt. Die vielen *Rückversicherungen* bezüglich der Liebe des anderen und die häufigen Liebesbekundungen dienen letztlich einem selber. Man hofft dadurch, den anderen für sich einnehmen, ihn in der Beziehung halten zu können. Man stellt Nähe her,

> Menschen mit ängstlich-ambivalentem Commitment sind sich der Gefühle des Partners konstant unsicher. Sie zweifeln an seiner Liebe und Loyalität. Sie sind eifersüchtig und misstrauisch. In ihrer Ambivalenz schwanken sie zwischen Angst und Ärger. Durch ihr Verhalten und Erleben gefährden sie die Paarbeziehung und bringen sie häufig zu Fall.

um sich selber sicher zu fühlen. Dadurch ist es aber keine authentische Nähe, keine wirkliche Liebe.

Gleichzeitig lösen viele Situationen oder Verhaltensweisen des Partners Stress aus, der sich in Ärger entlädt. Man nimmt es dem Partner übel, kritisiert und attackiert ihn, weil man sich zu wenig von ihm getragen, umsorgt und geliebt fühlt. Man fordert die Liebe ein. Dieses Schwanken zwischen Angst und Ärger macht das Leben für beide schwierig, umso mehr als der Partner, die Partnerin dieses Verhalten nicht einordnen kann. *Eifersucht* und *Misstrauen* unterminieren längerfristig die Beziehung.

Ängstlich gebundene Frauen haben früh und häufig Sexualkontakte, da sie ein starkes Bedürfnis nach körperlicher Nähe, Zärtlichkeit und Geborgenheit haben und sich auf Sex einlassen, um dem Partner zu gefallen und ihn an sich zu binden. Auch wenn sie den Sex eigentlich nicht möchten und er oft mit negativen Gefühlen verbunden ist, dient er ihnen als Mittel, Nähe und Bindung herzustellen und den Partner in der Beziehung zu halten.[37] Sex wird entsprechend genutzt, um Bindungssicherheit zu schaffen, sich der Liebe des Partners zu vergewissern und emotionale Nähe zu erzeugen. Er dient dazu, den eigenen Selbstwert zu verbessern und emotionalen Stress zu reduzieren. Um Vergnügen und Lust geht es nicht.[38]

Selbst nach einer Trennung vom Partner zeigen Menschen mit unsicher-ambivalentem Commitment weiterhin eine starke sexuelle Anhänglichkeit zum Ex-Partner. Sie berichten, weiterhin vom Partner sexuell erregt zu werden, sexuelle Phantasien von ihm zu haben und bei seiner Gegenwart den Wunsch nach sexueller Interaktion zu verspüren.[39] Sie zeigen damit ein emotionales Commitment auch über das Ende der Beziehung hinaus, was problematisch ist. Anstatt sich vom Partner zu lösen und das emotionale Commitment abzuziehen, bleiben sie an ihn gekettet und können nicht loslassen, um sich neu zu orientieren. Dadurch fallen Trennungen besonders schwer.

Unsicher-vermeidende Bindung und Commitment

Unsicher-vermeidend gebundene Personen zeichnen sich durch ein unsicher-vermeidendes emotionales Commitment aus. In ihnen sitzt ein tiefes *Misstrauen* gegenüber anderen Personen und dem eigenen Partner. Sie sind überzeugt, niemandem richtig vertrauen zu können und von allen enttäuscht zu werden, weshalb sie aus *Selbstschutz* danach streben, niemanden zu nah an sich heranzulassen und sich nicht zu stark an den Partner zu binden. *Unabhängigkeit*, Eigenständigkeit und innerliche Distanz zu wahren, gibt ihnen Schutz vor Verletzungen und Enttäuschungen. Sie vermeiden eine zu starke, intime Bindung an den Partner und empfinden zu große Nähe als unangenehm und störend.[40] Ihnen sind Fernbeziehungen willkommen.

Unsicher-vermeidend gebundene Menschen reagieren gleichgültig oder gelassen auf soziale Verletzungen wie Ablehnung, Kränkung, Spott, mangelnde Anerkennung, fehlende soziale Unterstützung oder Feindseligkeiten. Sie scheinen solche negativen Erfahrungen auch vonseiten nahestehender Menschen zu ignorieren und tun so, als wäre nichts geschehen. Sie wirken *abweisend-souverän*. Sie messen emotionalen Beziehungen eine geringe bis keine Bedeutung zu. Sie geben sich stark und unabhängig. Sie brauchen niemanden. Indem sie sich auf Beziehungen nicht wirklich einlassen, sind sie weniger verletzbar.

Der Preis dafür ist, dass sie sich auch mit dem Partner emotional nicht verbunden fühlen und wenig Wertschätzung für Beziehungen insgesamt zeigen. Sie interessieren sich mehr für sachliche Probleme als emotionale Belange. Aus diesem Grund vermeiden sie schmerzliche soziale Erfahrungen, schieben sie weg und verdrängen sie.[41]

Winfried (42 Jahre alt) lebt mit Tanja (46 Jahre alt) nach einer Scheidung in einer festen Beziehung, jedoch in getrennten Wohnungen. Er arbeitet in einer 60 Kilometer entfernten Stadt und möchte nicht pendeln, da dies zu anstrengend sei. Tanja wünscht sich einen gemeinsamen Haushalt und drängt immer wieder, doch für Winfried stimmt es so. Er sei abends zu müde, um sich noch in den Zug zu setzen und es mache auch keinen Sinn, morgens viel früher aufstehen zu müssen. Es reiche, wenn sie sich am Wochenende sehen würden. So telefonieren sie abends oder tauschen sich per Videochat aus. Winfried ist meist einsilbig, hat wenig zu erzählen, meint, es gäbe nichts Spannendes aus seinem Leben zu berichten. Er würde einfach seiner Arbeit nachgehen und das sei für Tanja nicht sonderlich interessant. Er wolle sie nicht langweilen. Tanja vermisst seine körperliche und emotionale Nähe. Sie vermisst seine Reaktionen auf ihre Schilderungen, wenn es ihr nicht gut geht. Sie möchte mehr von ihm wissen, mehr über ihn erfahren. Sie spürt ihn zu wenig, spürt kein emotionales Commitment von seiner Seite. Für Winfried passt es so. Er möchte keinen engeren Kontakt und sträubt sich, mit Tanja zusammenzuziehen.

Paare wie Winfried und Tanja sind nicht selten. Es braucht dazu auch nicht zwingend die räumliche Distanz wie bei den beiden. Sie können auch unter einem Dach leben und dennoch kaum Nähe zulassen. Sie leben als Paar, doch innerlich distanziert. Es sind Paare, welche selten streiten. Es wird bei ihnen nie richtig laut oder wenn, dann nicht für lang. Einer gibt schnell nach, zieht sich zurück, geht dem Streit aus dem Weg. Dabei kann einer oder beide Partner vermeidend-gebunden sein. Einer allein reicht meist bereits aus, um das gesamte Beziehungsklima abzukühlen, um eine Distanz zwischen den beiden zu etablieren.

> Menschen, die unsicher-vermeidend gebunden sind, suchen Distanz, um nicht verletzt zu werden. Sie lassen andere nicht an sich heran, weil es zu schmerzhaft wäre, von ihnen zurückgewiesen oder irgendwann verlassen zu werden. Dieser Schutz hat seinen Preis. Man ist nicht willens oder fähig, sich auf emotionales Commitment einzulassen. Es ist zu riskant.

Ein unsicher-vermeidendes emotionales Commitment hat auch Auswirkungen auf die Sexualität des Paares und geht mit einer niedrigeren sexuellen Zufriedenheit und einer geringeren Häufigkeit sexueller Aktivitäten einher.[42]

Personen mit einem vermeidenden emotionalen Commitment gehen etwas später sexuelle Beziehungen ein (meist erst nach dem 16. Lebensjahr) und haben häufiger unverbindlichen Sex mit flüchtigen Bekanntschaften.[43] Da sie Nähe und Intimität vermeiden, spielt auch Sex für sie eine untergeordnete Rolle. Aus ihrer Bindungsangst heraus gehen sie häufig nur kurze Beziehungen ohne Verpflichtungen ein oder schützen sich in festen Partnerschaften durch Distanz und Unnahbarkeit.[44]

Nicht immer ist jedoch Verstocktheit oder emotionaler Rückzug als Zeichen einer unsicher-vermeidenden Bindung zu deuten. Vielfach sind auch aktuelle Probleme, Sorgen oder Spannungen in der Partnerschaft für dieses Verhalten verantwortlich.

Selbstevaluation: Welche Aussagen treffen auf Sie zu?

	Trifft nicht oder kaum zu			Trifft eher oder stark zu		
	0	1	2	3	4	5
• Es ist leicht für mich, meinem Partner, meiner Partnerin emotional nah zu sein. • Ich kann unsere Liebe genießen und sie voll ausleben. • Ich spüre seine/ihre Zuneigung und kann sie erwidern.	☐	☐	☐	☐	☐	☐
• Ich möchte noch mehr Nähe zu meinem Partner, meiner Partnerin. • Ohne ihn/sie fühle ich mich unvollständig. • Ich liebe ihn/sie, doch kann ich mich nicht ganz unverkrampft in die Beziehung hineingeben. • Vertrauen in andere zu haben, fällt mir insgesamt schwer. • Ich neige zu Eifersucht und Kontrolle.	☐	☐	☐	☐	☐	☐
• Ich fühle mich unwohl in engen Beziehungen. • Für mich ist Unabhängigkeit wichtig. • Ich brauche niemanden und werde von niemandem gebraucht. • Am besten fühle ich mich, wenn ich niemandem zu nah bin. Wenn ich niemanden an mich heranlasse, kann ich auch nicht enttäuscht oder verletzt werden.	☐	☐	☐	☐	☐	☐

Partnerevaluation: Welche Aussagen treffen auf Ihren Partner, Ihre Partnerin zu?

	Trifft nicht oder kaum zu			Trifft eher oder stark zu		
	0	1	2	3	4	5
• Es ist für meinen Partner, meine Partnerin leicht, mir emotional nah zu sein. • Er/sie kann unsere Liebe genießen und sie voll ausleben. • Er/sie spürt meine Zuneigung und kann sie erwidern.	☐	☐	☐	☐	☐	☐
• Er/sie möchte noch mehr Nähe zu mir. • Ohne mich fühlt er/sie sich unvollständig. • Er/sie liebt mich, kann sich jedoch nicht ganz unverkrampft in die Beziehung hineingeben. • Vertrauen in andere zu haben, fällt ihm/ihr insgesamt schwer. • Er/sie neigt zu Eifersucht und Kontrolle.	☐	☐	☐	☐	☐	☐
• Er/sie fühlt sich unwohl in engen Beziehungen. • Für ihn/sie ist Unabhängigkeit wichtig. • Er/sie braucht niemanden und meint, von niemandem gebraucht zu werden. • Am besten fühlt er/sie sich, wenn es keine zu große Nähe gibt. • Er/sie lässt niemanden an sich heran, um nicht enttäuscht oder verletzt zu werden.	☐	☐	☐	☐	☐	☐

Die Einschätzung, ob die Aussagen zutreffen, dürfte nicht immer leichtfallen, weder für sich selbst noch für den Partner, die Partnerin. Es handelt sich hier auch nicht um einen validierten Test, sondern um

Ihre grobe Einschätzung des Bindungsstils in Bezug auf sich selbst und auf Ihren Partner, Ihre Partnerin.

Sie können die Selbstevaluation wie folgt interpretieren: Die ersten drei Aussagen beziehen sich auf eine sichere Bindung, die zweiten fünf Aussagen auf eine unsicher-ambivalente Bindung, die dritten vier auf eine vermeidende Bindung. Dort, wo Sie den höchsten Wert angegeben haben, scheinen Sie sich selbst bzw. Ihren Partner, Ihre Partnerin bezüglich Bindung wahrzunehmen.

Stärkung des emotionalen Commitments

Viele Menschen denken, dass man nichts weiter für die Liebe tun müsse, dass sie einfach da sei und ein Leben lang bleiben würde. Doch das ist falsch. Es gilt, die Liebe zu pflegen, indem man ihr Raum und Zeit gibt, indem man sie als Geschenk würdigt und ihr dankt, dass sie die Beziehung erfüllt. Und dies nicht einmal pro Jahr oder beim jährlichen Jubiläum des Tages, an dem man sich kennengelernt hat, oder am Hochzeitstag. So wertvoll und wichtig diese Rituale sind, so wenig reichen sie aus, um die Liebe am Leben zu erhalten. Wir können auch nicht einmal pro Jahr Luft zum Atmen tanken und dann das ganze Jahr mit diesem Sauerstoff bestreiten, sondern wir atmen alle paar Sekunden. Genauso verhält es sich mit der Liebe. Sie braucht zwar nicht mit jedem Atemzug, aber doch täglich gepflegt zu werden. Es ist wichtig zu realisieren, dass die Liebe zart und zerbrechlich ist, dass man für sie behutsam sorgen muss. Emotionales Commitment ist der Weg dazu.

Doch wie pflegt man die Liebe? Wie kann man etwas Abstraktes pflegen? Die Pflege der Liebe setzt die folgenden Bedingungen voraus: Feinfühligkeit, Motivation und Kompetenzen.

Feinfühligkeit bedeutet, dass man die kleinen, fast unmerklichen ersten Anzeichen einer kränkelnden Liebe wahrnimmt. Es gilt, immer wieder innezuhalten und den Zustand der Liebe bei sich und dem Partner zu beobachten, offen für diese Anzeichen zu sein, sie wahrzunehmen und auf sie zu hören. Es gilt, immer wieder das eigene emotionale Commitment und dasjenige des Partners, der Partnerin zu evaluieren. Pflege beginnt bei der Feststellung dessen, was die Liebe braucht, um weiter gedeihen und blühen zu können. Hat man ausreichend Zeit für die Liebe? Nimmt man sich immer wieder exklusive Momente für sie? Fühlt man sich mit dem anderen weiterhin so verbunden wie zu Beginn? Gibt es erste Anzeichen einer Trübung? Woran kann dies liegen? Was muss man ändern, um die Liebe zu erhalten? Was kann ich tun, was der Partner, die Partnerin?

> Die Liebe zu pflegen ist ein lebenslanger Auftrag. Man muss täglich auf sie achten, sie behutsam wahrnehmen und ihre Befindlichkeit überprüfen. Und dies sowohl bei sich selbst als auch beim Partner, der Partnerin.

Valentina (39 Jahre alt) und Sebastian (41 Jahre alt) sind seit 15 Jahren verheiratet. Ihr Leben ist von den drei minderjährigen Kindern, den beruflichen Karrieren beider, der Pflege von Sebastians dementer Mutter und Valentinas Engagement im Schulrat geprägt. Alles ist viel, beide leiden unter dem Dauerstress. Für sich selbst oder das Paar bleibt kaum Zeit.
Die beiden managen ihren Alltag, für mehr reicht es nicht. Oft ist der eine oder der andere abends beruflich abwesend. Gemeinsame Zeiten sind rar. Erst wenn die Kinder im Bett sind, wäre Zeit dafür. Doch da gilt es, die Alltagsprobleme zu besprechen und dafür rasche Lösungen zu finden. Alles muss effizient gehen. Beide sind dies vom Beruf gewohnt, übertragen diese Kompetenz auch auf das Zuhause. Persönliche Gespräche fehlen, man tauscht sich seit Jahren nicht mehr aus. Beide merken, wie sie sich allmählich aus den Augen verlieren. Wie ihre Liebe mit jedem Tag mehr verblasst.

Valentina und Sebastian sind Opfer ihres Alltags. Sie tragen tapfer die Bürden und Lasten, die das Leben mit sich bringt, stopfen noch eigene Verpflichtungen (Schulrat) oben drauf und verlieren sich langsam aber sicher im täglichen Stress. Für emotionalen Austausch bleibt kein Platz, es wird nur noch sachlich und lösungsorientiert interagiert. Man hat keine persönlichen Berührungspunkte mehr außer den Kindern, der kranken Mutter/Schwiegermutter, dem Beruf. Was in beiden vor sich geht, wo sie stehen, was sie umtreibt, darüber auszutauschen fehlt die Zeit.

Doch letztlich ist es eine Frage des emotionalen Commitments, ob man sich trotz einer hohen Belastung Zeit für die Partnerschaft nimmt, ob man eine *Nische* im vollen Alltag für sie findet. Tut man dies nicht, verwelkt die Liebe. Beide realisieren in ihrem *Hamsterrad* die Zeichen des Zerfalls nicht. Sie laufen weiter, halten nicht inne, um zu merken, dass es Zeit wäre, sich um die Liebe zu kümmern. Es wäre längst der Moment, dem Treiben Einhalt zu gebieten, sich aktiv und ernsthaft um die Partnerschaft zu bemühen. Häufig gelingt dies nur, indem man andere Aktivitäten reduziert und sich mehr Zeit für die Partnerschaft nimmt.

Zweitens braucht es *Motivation*. Wenn man wahrnimmt, dass man wieder mehr Zeit für die Liebe benötigt, dass es wieder mehr Zeichen der Zuneigung, der Zärtlichkeit, des gegenseitigen Interesses, der Unterstützung und Fürsorge bedarf, dann braucht es die Motivation und die Bereitschaft dazu, die Anstrengung auf sich zu nehmen und diese Handlungen auch auszuführen, die es zur Pflege der Liebe braucht. Es gilt, sein emotionales Commitment immer wieder neu zu definieren und im Alltag fest zu verankern, dem Partner gegenüber diese spontane, herzliche Offenheit zu bewahren, ihm die Liebe mitzuteilen, sie im Alltag zu leben. Dazu gehört, dem Partner den ersten Platz im Leben einzuräumen. Er ist die wichtigste Bezugsperson, und dies soll ihm auch deutlich gemacht werden. Ihm gegenüber öffnen wir uns, ihn weihen wir in unsere Geheimnisse, Sorgen und Nöte ein. Ihm zeigen wir die emotionale Verbundenheit mit klaren Signalen und persönlichen Botschaften. Es ist dieses ständige Bemühen, welches den Nährboden der Liebe bildet. Erst auf diesem Nährboden gedeihen die Gefühle der Zuneigung, Geborgenheit, Nähe und Verbundenheit.

Tina (36 Jahre alt) und Manfred (42 Jahre alt) sind seit zehn Jahren ein Paar. „Wie wollen wir eigentlich unser zehnjähriges Jubiläum feiern?“, fragt Manfred Tina eines Abends. Er hätte da eine Idee, sagt er. Sie könnten doch zusammen in den nächsten Ferien eine achttägige Fahrradtour machen und an der Donau entlang von Budapest über Bratislava nach Wien fahren. Jeden Abend könnten sie bei feinem Essen und gutem Wein ihre Beziehung feiern, jeden der acht Abende ihrer Liebe gedenken und sie zelebrieren und dann zur Krönung zwei Tage in Wien verbringen. Damit stünde jeder Tag für ein Jahr ihrer Beziehung. Tina ist begeistert von der Idee.

Auf der Tour finden beide in Muße Zeit füreinander, diskutieren wieder über Gott und die Welt, was ihnen wichtig ist, wo sie stehen. Sie ziehen Bilanz in Bezug auf ihre Partnerschaft, evaluieren, womit sie zufrieden sind, wo sie sich Veränderungen wünschen.

Und schließlich braucht es *Kompetenzen*. Man muss gewisse Fertigkeiten als Paar haben, etwa eine konstruktive Kommunikation, gegenseitige emotionale Selbstöffnung und effiziente Konfliktlösung, damit Alltagsprobleme nicht zum Sand im Getriebe werden.

Nachfolgend einige Gedanken dazu, wie man das emotionale Commitment im Alltag stärken kann:

- Ich mache mir bewusst und lasse zu, dass mein Partner der für mich wichtigste Mensch und Vertraute ist.
- Wenn mich etwas beschäftigt und belastet, teile ich es ihm als Erstem mit.
- Mein Partner, meine Partnerin genießt für mich emotional eine exklusive Stellung.
- Er/sie ist für mich die wichtigste Quelle von Unterstützung.
- Ich lasse meinen Partner, meine Partnerin an meinem Leben teilhaben, teile ihm/ihr mit, wie es mir geht, was ich brauche, was ich für Ziele und Visionen habe.
- Ich erzähle meinem Partner, meiner Partnerin nicht nur Fakten, sondern weihe ihn in mein Erleben ein, ich schildere ihm, wie es mir geht, wie ich mich fühle, warum mich etwas belastet.
- Ich bin mir bewusst, wie wichtig die emotionale Selbstöffnung gegenüber dem Partner, der Partnerin für die Liebe ist.
- Diese Selbstöffnung muss wechselseitig erfolgen, d. h. ich bemühe mich, sowohl dem anderen zuzuhören als auch mich selber einzubringen und mitzuteilen.
- Ich akzeptiere die Macken meines Partners und liebe ihn auch so. Dasselbe wünsche ich mir von meinem Partner. Damit dies möglich wird, müssen wir es wagen, uns auch mit unseren Schwächen voreinander zu offenbaren.

- Emotionale Selbstöffnung sollte nicht nur einmal im Jahr stattfinden, sondern immer dann, wenn einen etwas belastet oder besonders freut oder mit Stolz erfüllt.
- Wenn ich realisiere, dass meinen Partner etwas bedrückt, spreche ich ihn darauf an und erleichtere es ihm, darüber zu sprechen.
- Wenn mich mein Partner auf mein Befinden anspricht, beschönige ich es nicht, sondern erzähle ihm, was mich bedrückt.
- Ich versuche, meinem Partner, meiner Partnerin emotional treu zu sein.
- Ich respektiere und wahre die Grenzen, die mit dem emotionalen Commitment zu meinem Partner, meiner Partnerin in Bezug auf andere Personen einhergehen.
- Ich schirme unsere Liebe gegen andere ab, indem ich versuche, sie für meinen Partner, meine Partnerin zu bewahren und mein Herz nicht für andere öffne.

Zum Nachdenken

Pflegen Sie Ihr emotionales Commitment ausreichend? Wie sieht es bei Ihrem Partner, Ihrer Partnerin aus? Was genau tun Sie bzw. was tut er oder sie für die Pflege des emotionalen Commitments? Wie häufig tun Sie es? Was hindert Sie daran? Was erleichtert die Pflege?

„Heute Abend nur für uns!" – sexuelles Commitment

Sexualität ist eine wichtige Ressource des Paares. Paare mit einer befriedigenden Sexualität sind insgesamt mit ihrer Beziehung zufriedener und weisen ein geringeres Scheidungsrisiko auf.[45] Dabei führt sowohl die Partnerschaftszufriedenheit längerfristig zu einer befriedigenden Sexualität als auch umgekehrt guter Sex zu einer höheren Zufriedenheit in der Partnerschaft.[46]

Neben dem willentlichen und dem emotionalen Commitment spielt das sexuelle Commitment für eine zufriedenstellende und stabile Partnerschaft eine wichtige Rolle. Unter sexuellem Commitment versteht man die *Bemühungen zur Pflege der Sexualität* in der Beziehung zum einen und die *sexuelle Exklusivität* der Partner füreinander zum anderen. Während es beim emotionalen Commitment um die Herstellung emotionaler Intimität in der Partnerschaft geht, steht beim sexuellen Commitment die Ermöglichung von körperlicher oder sexueller Intimität im Vordergrund. Sex geht nicht immer mit sexueller Intimität einher. Bei schnellem Sex, mechanischem Sex oder Sex aus einem Pflichtgefühl heraus geht es meist nicht um diese tief erlebte Intimität, sondern häufig nur um Lusterleben oder Spannungsabbau.

Sexuelle Intimität hat verschiedene Facetten und reicht von den Gefühlen bei der eigenen körperlichen Entblößung, indem man sich nackt vor dem anderen zeigt, über den offenen, ungehemmten Ausdruck des eigenen Begehrens, die unverblümte Mitteilung sexueller Wünsche, über den Vollzug sexueller Handlungen bis hin zum beobachtbaren Erleben des Orgasmus. In allen Fällen zeigt man sich in ungewohnter, unvertrauter Weise vor dem Partner, der Partnerin, ungeschminkt und verletzlich. Auch wenn einzelne sexuelle Stellungen ein diskreteres Ausleben der hemmungslosen Lust erlauben und einen vor den direkten Blicken des Partners schützen, bleibt das *tabulose* Sich-gehen-Lassen ein wichtiger Bestandteil erfüllender Sexualität. Sexualität mit dem Partner *zensurfrei* erleben zu dürfen, setzt emotionale Intimität voraus. Ohne das Gefühl von *Geborgenheit* und *Vertrauen* kann sich keine sexuelle Intimität entfalten, bei der die schützenden Masken fallen, wo man sich ungeniert gehen lässt, genießt, stöhnt, im Orgasmus schwelgt und eine tiefe körperliche und seelische Verbundenheit verspürt.

Intimität kann daher sowohl als Voraussetzung für Sexualität als auch als Konsequenz sexueller Aktivitäten gesehen werden, was insbesondere bei Frauen noch stärker als bei Männern der Fall ist.[47] Frauen empfinden häufig nur dann sexuelles Verlangen, wenn sie ein ausreichendes Ausmaß an emotionaler Intimität in der Partnerschaft wahrnehmen und sich geborgen fühlen. Andererseits strahlt erfüllende Sexualität auch wieder zurück und erhöht die Intimität zum Partner, zur Partnerin, das Gefühl der Verbundenheit und Liebe.[48] Empfundene Intimität wirkt in einem Rückkoppelungsprozess wiederum auf das sexuelle Verlangen zurück und führt zu einer höheren Wahrscheinlichkeit für künftigen Sex.[49]

Bindung und Sexualität sind damit häufig nicht voneinander zu trennen. Ohne emotionale Intimität ist keine sexuelle Intimität, wohl aber Sex möglich. Um diesen geht es daher im Folgenden nicht, sondern um sexuelle Intimität oder sexuelle Verbundenheit. Während Sex den rein physischen Akt des Geschlechtsverkehrs oder sexuelle Handlungen (Petting, Oralsex etc.) meint, die man in unterschiedlichen Kontexten und Orten, mit verschiedenen Personen unterschiedlicher Nähe haben kann, handelt es sich bei der sexuellen Intimität um eine beziehungsrelevante *Bindungserfahrung.* Bei Paaren in fester Beziehung finden sich beide Formen: sowohl Sex (Momente, in denen der rein mechanische Akt im Vordergrund steht) als auch sexuelle Intimität (Momente der tiefen körperlich-emotionalen Begegnung). Beide Formen haben ihre Berechtigung und sollten nicht gegeneinander ausgespielt werden. Doch im Unterschied zum reinen Sex spielt die sexuelle Intimität für die Qualität und Stabilität einer Beziehung eine besonders wichtige Rolle.

> Die emotionale und die sexuelle Intimität gehen Hand in Hand. Sie sind beide auf ihre unterschiedliche Art Ausdruck von enger, tiefer Zuneigung, Verbundenheit und Liebe. Sexuelle Intimität setzt dabei emotionale Intimität und Bindung voraus.

Sexuelle Intimität ist entsprechend mehr

als reiner Sex und entsteht nicht zwangsläufig während des sexuellen Akts. So können zwei Menschen miteinander schlafen, ohne dass sexuelle Intimität entsteht. Auf der anderen Seite können zwei miteinander nackt im Bett liegen, ihre Körper aneinanderschmiegen und dabei tiefe sexuelle Intimität verspüren, ohne dass der sexuelle Akt vollzogen wird. Bei der sexuellen Intimität geht es entsprechend nicht um die körperliche Vereinigung, sondern um das emotionale Erleben des sexuellen Moments mit dem Partner, der Partnerin.

Simone (43 Jahre alt) liebt es, nackt an ihren Partner Philipp (40 Jahre alt) angeschmiegt einzuschlafen. Sie kuscheln zärtlich vor dem Einschlafen, sie liegt in seinen Armen. In dieser Stellung tauschen sie sich über den Tag aus, berichten von ihren Erfahrungen, lachen miteinander, necken den anderen ein bisschen. Es sind Momente tiefer Entspannung und herzlicher Verbundenheit, wie Simone berichtet. Oftmals geht das Sprechen zwanglos in Zärtlichkeit über. Man beginnt sich sanft über den Rücken oder Arm zu streicheln. Philipp küsst ihren Nacken, krault sie im Haar. Sie streichelt sein Gesicht, fährt die Linie seiner Nase nach. Dann beginnen sie sich zu küssen. Oft geht die Zärtlichkeit in den Geschlechtsakt über. Das muss jedoch nicht sein. Viele Abende genügt beiden das vertraute Zusammensein, dieser Moment der gegenseitigen Geborgenheit, in dem man einschläft.

Bei Simone und Philipp geht es nicht primär um Sex, wenn sie sich im Nachthemd/Schlafanzug oder nackt zueinander legen. Es geht um Momente der Geborgenheit, des Entspannens und der *Zweisamkeit*. Sie genießen es, den anderen zu spüren, seinen Atem wahrzunehmen, seinen Geruch, sein Dasein. Was sich daraus ergibt, bleibt offen. Es steht keine Absicht dahinter. Beide genießen die sexuelle und emotionale Intimität. Daraus entwickelt sich manchmal eine körperliche Begegnung, oft bleibt es beim Kuscheln, und beides stimmt für sie.

Das Beispiel illustriert die zwanglose Verbindung von emotionaler und sexueller Intimität. Beide zeigen emotionales Commitment, indem sie sich einander öffnen, von sich erzählen und damit die Basis für Vertrautheit und emotionale Intimität schaffen. Sie zeigen aber auch sexuelles Commitment, denn sie lassen körperliche Freuden ungezwungen zu, geben ihnen einen Platz in ihrer Mitte, indem sie sich körperlich aneinanderschmiegen, sich halten, sich streicheln, zärtlich massieren und schließlich vielleicht auch miteinander körperlich verschmelzen.

Die Wichtigkeit des emotionalen Commitments für die Sexualität wird auch bei Mia und Leon deutlich.

Mia (22 Jahre alt) und Leon (24 Jahre alt) sind seit fünf Jahren ein Paar. Mia ist mitten im Studium, Leon arbeitet als Mechaniker in einem nahen Betrieb. Kennengelernt haben sie sich im letzten Schuljahr auf einer Abschlussparty. Sie wohnen seit einem halben Jahr zusammen. Mia kommt aufgrund ihrer Fortbildung zweimal abends erst um 22 Uhr nach Hause. Leon geht an diesen Abenden Fußball spielen und schaut, dass er zur selben Zeit wie sie zu Hause ist. Sie sind ein impulsives Paar. Wenn einem etwas nicht gefällt, kann es schnell laut werden. Man packt sich dann nicht zimperlich an, oftmals wird herumgeschrien. Doch die Gewitter legen sich in der Regel rasch und danach ist die Luft wieder rein.

An einem Abend kommt Mia gereizt nach Hause. Sie hat in einer Hausarbeit eine schlechte Note erhalten, was sie sehr ärgert und kränkt. Sie wirft im Ärger Leon vor, dass er sie zu wenig in Ruhe gelassen habe und sie deshalb die Arbeit nicht in der geforderten Qualität hatte abgeben können. Leon lässt das nicht auf sich sitzen. Es kommt zum Streit. Doch Leon merkt, dass er eigentlich nur das Ventil ist, dass Mia an ihm ihre Frustration auslässt. Eigentlich weiß er, dass sie ihn nicht wirklich für den Misserfolg verantwortlich macht. Er geht aus dem Zimmer, in dem sie wütend zurückbleibt. Etwas später kommt er mit einem frisch aufgebrühten Tee zurück und bietet ihr eine Tasse an. Um ihren Ärger runterzuspülen, sagt er. Sie findet die Geste süß. Sie beginnt zu erzählen. Er hört ihr zu, sie äußert ihre Zweifel an ihrem Können, hinterfragt, ob sie das Studium schaffen werde, ob sie dazu intelligent genug sei. Er versichert es ihr, redet ihr gut zu, macht ihr Mut. Sie rücken auf dem Sofa näher. Er hält sie in den Armen, streicht ihr sanft übers Haar. Sie fühlt sich sicher in seinen Armen, spürt eine tiefe Intimität und Geborgenheit. Sie gehen zusammen ins Bett.

Was Leon tut, ist entscheidend, um Intimität herzustellen. Er erkennt, dass Mia zwar sehr wütend, frustriert und enttäuscht ist, dass sie diese negativen Gefühle jedoch nur an ihm auslässt, ihn aber nicht wirklich damit meint. Er ist nur das *Opfer* ihrer Wut, nicht die *Zielscheibe.* Dies zu erkennen, ist der erste wichtige Schritt. Damit gelingt es ihm, aus dem Teufelskreis auszubrechen, sich ihr positiv zu nähern und die Situation zu entschärfen, indem er ihr zuhört, sie ihren Kummer von der Seele reden lässt und einfach nur für sie da ist. Dadurch entsteht eine tiefe emotionale Verbundenheit und Intimität zwischen den beiden. Mia fühlt sich verstanden, sie kann ihrem Freund mitteilen, was sie beschäftigt, kann ihre Selbstzweifel äußern und sich ohne Scham infrage stellen. Er ist einfach da, hört zu. Schließlich hilft er ihr, die Dinge zu ordnen, macht ihr Mut und unterstützt sie mit aufmunternden Worten. Es entsteht eine enge Vertrautheit zwischen den beiden. Diese geht fließend in körperliche Intimität über. Sie liegen einander in den Armen, halten sich. Zärtlichkeit wird ausgetauscht. Beide fühlen sich einander nah. Der Weg für sexuelle Intimität ist geebnet. An diesem Beispiel wird deutlich: Emotionale Intimität ist eine Grundlage für Sexualität und sexuelle Zufriedenheit.[50]

> Sexuelles Commitment bedeutet, günstige Gelegenheiten und passende Voraussetzungen für sexuelle Begegnungen mit dem Partner zu schaffen. Zentral sind dabei Zeit und Atmosphäre. Nur wenn man sich ausreichend geborgen, verstanden und dem Partner emotional nah fühlt, kann man sich für sexuelle Intimität öffnen. Dies gilt besonders für Frauen.

Sexuelle Intimität setzt eine Reihe von Bedingungen voraus, welche erfüllt sein müssen, damit sie sich entfalten kann.

Was eine erfüllende Sexualität benötigt

Zum einen braucht ein Paar *Zeit für Sexualität.* Zärtlichkeit und Sexualität sollten sich nicht zwischen Tür und Angel abspielen müssen (auch wenn das gelegentlich reizvoll sein mag), sondern ausreichend Raum und Zeit für ihre Entfaltung haben. Dem Entstehen von sexueller Intimität sollte ein gemütlicher, entspannter Moment vorausgehen, ein gutes Gespräch, eine gemeinsame verbindende Aktivität, ein schönes Erlebnis. Aus diesen Momenten heraus entwickelt sich oft ganz spontan sexuelles Verlangen.

Sexuelle Spannung muss vielfach erst aufgebaut werden, vor allem bei Paaren, welche bereits seit Jahren zusammen sind. Bei frisch Verliebten mag dies noch anders sein, bei ihnen liegt Sexualität konstant „in der Luft". Doch je länger die Beziehung dauert, desto mehr müssen die Partner für eine erfüllende Sexualität sorgen. Es gilt, für sie passende Nischen, Gelegenheiten und Momente zu schaffen.

Zum Nachdenken
Wie sieht es bei Ihnen aus? Wie viel Raum geben Sie Ihrer Sexualität? Haben Sie ausreichend Zeit für sie? Wer bemüht sich vor allem darum, dass Ihre Sexualität nicht zu kurz kommt, Sie oder Ihr Partner, Ihre Partnerin? Was könnten Sie mehr für sie tun, was Ihr Partner, Ihre Partnerin?

So banal es klingen mag, dass man sich Zeit für Sexualität in der Partnerschaft nehmen soll, im Alltag kommt es oft genau auf diesen Punkt an. So wird als Hauptgrund für keinen Sex von 43 % der Paare angegeben, dass es einfach nicht dazu kam.[51] Man war zu umtriebig, erledigte noch dieses und jenes, und am Ende war der Tag vorbei und man hatte es verpasst, Sex zu haben. Vielfach führen Paare auch ihre Kinder als Grund an, dass sie ihretwegen keine Freiräume hätten, nicht ungestört wären oder die Kinder im gemeinsamen Schlafzimmer oder Bett schlafen würden.

Maike (38 Jahre alt) und Michael (36-jährig), seit acht Jahren fest zusammen, haben zwei Kinder im Alter von vier und sechs Jahren. Das Paar hat kaum Sex. Obwohl eigentlich beide Lust hätten, kommt es nicht dazu. Entweder sind sie abends zu müde, oder es gilt noch dies und jenes zu erledigen, bevor man ins Bett kann. Einmal im Bett, ist dann entweder der eine oder der andere oder auch beide zu müde für Sex. Michael führt als Grund auch die ständige Ungewissheit an, ob nicht auf einmal plötzlich ein Kind vor dem Bett steht und klagt, dass es nicht schlafen könne, dass es noch Durst habe, dass etwas es erschreckt habe. Man sei sich nie sicher, dass die Luft für Sex rein sei, formuliert er. Zudem würde das Bett so laut knarren und die Kinder könnten sich fragen, was Mama und Papa denn da machen würden.

Ihn würde dies hemmen, oft hätten sie deshalb keinen Sex, weil einfach die Bedingungen nicht stimmen würden. Maike stimmt ihm zu. Auch für sie gebe es zu wenig Momente, sich zu entspannen und den Sex genießen zu können. Genau wie Michael würde es sie hemmen, Sex mit ihrem Partner zu haben, wenn man sich nie sicher sein könne, dass man dabei nicht gestört werde. Auch würden sie beide beim Sex laut stöhnen, was die Kinder hören könnten.

Maike und Michael sind eigentlich in einem Alter und in einer Beziehungsphase, in dem Paare häufig Sex haben, wo das sexuelle Verlangen groß ist. Dennoch kommt es bei ihnen selten zu Sex. Als Grund schieben sie den Alltagskram, den es zu erledigen gilt, die Kinder oder das knarrende Bett vor. Auf den ersten Blick denkt man: Ja, die Armen haben wirklich erschwerte Umstände, da ist es verständlich, dass sie keinen Sex haben. Beim zweiten Hinsehen jedoch realisiert man, dass es nicht nur an den äußeren Umständen liegen kann. Es fehlt das sexuelle Commitment, das Bemühen darum, Bedingungen zu schaffen, damit Sexualität im Alltag ihren Platz hat. In der Paartherapie haben wir zusammen nach Möglichkeiten gesucht, wie das Paar trotz der Kinder und des knarrenden Betts sexuelle Begegnungen möglich machen kann. Auf die Idee, während des Sex die Türe zu verriegeln, das knarrende Bett mit weichen Unterlagen zu unterfüttern, beispielsweise nach 21 Uhr nichts mehr zu erledigen, sondern sich schon fürs Bett bereit zu machen, kamen sie schließlich selber. Sie erkannten, dass zwar die Umstände nicht ideal sind, die Sexualität sich jedoch bei vorhandenem Willen, Einsatz und Kreativität für sie im Alltag weiterhin problemlos ausleben lässt.

> Manchmal braucht es einen größeren Einsatz, um für die Sexualität Raum und Zeit zu schaffen, doch diesen Einsatz muss man zu leisten bereit sein, sonst verkümmert die Sexualität. Dabei sind es häufig Kleinigkeiten, die sich leicht ausräumen lassen, welche dem Sex im Wege stehen.

Sexuelles Commitment bedeutet jedoch nicht nur das Bemühen, Zeit, Raum und eine positive Atmosphäre für Sexualität im Alltag zu schaffen, es bedeutet auch, die Sexualität selber *attraktiv* zu gestalten. Dies beginnt bei beiden Partnern selber. Damit der andere einen körperlich attraktiv findet, gilt es bei der Hygiene und äußeren Erscheinung anzusetzen. Sich für den Partner, die Partnerin attraktiv und hübsch zu machen, ist ein wichtiger Schritt dazu. Wenn man weiß, dass die Partnerin der kalte Zigarettengeruch stört, sie Bartstoppeln als lästig kratzend empfindet, wenn klar ist, dass ungeputzte Zähne abstoßen oder man nur geduscht Sex miteinander haben möchte, gilt es, darauf Rücksicht zu nehmen. Ein gepflegtes Erscheinungsbild ist wichtig für den Sex-Appeal. Sich zusätzlich ansprechend zu kleiden, ein wohlriechendes Aftershave oder Parfum aufzutragen und sich so attraktiv zu machen, als ob man sein erstes Date hätte, helfen weiter, die Sexualität in der Partnerschaft in Schwung zu bringen. Oftmals vernachlässigt man diese trivialen Aspekte, kümmert sich zu wenig um das, was eigentlich selbstverständlich ist. Hier gilt es als Erstes anzusetzen. Man muss sich für den anderen attraktiv machen. Und dies gilt für beide Geschlechter. Nur so kann Lust auf Sex entstehen und sich längerfristig halten.

> Nirgends lassen wir uns so stark gehen wie zu Hause, in der Partnerschaft. Mit zunehmender Dauer der Beziehung wird man immer nachlässiger, achtet nicht mehr auf den kleinen feinen Unterschied im Äußeren, der einen für andere attraktiv macht. Für eine erfüllende Sexualität spielt dieser Faktor jedoch eine wichtige Rolle. Und eigentlich wäre es sehr einfach und überhaupt nicht aufwändig, sich für den Partner genauso attraktiv zu machen, wie wenn man abends ausgeht oder sein erstes Date hätte.

Dass der eine oder andere manchmal weniger Lust auf Sex hat, ist völlig normal. Nicht immer stimmen die Bedürfnisse überein. Nicht immer haben beide zur selben Zeit Verlangen nach Intimität oder fühlen sich entspannt genug, um Sex zu haben. Der Lust muss manchmal *nachgeholfen* werden. Man muss ihr helfen, sich entfalten zu können. Hierzu die Bedingungen zu schaffen, gehört zu einer wichtigen Aufgabe des sexuellen Commitments. Doch selbst dann ist dies noch keine Gewähr, dass es zu Sex kommt. Es ist wie beim Essen. Meist

> Sexualität ist ein sensibler Gradmesser für das Sich-wohl-Fühlen in der Beziehung. Wenn etwas nicht stimmt, man sich vernachlässigt, zu wenig gesehen und beachtet fühlt, wenn man verdeckte Spannungen wahrnimmt oder offene Konflikte bestehen, dann sinkt die Lust auf Sex. Andererseits kann man sie auch ankurbeln. Es bedarf dazu allerdings etwas Phantasie und aktiven Bemühens.

essen wir, weil es Zeit ist, weil wir auf die zwei oder drei Mahlzeiten pro Tag programmiert sind. Unabhängig vom Hunger setzen wir uns zu Tisch und essen. Oder wir essen, weil wir durch einen herrlichen Duft, ein lecker aussehendes Gericht oder durch eine Speise, die uns angeboten wird, dazu verführt werden. Genauso verhält es sich mit der Sexualität.

Derjenige, welcher Lust auf Sex hat, sollte dies dem anderen mitteilen. Er sollte aktiv die Führung übernehmen und den anderen wohlwollend, behutsam und nicht drängend *verführen*. Er sollte den Appetit auf Sex wecken. Welcher der beiden Partner diese aktive Rolle übernimmt, ist nicht entscheidend. Es sollte derjenige sein, welcher aktuell gerade Lust hat. Und es sollte nicht immer derselbe sein. Beide sollten diese Aufgabe übernehmen, beide sollten sexuelles Commitment zeigen.

Anstatt zu warten, bis der andere den ersten Schritt macht, kann man selbst die Zügel in die Hand nehmen. Wichtig dabei ist, dass die sexuellen Bedürfnisse nicht fordernd, drängend oder erpresserisch vorgebracht werden, sondern als Anstoß zu etwas Gemeinsamem, etwas Verbindendem und Schönem erfolgen. Nicht die eigene Libido und Lustbefriedigung sollte im Vordergrund stehen, sondern die gemeinsame sexuelle Begegnung, das gemeinsame sexuelle Commitment. Die eigene Lust sollte nur als Motor genutzt werden, die partnerschaftliche Sexualität in Gang zu bringen. Dies kann verbal („Du, ich habe Lust auf dich, wollen wir nicht mal wieder …?“), mit einladenden Gesten (romantische Atmosphäre mit Kerzenlicht schaffen, erregende Düfte verbreiten, zum gemeinsamen Bad einladen, Reizwäsche anziehen) oder einschlägigen Symbolen (vorher verabredete Zeichen) erfolgen. Luststeigernd wirkt auch eine gewisse Experimentierfreudigkeit, indem Neues, Erregendes auszuprobieren vorgeschlagen wird.[52]

Wie beim Essen sollte derjenige, welcher aktuell weniger Sex im Kopf hat, sich einfach führen lassen, die Einladung annehmen, sich auf das Spiel einlassen. Nur so kann sich daraus etwas entwickeln. Andernfalls wird die Initiative im Keim erstickt. Werden die Bemühungen nicht belohnt, sondern abgewertet oder lächerlich gemacht, stellt man sie künftig ein. Das Engagement für die Sexualität schwindet, die Sexualität verkümmert und diese wichtige Quelle der partnerschaftlichen Intimität versiegt. Keinen oder zu wenig Sex zu haben, ist ein Problem, das viele Paare betrifft.

> Rund ein Drittel der Paare klagt nach einer gewissen Beziehungsdauer über eine eingeschlafene Sexualität. Die Libido ist abgeschwächt und das sexuelle Interesse versiegt. Damit entfällt eine wichtige Möglichkeit zur Stärkung der Bindung und Intimität zwischen den Partnern.

50 % der Paare im Alter zwischen 25 und 44 Jahren haben vier- bis fünfmal pro Woche Sex, aber 24–29 % der Frauen und 26–31 % der Männer dieser Altersgruppe geben an, sexuell nicht aktiv zu sein.[53] Keinen Sex zu haben, ist bei den Frauen häufig deckungsgleich mit Lustlosigkeit (34 % der Frauen berichten von Lustlosigkeit in ihrer Beziehung). Bei den Männern hat rund ein Drittel keinen Sex, aber nur 15 % geben als Grund Lustlosigkeit an.[54]

Lustlosigkeit ist bei Frauen ein häufiges Problem in der Partnerschaft und wird von vielen als Hauptproblem gesehen, das mit sexueller Unzufriedenheit einhergeht.[55] Doch genau hier liegt das Problem. Frauen sind sexuell unzufrieden, weil etwas in der Beziehung nicht stimmt. Dies nimmt ihnen die Lust auf Sex. Die Lustlosigkeit ist meist nicht die Ursache des Problems, sondern eine Konsequenz. Es gilt, als Paar herauszufinden, was nicht stimmt. Oft sind es Zeitmangel, zu wenig Aufmerksamkeit, zu wenig Wertschätzung, zu wenig Zärtlichkeit und allgemein ein Mangel an Positivität im Alltag, die zu

> Dass die Sexualität einschläft, ist nicht primär eine Folge der Partnerschaftsdauer oder des stressigen Alltags. Es ist die Folge eines mangelnden Bemühens, eines nachlassenden oder fehlenden sexuellen Commitments beider Partner. Beide haben die Aufgabe, die Sexualität in ihrer Beziehung lebendig zu halten.

Lustlosigkeit führen. Wenn die Beziehung stimmt und man sich wohl mit dem Partner, der Partnerin fühlt, sind dies die besten Voraussetzungen für guten Sex.

Insbesondere nach der *Geburt eines Kindes* kommt es häufig zu einer Abnahme bis zum Stillstand der partnerschaftlichen Sexualität. Dieses Aussetzen der Sexualität geht bei den meisten Paaren mit einer höheren Unzufriedenheit mit der partnerschaftlichen Sexualität und einer niedrigeren Zufriedenheit mit der Beziehung allgemein einher.[56] Doch auch ohne Schwangerschaft und Geburt kommt es bei vielen Frauen im Verlauf der Beziehung schon nach kurzer Zeit zu einer Abnahme der sexuellen Lust.[57] Die Gründe dafür wurden oben genannt. Auf sie gilt es zu achten, sie gilt es auszuräumen, um günstige Bedingungen für Sex zu schaffen. Das meint sexuelles Commitment. Es ist die Aufgabe beider Partner, sich um die Sexualität zu kümmern.

Neben der Schwangerschaft und Geburt bildet die *Menopause* eine weitere für die Sexualität des Paares kritische Phase. Im Zuge der Menopause berichten 45 % der Frauen von einer Beeinträchtigung ihres sexuellen Funktionsniveaus.[58] Sie erwähnen vor allem Probleme mit der Lubrikation (ungenügende Befeuchtung der Vagina), eine mangelnde Libido oder Schmerzen beim Geschlechtsverkehr, wobei die beiden letzten Punkte häufig mit dem ersten zusammenhängen.

Bei Schwangerschaft, Geburt und Menopause wird deutlich, worauf es bei der partnerschaftlichen Sexualität ankommt, auf die feinfühlige *Rücksichtnahme*, auf das Eingehen auf den anderen, seine Bedürfnisse und sein Befinden. Anstatt in diesen sensiblen Phasen zu drängen, Sexualität einzufordern und sich unsensibel zu verhalten, sollte man achtsam auf die Frau eingehen, sie behutsam zu Zärtlichkeit und Sexualität hinführen und abwarten, bis der richtige Moment gekommen ist, um an die Sexualität von früher anzuknüpfen. Wenn zu wenig rücksichtsvoll vorgegangen wird, kommt es häufig zum Abbruch der Sexualität. Bei vielen Paaren erholt sich die Sexualität anschließend nicht mehr. Einmal eingeschlafen, ist es schwierig, sie wieder zu erwecken. Die Sexualität ist wie ein *Muskel*. Wenn man ihn nicht regelmäßig trainiert, verkümmert er.[59] Sexuelles Commitment ist wichtig, um dieses Einschlafen zu verhindern. Und wie schon beim Thema Bindung thematisiert, geht es vor allem um Feinfühligkeit, um das Spüren des anderen, um das Wahrnehmen und angemessene

Reagieren. Es geht aber auch um die Selbstöffnung, um die Mitteilung, was für einen stimmig ist, was passt oder dies nicht tut.

Stärkung des sexuellen Commitments

Sexuelles Commitment kann auf vielfältige Weise gezeigt werden. Es ist wichtig, dass sich beide Partner seiner Wichtigkeit bewusst und bereit sind, in die Pflege der Sexualität zu investieren.

Wie beim willentlichen und emotionalen Commitment geht es darum, im Alltag Zeichen für eine erfüllende Sexualität zu setzen. Es geht auch hier nicht um seltene große Würfe, sondern um das tägliche Bemühen.

> Die Bereitschaft beider Partner, in die sexuelle Intimität zu investieren, ist grundlegend für eine erfüllende Sexualität. Auf das Beziehungskonto müssen in Bezug auf Sexualität immer wieder Einzahlungen erfolgen. Das Bemühen um eine erfüllende Sexualität ist die Aufgabe von beiden Partnern.

Sexuelles Commitment bedeutet, den wichtigen Aspekt der Sexualität genauso auf dem Schirm zu haben wie das willentliche oder emotionale Engagement für die Beziehung.

Zusammenfassend einige Impulse zum sexuellen Commitment:

- sich Zeiten nur für das Paar reservieren und die Partnerschaft allgemein pflegen (eine glückliche Beziehung ist die beste Voraussetzung für eine erfüllende Sexualität),
- die emotionale Grundlage für die Sexualität schaffen (wenn man sich dem Partner, der Partnerin nahe fühlt, Geborgenheit und Intimität empfindet, wächst auch das sexuelle Verlangen),
- sich gegenseitig Respekt zollen (einfühlsames Eingehen auf den anderen und seine Bedürfnisse, Wertschätzung und Anerkennung bilden eine zentrale Grundlage für eine erfüllende Sexualität),
- sich Zeit nehmen und für entspannte Momente sorgen,
- Raum für Zärtlichkeit schaffen (sich halten, küssen, streicheln, massieren),
- mit Düften, Kerzenlicht, dem Ambiente eine einladende erotische Atmosphäre schaffen,

- sich für den anderen attraktiv machen,
- auf Körperhygiene achten,
- mit Reizen spielen und verführen,
- falls erwünscht, erotische Stimulation einbeziehen (erotische Texte, Pornofilme, Sexspielzeug),
- Sexualität fest einplanen, damit sie nicht einschläft oder im Alltag untergeht,
- eigene sexuelle Bedürfnisse kommunizieren und die Bedürfnisse des anderen aufnehmen und darauf eingehen.

Zum Nachdenken

Fällt Ihnen noch mehr ein, was Sie zur Pflege Ihrer Sexualität tun könnten? Was gefällt Ihnen und bringt Sie in Stimmung? Was erregt Sie? Was törnt Sie ab? Setzen Sie sich mit Ihrem Partner, Ihrer Partnerin zusammen und tauschen Sie Ihre Wünsche und Bedürfnisse aus. Legen Sie gemeinsam Zeiten fest, an denen Sie Sex haben. Neben diesen festen Zeiten sollte es auch zu viel spontanem Sex kommen.

Treue und Untreue: Ausdruck sexuellen Commitments

Neben dem Engagement für eine erfüllende Sexualität in dem Sinne, dass man sich um Sex bemüht, beinhaltet das sexuelle Commitment für viele Menschen auch den Aspekt der Treue oder *sexuellen Exklusivität.* Da Treue eine zentrale Rolle in nahezu allen intimen Beziehungen spielt, werden wir nachfolgend vertiefter auf diese Komponente des Commitments eingehen.

Für die meisten stellt die Treue eine unverzichtbare Grundlage einer Partnerschaft dar. Die Mehrheit der Menschen fordert die Treue des Partners ein, doch bin ich mir nicht sicher, ob alle dasselbe Verständnis von Treue oder Untreue haben. Denn was auf den ersten Blick naheliegend und einfach erscheint, entpuppt sich auf den zweiten Blick als komplex und mehrschichtig. Wo die Grenze zwischen sexueller Treue und Untreue liegt, ist im Einzelfall nicht immer eindeutig bestimmbar und vor allem liegt diese Grenze nicht für alle an demselben Punkt.

Früher war mit Untreue immer sexuelle Untreue gemeint. Sie zu definieren war wesentlich einfacher als heute. Untreue des Partners wurde mit ehelicher Untreue gleichgesetzt und wurde landläufig als *Ehebruch* bezeichnet. Untreue war faktisch nur in der Ehe möglich. Wer nicht verheiratet war, konnte nicht untreu sein. Synonyme für Untreue wie „fremdgehen", „eine Außenbeziehung haben", „einen Seitensprung machen", „eine

> Obwohl die meisten Definitionen davon ausgehen, dass es sich bei Untreue um einen Vertrauensbruch, einen Tabubruch, ein Überschreiten einer roten Linie handelt, ist eine genaue Grenzziehung, wann im Einzelfall diese Linie überschritten wird und wann von Untreue gesprochen werden kann, nicht eindeutig. Die frühere Grenzziehung, wonach dann Untreue vorliegt, wenn die sexuelle Exklusivität verletzt oder die monogame Lebensführung aufgegeben wird, trifft heute nur noch auf einen Teil des untreuen Verhaltens zu.

Affäre, Romanze oder Liebelei haben" verweisen auf Sexualität außerhalb der eigentlichen Paarbeziehung.

Unter Untreue wurde der vorsätzliche, willentliche und bewusste Vollzug des *Beischlafs* eines Ehegatten mit einer dritten Person, mit welcher der eigene Partner, die eigene Partnerin betrogen wurde, verstanden.

Ehebruch wird in der katholischen und protestantischen Kirche als Sünde und schlimmes Vergehen betrachtet. Doch auch strafrechtlich wurde Untreue bis vor nicht allzu langer Zeit geahndet. Ehebruch war bis 1969 in Deutschland, bis 1989 in der Schweiz und bis 1997 in Österreich strafbar. Dies zeigt die ehemals starke öffentliche Missbilligung von Untreue. Nicht nur aus religiöser, sondern auch juristischer Sicht wurde Untreue sanktioniert. Sie galt als Verbrechen, vor dem die Gesellschaft geschützt und der Einzelne abgeschreckt werden musste.

Wo beginnt Untreue?

Früher wurde Untreue als das Eingehen auf sexuelle Kontakte mit einer anderen Person als dem Partner definiert und meinte explizit den *Geschlechtsakt.* Dieses Verständnis von Untreue hielt sich lange. Dies zeigt auch das Beispiel des amerikanischen Ex-Präsidenten Bill Clinton im Jahre 1998. In der „Lewinsky-Affäre" stand die Anschuldigung gegen Bill Clinton im Raum, dass er eine sexuelle Beziehung zu einer im Weißen Haus tätigen Praktikantin eingegangen sei. Unter Eid schwur Bill Clinton, dass er keine sexuelle Beziehung mit dieser Frau gehabt habe. Diese Aussage war umso irritierender, als die Praktikantin berichtet hatte, dass sie mit ihm Oralsex gehabt hätte, was DNS-Spuren auf ihrem T-Shirt bestätigten. Dass Clinton dem mit der Hand auf der Bibel

> Paradoxerweise sind wir heute in Bezug auf die Definition von Untreue strenger als in früheren Zeiten. Während früher nur der Koitus mit einer fremden Person als Untreue galt und geahndet wurde, werden heute sehr viel mehr Verhaltensweisen des Partners, der Partnerin als untreu oder grenzüberschreitend empfunden.

widersprach, könnte als Meineid ausgelegt werden. Doch hielt er sich nur eng an die juristische Definition von Untreue oder sexuelle Beziehung mit einer dritten Person *als Geschlechtsverkehr* und verneinte, die genitale Treue seiner Frau gegenüber gebrochen zu haben. Er hatte mit Frau Lewisnky keinen *Koitus* vollzogen. Nach der gängigen Definition war er damit nicht untreu. So gab er gegenüber der Grand Jury nur zu, dass er mit ihr eine „unangemessene" Beziehung gehabt habe, beharrte aber darauf, dass er nicht im klassischen Sinne untreu gewesen sei. Dass Bill Clinton nach seiner Amtszeit von einem Richter im prüden Amerika sogar Recht bekam und nicht wegen Meineids, sondern lediglich wegen der Missachtung des Gerichts abgemahnt wurde, zeigt, dass er juristisch nicht der Untreue schuldig war.

Unter Untreue wurde über Jahrtausende nur der *außereheliche Geschlechtsverkehr* verstanden. Diese Festlegung hatte biologische und gesellschaftliche Gründe. Beim Geschlechtsverkehr war das Risiko am größten, dass die Frau geschwängert und außerhalb der Ehe Nachwuchs gezeugt wird. Dies sollte um jeden Preis vermieden werden, um nicht die klaren Familienverhältnisse und den Stammbaum zu gefährden. Durch Treue sollte garantiert werden, dass der Mann keine Ressourcen für fremde Kinder verschwendete. Kuckuckskinder aufzuziehen, war eine weit verbreitete Angst bei Männern. Die einzige Möglichkeit, dies zu verhindern, war die Treue. Und wie sich leicht erahnen lässt, ging es dabei vor allem um die *weibliche Treue*. Ehebruch galt daher in vielen Gesellschaften nur seitens der Frau als Straftat oder nur dann, wenn sie von einem Mann mit einer verheirateten Frau begangen wurde, was heute immer noch in verschiedenen Kulturen der Fall ist.

Untreue mit dem Geschlechtsakt gleichzusetzen, mag aus den genannten pragmatischen, biologischen Gründen früher sinnvoll gewesen sein, doch heute geht es nur noch selten um diese Aspekte. Die Untreue des Partners stört nicht primär deshalb, weil daraus ein Kind entstehen könnte, sondern weil dadurch eine implizit definierte rote Linie überschritten wird, welche als tabu gilt. Durch Untreue wird die *Grenze* des Paares zur Außenwelt durchlässig. Der Partner genießt mit jemand anderem, was man mit ihm zu erleben für sich selbst beansprucht, er kommt anderen Menschen näher als einem selbst, lässt sich auf etwas ein, was man als exklusiv für die eigene Partnerschaft ansieht. Es geht heute vor allem um diese emotionalen Aspekte der Untreue. Und deshalb löst die Untreue des Partners diese starken emotionalen Reaktionen aus, diesen Schmerz, dass man nicht die erhoffte Exklusivität für den Partner, die Partnerin hat, von der man ausgegangen ist, die einem selbstverständlich schien und welche man glaubt zu brauchen, um glücklich zu sein. Den Partner mit jemandem *teilen* zu müssen, ohne dies zu wollen, ist der zentrale Punkt. Obgleich man dies nie eingestehen würde, sehen viele den Partner als ihren Besitz an. Dies äußert sich auch sprachlich in Bezeichnungen wie „mein Partner“, „mein Mann“, „meine Frau“. Es geht dabei nicht wie in früheren Jahrhunderten um faktischen Besitz, es geht um *emotionalen Besitz.* Man erhebt Anspruch auf den Partner, weil man ihn ausschließlich für sich haben möchte. Und dies nicht aus egoistischem oder machtorientiertem Besitzanspruch heraus, sondern einem tiefen Bindungsbedürfnis folgend. Deshalb erleben viele beim Bekanntwerden der Untreue des Partners ein Wechselbad an Gefühlen, wie Wut, Unsicherheit, Angst, Traurigkeit, Hilflosigkeit, Verzweiflung bis hin zu Hader und Hass. Und deshalb ist Untreue bei den meisten mit einem starken Gefühl von *Eifersucht* verbunden. Eifersucht spiegelt am besten wider, worum es bei Untreue geht: um dieses Gefühl, dass eine andere Person mehr vom Partner, von der Partnerin erhält als man selbst. Mehr an Zuwendung, Aufmerksamkeit, Liebe. Der andere scheint für den Partner wichtiger zu sein als man selbst. Das schmerzt.

> Bei der Untreue steht die moralische Übertretung längst nicht mehr im Vordergrund (wie dies in früheren Jahrhunderten der Fall war), sondern die emotionale Übertretung. Untreue ist heute ein Vergehen aus emotionaler Sicht. Und darum schmerzt sie so sehr.

Und damit geht es bei weitem nicht mehr nur um Sex. Untreue beginnt für viele viel früher. Sie beginnt, wenn der Partner, die Partnerin auf der Straße, im Bus, im Restaurant, im Büro einer anderen Person nachsieht, nette Worte mit ihr wechselt, mit ihr witzelt und lacht, ihr tief in die Augen schaut oder ihr Komplimente macht. Wenn er mit ihr flirtet, sie anmacht, austestet, bis wohin er gehen kann, auch wenn er nie so weit gehen würde, dass es zu sexuellen Handlungen käme. Untreue beginnt bereits beim reinen Austausch von Nettigkeiten, tiefen Blicken, intensivem, entspanntem Lachen oder lässigen, zufälligen Berührungen.

All dies sind kleinere oder größere Grenzüberschreitungen, welche man registriert, die einen wie kleine Stiche treffen, so unbedeutend sie nach außen sein mögen und in der Realität oft sind. Fragt man den Partner, die Partnerin, was das zu bedeuten habe, blickt er oder sie einen vielleicht irritiert an, ist erstaunt, verärgert oder grollt und weist alles von sich.

Vanessa (23 Jahre alt) sitzt mit Julian (24 Jahre alt) in einer Bar. Sie haben ein anregendes Gespräch, genießen den Abend zusammen. Sie sind schon seit zwei Jahren ein Paar. Neben ihnen am Nachbartisch sitzen zwei junge Männer, die immer wieder zu ihnen hinüberblicken und lachen. Julian merkt, dass Vanessas Blick immer häufiger zum Nachbarstisch schwenkt, dass sie im Gespräch mit ihm unkonzentrierter wird, ihr einer der beiden zu gefallen scheint. Er wird nervös, fragt sie, ob sie noch einen Drink möchte. Sie hört gar nicht mehr richtig zu, scheint gebannt vom Nachbarn zu sein und als dieser etwas herüberruft, schaut sie ihn keck an und lacht ihm zu. Julian wird es zu bunt. Er zieht sie zu sich und küsst sie. „Wollen wir weitergehen?“, fragt er. „Wohin denn?“, fragt Vanessa. Es sei doch sehr gemütlich hier. Er möchte noch in eine andere Bar, drängt er. Er steht auf. Vanessa bleibt sitzen. „Komm schon!“, knurrt er. Sie fühlt sich von ihm dominiert. Nein, sagt sie, sie möchte noch etwas bleiben. Einer der beiden Männer steht auf und fragt, ob er ihr einen Drink spendieren dürfe. Julian ist außer sich und geht. Vanessa bleibt sitzen und nimmt die Einladung an. Als sich Vanessa und Julian am nächsten Tag wiedersehen, ist die Stimmung sehr verhalten. Er ist immer noch sauer. Sie ebenfalls. Es kommt zum Streit.

Vanessa und Julian erleben die Situation sehr unterschiedlich. Vanessa sieht nichts dabei, mit dem anderen Mann und dessen Kollegen einen Drink zu nehmen und noch etwas zusammenzusitzen. Für sie ist dies keine Grenzüberschreitung. Sie findet dies in Ordnung. Sie denkt sich nichts dabei (oder will sich nichts dabei denken). Sie hat dabei nur sich selbst im Blick, ihr Vergnügen und nicht ihren Partner. Julian reagiert eifersüchtig. Ihn stört Vanessas Verhalten, da der eine Mann am Nachbartisch ganz offensichtlich mit ihr flirtet. Sie jedoch scheint das zu genießen. Für ihn geht gar nicht, dass sie schließlich mit diesem Typen noch in der Bar zurückbleibt und mit ihm einen Drink nimmt, während sie ihn stehen lässt und abserviert. Er fühlt sich von ihr verraten, zweifelt an ihrer Treue und Liebe zu ihm. Für Vanessa ist dies absurd. Sie hätte nicht im Traum daran gedacht, mit diesem Mann in der Bar eine Affäre zu haben. Sie habe nur den Abend genießen wollen, und es habe ihr gutgetan, dass er sie attraktiv findet. Es irritiert Julian noch mehr, dass Vanessa dies sogar eingesteht und zugibt, dass sein Flirten ihr nicht entgangen war. Vanessa findet ihn spießig und einengend. Das möge sie an ihm nicht. Offensichtlich ziehen Vanessa und Julian die Grenze nicht an derselben Stelle. Was bei Vanessa als problemloses Verhalten durchgeht, stört Julian. Sie beteuert, dass es sie nicht gestört hätte, wenn umgekehrt Julian in der Bar eine fremde Frau kennengelernt und mit ihr Spaß gehabt hätte.

Zum Nachdenken
Wie sehen Sie das? Können Sie sich eher mit der Sicht von Vanessa oder von Julian identifizieren? Wessen Reaktionen können Sie besser verstehen? Wie würden Sie sich in der Haut von Vanessa respektive Julian fühlen und was würden Sie tun?

Wie bei der emotionalen Untreue ist es schwierig, bei der sexuellen Untreue eine klare Grenze zwischen akzeptabel und inakzeptabel zu ziehen. Um welche Untreue von Vanessa handelte es sich eigentlich? War sie Julian bereits untreu? Soweit man weiß und ihren Beteuerungen Glauben schenken darf, war sie Julian nicht sexuell untreu. Sie hatte mit dem besagten Mann keinen Sex, blieb nur sitzen, trank mit ihm einige Drinks und amüsierte sich. War sie Julian emotional untreu? Vermutlich würden die meisten dies bejahen. Ihr Verhalten löst ein gewisses Unbehagen aus, das auch dadurch nicht ganz verschwindet, dass sie behauptet, es hätte sie nicht gestört, wenn Julian sich auf dieselbe Weise gegenüber einer anderen Frau verhalten hätte.

Die Grenzen zwischen sexueller und emotionaler Treue sind fließend geworden. Die Ansprüche an die Treue des Partners, der Partnerin höher. Woher kommt eigentlich dieses tiefe Bedürfnis nach Treue?

Evolutionsbiologische Sicht der Treue

Evolutionsbiologisch hat die Monogamie für Frauen und Männer eine unterschiedliche Bedeutung. Dennoch ist sexuelles Commitment für beide Geschlechter aus dieser Sicht bedeutsam. Es ist anzunehmen, dass bereits vor 1,5 Millionen Jahren mit dem Homo erectus und seit über 150 000 Jahren mit dem Homo sapiens, dem modernen Menschen, Treue eine zentrale Rolle zu spielen begann. Angesichts der vielen natürlichen Gefahren in der Wildnis waren *Vertrauen* ineinander und *Treue* zueinander überlebenswichtige Werte.

Aus Sicht der Evolutionsbiologie lohnt sich die eigene Treue für Männer nicht. Ihr Interesse besteht vor allem darin, ihre Gene mit möglichst vielen Frauen zu teilen und so viel Nachwuchs wie möglich zu zeugen. Je mehr Kinder mit ihrem Erbgut geboren werden, desto stärker wird die eigene Erbanlage verbreitet und die eigene Linie fortgesetzt.

Dies war früher wichtiger als heute, da in Urzeiten aufgrund der hohen Sterblichkeit nur eine möglichst breite Fortpflanzung das Überleben der eigenen Gene sicherte, während in unserer Zeit vor allem persönliche Lebensentwürfe oder wirtschaftliche Faktoren über die Anzahl der Kinder entscheiden. Um dieses Ziel der breiten Streuung ihres Erbguts zu erreichen, stellten sich den Urmännern verschiedene Aufgaben:[60]

> Aus evolutionsbiologischer Sicht ist die Treue der Urfrau für den Urmann von großer Wichtigkeit, um sich sicher sein zu können, dass er den eigenen Nachwuchs aufzieht. Das Problem bestand jedoch darin, dass er vor allem nach attraktiven, gesunden und gebärfreudigen Frauen Ausschau hielt, um die bestmögliche Reproduktion seiner Gene zu sichern. Da dieser Typ Frau jedoch von allen begehrt war, herrschte starke Konkurrenz. Nur wenn die Frau ihm treu war, lohnte sich für ihn die Investition.

Erstens mussten sie *möglichst viele kurzfristige Beziehungen* oder simultan mehrere Beziehungen unterhalten, um möglichst viele Frauen zu schwängern.

Zweitens mussten sie erkennen, welche Frauen *sexuell zugänglich* und willig waren, um keine Zeit und Energie mit denen zu verschwenden, für die sich die Bemühungen nicht lohnen würden, da sie am Ende nicht zu sexuellen Beziehungen bereit wären. Entsprechend wählten die Urmänner diejenigen Frauen mit größerer Wahrscheinlichkeit, welche ihnen sexuell zugänglich erschienen und bei denen sie mit höherer Wahrscheinlichkeit zum sexuellen Akt kommen konnten.

Drittens sollten die Männer *fruchtbare Frauen* identifizieren können, um möglichst viel gesunden Nachwuchs zu erhalten. Der Urmann sollte daher beim „Body-Check" der Frau rasch erkennen, welche Frauen mit höherer Wahrscheinlichkeit „tüchtige Gebärmaschinen" wären und in der Lage sein würden, gesunde Kinder zu gebären und sie ausreichend stillen zu können. Um innerhalb der potenziell infrage kommenden Frauen erfolgreich auszuwählen, setzten die Urmänner auf junge, körperlich attraktive, wohlproportionierte Frauen mit einer hohen Wahrscheinlichkeit für Fruchtbarkeit. Da die jungen, hübschen und attraktiven Frauen allerdings von vielen Männern begehrt wurden, gefährdete eine große *Konkurrenz* die Optimierung der eigenen Reproduktionsstrategie. Nur wenn die Urfrau auch treu war, ging die Rechnung für den Urmann auf. Ansonsten lief er Gefahr, dass er anstatt seiner eigenen Kinder fremden Nachwuchs versorgte und aufzog und dass sein Genmaterial nicht weitergegeben wurde. Die Treue der Frau war daher für Urmänner ausschlaggebend, ihre eigene Treue war dagegen nicht von Belang.

Viertens war der Urmann daran interessiert, seine *eigenen Verpflichtungen* und Investitionen in das einzelne Kind möglichst gering zu halten, da es ihm von seinen Ressourcen her nicht möglich war, in eine allzu große Anzahl Kinder zu investieren. Er suchte zwar eine möglichst breite Vermehrung seiner Gene, war jedoch nicht in der Lage, all seine Nachkommen zu versorgen. Er brauchte entsprechend Frauen, welche vom Clan gut versorgt wurden.

Fünftens war es für den Urmann von Vorteil, wenn die gewählten Frauen *gute elterliche Kompetenzen* besaßen, um den Nachwuchs erfolgreich aufzuziehen und dessen Überleben zu sichern.

Früher ging es bei Treue immer um pragmatische Gründe. Um Treue im heutigen Verständnis ging es nicht. Es ging einzig und allein darum, sich fortzupflanzen und sein eigenes und das Überleben der Artgenossen zu sichern.

Für die Urfrau spielte die Treue des Mannes evolutionsbiologisch gesehen eine wesentlich wichtigere Rolle als für den Urmann. Ihre *Fortpflanzungsmöglichkeiten* waren biologisch beschränkt. Da die Schwangerschaft lediglich einmal pro Monat möglich war und die Dauer der Fruchtbarkeit in der gesamten Lebensspanne relativ kurz war, war ihre Reproduktionsmöglichkeit im Vergleich zu derjenigen der Männer stark reduziert. Ihre Aufgabe lag aus einer evolutionsbiologischen Sicht vor allem darin, einen Partner zu finden, der Verlässlichkeit und Stabilität gewährleistete und für sie und ihre Kinder Ressourcen bereitstellte, um das Überleben zu sichern und ein sorgenfreies Leben zu ermöglichen.

Während die männliche Sorge also darin bestand, ausreichend fruchtbare Frauen zu finden, um sich zu reproduzieren, d. h. möglichst viele und gesunde Kinder zu haben, lag das Hauptinteresse der Urfrau darin, einen beschützenden, verlässlichen und fürsorglichen Mann zu finden. Aufgrund der biologischen Einschränkungen (relativ kurze Zeit der Fruchtbarkeit in der Lebensspanne und innerhalb eines Zyklus, neunmonatige Schwangerschaft, Abhängigkeit von der Versorgung des Mannes nach der Geburt des Kindes) galt es, einen Mann zu finden, der das Überleben von ihr und den Kindern sicherte.

Entsprechend hatte die Urfrau eine Vorliebe für Männer mit *physischer Stärke*, Macht und gesellschaftlichem Status, da diese eher in der Lage waren, ihnen die benötigte Sicherheit, Schutz und ausreichend Nahrung zu garantieren. Platt formuliert könnte man sagen: Für die Urfrauen zählte Qualität, während für den Urmann die Quantität eine wichtigere Rolle spielte, natürlich mit dem Wunsch nach Quantität *und* Qualität, da nur die Kombination gute Aussichten auf gesunden Nachwuchs bot. Wie beim Urmann ging es auch bei der Urfrau nicht um Treue im heutigen Sinne. Es ging ums Überleben.

Viele argumentieren heute mit einer evolutionsbiologischen Sicht, um die häufigere Untreue bei Männern zu begründen. Diese Annahme ist aus zwei Gründen falsch.

Erstens stimmt es nicht, dass Männer häufiger untreu sind als Frauen, und zweitens liefert die Evolutionsbiologie dafür keine stichhaltigen Gründe. Vielmehr ist es so, dass sich evolutionsbiologisch für

Aus evolutionsbiologischer Sicht hatten Frauen und Männer ein gleich großes Interesse an der Treue des anderen. Beide hatten aber auch ein gleich großes Interesse an der eigenen Untreue. Für beide bedeutete Untreue Chancenoptimierung. Für Frauen im Sinne einer Rückversicherung, für Männer im Sinne einer breiten Sicherung ihres genetischen Nachwuchses. Untreue erwies sich für die eigene Überlebenssicherung und die der Art als strategisch sinnvoll.

die Urfrauen die Untreue sehr wohl und genauso lohnte wie für die Männer. Untreue ermöglichte es ihnen, sich in einer Außenbeziehung quasi einen *„Back-up-Partner"* zu halten, der zur Stelle war, wenn der eigene Partner abwesend war oder ihm etwas zustoßen sollte. Die Urfrau konnte mit Untreue für den Fall Vorkehrungen treffen, dass sie plötzlich mit ihrem Nachwuchs schutzlos und alleine dastand, weshalb für sie Untreue als Rückversicherung durchaus sinnvoll gewesen sein dürfte.[61]

Damit eröffnete sich bereits in der Frühzeit des Menschen das Spannungsfeld zwischen eigener Treue und der Treue des Partners bzw. der Partnerin – ein Thema, auf das weiter unten noch vertiefter eingegangen wird.

Zum Nachdenken

Wo sehen Sie Parallelen zum heutigen Menschen? Welche Bedeutung haben heute äußere Geschlechtsmerkmale der Frau für die Partnerwahl der Männer? Welche Bedeutung haben Stärke, Macht und Status des Mannes für die Partnerwahl der Frauen? Worauf achten Sie selbst bei der Partnerwahl? Inwiefern erkennen Sie auch heute noch evolutionsbiologische Überbleibsel bei der Beurteilung der Attraktivität eines Partners, einer Partnerin? Wo erkennen Sie Unterschiede, und was glauben Sie, warum dies so ist?

Doch gehen wir zunächst auf die Häufigkeit von Untreue ein und auf die oben als falsch bezeichnete Behauptung, dass Männer häufiger untreu seien als Frauen.

Wie häufig ist Untreue?

Studien zur Häufigkeit von Untreue sind meist mit einer hohen Dunkelziffer behaftet, da es schwierig ist, ehrliche und verlässliche Antworten bei der Frage nach der eigenen Treue zu erhalten. Die Ergebnisse dieser Untersuchungen variieren entsprechend nach der Art der Befragung (Fragebogen, Interview, Telefon, anonyme Interneterhebung), dem Alter der untersuchten Personen und deren Beziehungsdauer sowie in Abhängigkeit von der Definition von Untreue (engere oder breitere Auslegung der Untreue) – ein Punkt, auf den wir später noch zu sprechen kommen werden.[62]

> Die Zahlen zur Untreue sprechen eine deutliche Sprache. Erstens sind sehr viele Partnerschaften von der Untreue eines oder beider Partner irgendwann in deren Verlauf betroffen, zweitens gibt es kaum Geschlechtsunterschiede. Frauen wie Männer sind gleichermaßen sexuell untreu.

Man nimmt an, dass Untreue bei 11 % bis 76 % aller Paare vorkommt.[63] 40 % bis 46 % der Paare berichten von aktueller Untreue.[64] In einer neueren deutschen Studie[65] gaben 42 % der Männer und 39 % der Frauen an, in ihrem Leben schon einmal untreu gewesen zu sein. In einer aktuellen Beziehung waren es 27 % der Männer und 29 % der Frauen. Einen One-Night-Stand gaben 39 % der Männer und 32 % der Frauen an. Außenbeziehungen über mehrere Monate (mehr als fünf Monate) waren bei 29 % der Männer und 43 % der Frauen der Fall.[66]

Interessant ist auch die beschriebene Form der sexuellen Untreue. Petting kommt in Außenbeziehungen bei 8 % der Männer und 18 % der Frauen vor, Oralverkehr bei 6 % der Männer und 5 % der Frauen und Geschlechtsverkehr bei 85 % der Männer und 77 % der Frauen.[67]

Bei Paaren, die sich in der Dating-Phase befinden und daher insgesamt noch weniger gefestigt sind und eine noch geringere Verbindlichkeit aufweisen, liegt die Untreue-Rate mit 60 % bei den Männern und 53 % bei den Frauen höher als bei bereits gefestigten Paarbeziehungen.[68] In Ehen kommt Untreue etwas seltener vor als bei unverheirateten Paaren.[69]

Iris (19 Jahre alt) und Jannik (21 Jahre alt) sind seit zwei Jahren ein Paar. Sie haben sich die große Liebe versprochen und bereits von Zusammenziehen geredet. Es geht ihnen gut miteinander. Da beide noch in Ausbildungen sind, sehen sie sich vor allem abends oder am Wochenende. Für Iris bricht eine Welt zusammen, als sie von einer Kollegin erfährt, dass sie Jannik schmusend mit einer anderen Frau in der benachbarten Stadt gesehen habe. Zuerst glaubt sie ihr nicht. Die Kollegin insistiert und versichert, dass da mehr gelaufen sei als nur Küssen. Das hätte sie an dem Verhalten des Paares gemerkt. Bei der nächsten Gelegenheit spricht Iris Jannik darauf an. Dieser wird verlegen und meint, es sei nichts weiter gewesen. Sie hakt nach. Na ja, es hätte beide halt einfach nach dem Tanzen übermannt. Iris hätte schon sehr wenig Zeit für ihn, da sei es eben mit einer anderen passiert.

Untreue ist ein häufiger Anmeldegrund für eine Paartherapie. Bei 50–65 % der Paare, die eine Paartherapie in Anspruch nehmen, ist eine bekannt gewordene Außenbeziehung im Spiel.[70] Während einige Paare bereits von Anfang an die Untreue als Grund für den Beginn der Therapie angeben und an diesem Thema arbeiten wollen bzw. klären möchten, ob ihre Beziehung vor diesem Hintergrund noch eine Zukunft hat, kommt bei anderen die Außenbeziehung häufig erst im Verlauf der Therapie zur Sprache. Nicht immer auf die feine Art.

Einmal hatte ich ein Paar in Therapie, das bei der Problemanalyse im Erstgespräch von sexuellen Problemen berichtete, von unterschiedlichen Ansichten und Einstellungen. Die Frau erwog den Gedanken, sich eine eigene Wohnung zu nehmen, um sich in Ruhe überlegen zu können, wie es mit ihnen weitergehen solle. Der Mann fand dies nicht nötig und meinte, sie könnten doch in der Therapie Lösungen für ihre Probleme finden.

Nach der vierten Sitzung schrieb mir die Frau eine E-Mail (was eigentlich ausdrücklich zu unterlassen ist), in der sie mir mitteilte, dass sie mit ihrem Mann nicht mehr zusammen sein möchte, dass sie bereits seit Längerem eine Außenbeziehung habe und nun der Zeitpunkt für eine Trennung gekommen sei. Ihr neuer Partner dränge sie, mit ihm zusammenzuziehen, und dies sei auch ihr Wunsch. Da sie jedoch starke negative Reaktionen von ihrem aktuellen Partner befürchte, möchte sie, dass ich ihm dies mitteile.

Dem Partner, der Partnerin die Untreue zu gestehen ist oftmals schwierig. Man weiß, dass er oder sie heftig reagieren wird, hat Schuldgefühle, schämt sich oder fürchtet seine Reaktionen. Darum unterlässt man es häufig, wartet ab, bis es entdeckt wird.

Welches Geschlecht ist untreuer?

Die Meinung ist weit verbreitet, dass Männer untreuer seien als Frauen. Diese Ansicht hält sich hartnäckig. Doch dem ist nicht so oder nicht *mehr* so. Während in Untersuchungen aus den 1990er Jahren bei Männern eine höhere Untreuerate festgestellt wurde (26 % der Männer gaben an, schon mal in ihrem Leben untreu geworden zu sein, gegenüber 12 % der Frauen),[71] zeigt sich in neueren Studien kein signifikanter Unterschied mehr. Die Häufigkeit von Untreue der Frauen hat sich dem Niveau der Männer angenähert.[72]

Dass heute kaum mehr Geschlechtsunterschiede vorliegen, hängt damit zusammen, dass Frauen unter 30 Jahren häufiger untreu sind als Männer und damit die Unterschiede in späteren Altersabschnitten ausgleichen.[73] So geht denn auch die in den letzten Jahren feststellbare Zunahme von Untreue auf jüngere Frauen und ältere Männer zwischen 65 bis 90 Jahren zurück. Durch Viagra hat sich die Untreue von älteren Männern im Vergleich zu früher, als Impotenz ab einem gewissen Alter der Untreue noch Einhalt geboten hatte, auch im hohen Alter fortgesetzt.[74]

Während also kaum mehr Unterschiede hinsichtlich der sexuellen Treue von Frauen und Männern bestehen, unterscheidet sich auch die Form der Untreue nicht mehr. Früher hatte man Männern vor allem ein sexuelles Interesse bei Untreue nachgesagt, den Frauen dagegen ein emotionales. Frauen heute sind jedoch häufig gleichzeitig sexuell und emotional untreu. So geben 33 % der Männer gegenüber 39 % der Frauen emotionale Motive für die Untreue an, 55 % der Männer gegenüber 63 % der Frauen sexuelle Motive.[75] Wie die Prozentzahlen zeigen, sind die Unterschiede zwischen den Geschlechtern verschwindend klein geworden, und die Frauen punkten bei beiden Motiven leicht stärker.

Ein nach wie vor existierender Geschlechtsunterschied bezüglich Untreue liegt dahingehend vor, dass Männer häufiger in Bordelle gehen, Peepshows besuchen oder erotische Massagen in Anspruch nehmen.[76] Die Gründe für diesen Unterschied hängen allerdings stärker mit den einschlägigen Angeboten und deren Bewerbung zusammen als mit biologischen Bedürfnissen.

Bedeutsamer als Geschlechtsunterschiede bezüglich sexueller Treue sind für Paare die unterschiedlichen Deutungen von Untreue. Nicht jeder versteht dasselbe darunter und vor allem macht es einen großen Unterschied, von welcher Warte aus man das Verhalten beurteilt, ob es um das eigene Verhalten, das Verhalten des Partners, der Partnerin, oder das anderer Personen geht.

Untreue ist nicht gleich Untreue

Ich nehme oft ein ambivalentes Verhältnis zur Untreue wahr. Zum einen geben sich viele liberal und gehen locker mit dem Thema um. Beim Bekanntwerden von Untreue wichtiger Persönlichkeiten im öffentlichen Leben erfolgt heute bestenfalls noch ein kurzer und milder Aufschrei in den Medien oder gar keine Reaktion mehr. Als vor sechs Jahren der damalige französische Präsident (von dem man früher kraft seines Amtes moralische Integrität erwartet hätte) bei einer Außenbeziehung ertappt wurde, war mehr Häme zu spüren als moralische Verurteilung. Die Untreue ist hoffähig geworden, man möchte nicht als Moralapostel gelten. In den meisten Fällen bleibt eine öffentliche Verurteilung von Untreue aus. Es könnten Dutzende Beispiele für bekannt gewordene Untreue öffentlicher Personen angeführt werden. Anders sieht es in der eigenen Beziehung aus. Hier ist Untreue des Partners nach wie vor für die meisten ein No-Go. Hier herrscht Nulltoleranz.

Daran zeigt sich, dass Untreue oft mit verschiedenem Maß gemessen und unterschiedlich interpretiert wird. Untreue ist etwas anderes, wenn sie außerhalb der Partnerschaft bei anderen auftritt, als wenn sie die eigene Paarbeziehung betrifft. Und es ist nochmals eine andere Sache, ob man selber untreu ist oder der Partner, die Partnerin. Handelt es sich um das eigene Verhalten, ist man in der Grenzziehung zur Untreue häufig großzügiger und wertet manches Verhalten als zulässig, welches man beim Partner als untreu bezeichnen und nicht tolerieren würde. Für einen selbst scheinen also nicht dieselben Regeln zu gelten wie für den Partner, die Partnerin.

> Bei der Untreue gelten nicht selten unterschiedliche Maßstäbe. Was bei eigenen Gedanken, Gefühlen und dem eigenen Verhalten völlig in Ordnung ist, wird beim Partner, der Partnerin oft bereits als Untreue verstanden. Auch die Art der Untreue wird unterschiedlich bewertet. So haben Menschen, die ihren Partner hintergehen, ein weniger schlechtes Gewissen, wenn sie dies über Monate oder Jahre tun. Ein einmaliger One-Night-Stand löst mehr Verwirrung und Schuldgefühle aus als notorisches Fremdgehen. Man gewöhnt sich daran und beginnt das eigene Verhalten zu rechtfertigen und zu billigen.

So geben 90 % der Befragten, die ihrem Partner untreu geworden waren, in einer Studie an, dass ihr Verhalten durch die Situation zu entschuldigen sei.[77] Würde es sich um die Untreue ihres Partners handeln, würde dasselbe Verhalten aber mit Sicherheit anders gesehen. Damit stehen hohe *Ansprüche* an die Treue des Partners auf der einen Seite und ein lockerer Umgang mit der eigenen Treue auf der anderen Seite.[78]

Je länger und je häufiger man selber untreu ist, desto mehr integriert man dieses Verhalten in sein Selbstkonzept. Einmalige Untreue (z. B. ein One-Night-Stand) löst stärkere Schuldgefühle aus als eine langjährige Außenbeziehung, an die man sich gewöhnt hat und die zum eigenen Leben dazugehört.[79] Das macht durchaus Sinn. Bei einer einmaligen Untreue oder dem ersten Vorfall der Untreue ist man über sich selber schockiert und entsetzt, dass einem dies passieren konnte. Wenn dann aber das Verhalten immer wieder auftritt, gewöhnt man sich daran, nimmt es als natürlich hin und findet in der Regel gute Gründe, weshalb es dazu gekommen ist und warum dies nun halt die Realität ist. Sich selbst längerfristig infrage zu stellen, ist unbequem.

Auch beim nachfolgenden Paar wird die Tragweite der unterschiedlichen Sichtweisen und Interpretationen von Verhalten deutlich.

Simone (46 Jahre alt) stört Manuels (47 Jahre alt) offenes und unverschämtes Flirten. Jüngst saßen sie mit einem befreundeten Paar in einem Restaurant, als sie mitbekam, wie er zu seinem Freund eine schlüpfrige Bemerkung über die Kellnerin machte und ihm zuraunte, dass er in der Stadt noch ein anderes Lokal kennen würde, wo es eine besonders „aparte" Bedienung gäbe. Er schaut auch auf der Straße anderen Frauen unverhohlen nach. Wenn Simone ihn darauf anspricht, weist er die Vorwürfe von sich, fühlt sich unverstanden, ausspioniert und kontrolliert und schimpft, dass sie ihm etwas unterstellen würde.

Wenn dagegen Simone ihren Spaß mit Männern hat, reagiert Manuel schnell eifersüchtig und gereizt. Er holt sie meist nach der Arbeit ab, um sicherzugehen, dass sie nicht mit Arbeitskollegen zusammen ist und mit diesen etwas läuft. Im letzten Urlaub kam es zu einem heftigen Streit, als Simone vom Mann eines Paares, das sie am Strand kennengelernt hatten, an einem gemeinsamen gemütlichen Abend zum Tanzen geholt wurde. Manuel machte Simone den ganzen Abend eine Szene, denn es war nicht bei einem einzigen Tanz geblieben – die beiden tanzten die ganze Nacht.

Als Simone und Manuel dieses Problem in der Paartherapie ansprachen, fiel vor allem die unterschiedliche Sicht der beiden hinsichtlich des Verhaltens des jeweils anderen auf. Während Simone sein Verhalten klar als Untreue empfand und darunter litt, beschrieb Manuel sich als treuen Partner und konnte ihre Wahrnehmung nicht nachvollziehen. Er beteuerte glaubwürdig, dass er mit keiner anderen Frau etwas habe, dass er einfach ab und zu einen dummen Spruch fallen lassen würde. Dies hätte aber nichts zu bedeuten. Er würde Simone lieben und ihr nie wehtun wollen. Sie sei einfach extrem eifersüchtig und würde ihn in seinem Leben massiv einschränken. Er sei das Opfer in zweifacher Hinsicht. Sie mache ihm mit ihrer Eifersucht das Leben schwer und gleichzeitig sei sie es, die immer wieder die Grenze überschreiten würde. Als Beispiel fügt er das erwähnte Tanzen im Urlaub an. Simone kontert, dass ein Salsa gespielt worden sei und sie diesen Tanz lieben würde. Der besagte Mann war ein guter Salsa-Tänzer, da hätte sie seine Einladung nicht abschlagen mögen, zumal ihr eigener Mann mit ihr nie tanzen würde.

Beide beharren auf ihrer Sicht. Beide wittern untreues Verhalten beim anderen, fühlen sich vom anderen nicht verstanden. Beide sehen ihr eigenes Verhalten als völlig in Ordnung an, dasjenige des Partners bzw. der Partnerin dagegen als grenzüberschreitend.

Simone und Manuel haben offensichtlich unterschiedliche Vorstellungen von Treue und Untreue. Dabei geht es letztlich nicht um die theoretische Definition, was man als treues oder untreues Verhalten des Partners bezeichnet, sondern um viel mehr. Es spielt eine persönliche Dimension hinein. Es geht um *Einengen* und *Eingeengtwerden*, es geht um Selbstsicherheit und Bindungssicherheit. Und es geht um Prinzipien, darum, welche Rechte wem zustehen, wie weit jeder in dieser Beziehung gehen darf. Häufig geht es auch um bewusstes Provozieren, um willentliches Plagen und Verletzen, den anderen eifersüchtig machen Wollen. Aber oftmals geht es auch nur um Ausprobieren, darum, sich wieder zu spüren, seine Attraktivität und Wirkung auf andere testen zu wollen. Für einen selbst hat dies keine tiefere Bedeutung und überhaupt nichts mit Untreue zu tun. Beim anderen sieht man dies dagegen strenger.

> Ab wann eine Handlung des Partners als untreu bewertet wird, hängt von der jeweiligen subjektiven Einschätzung ab. Diese ist geprägt von früheren Erfahrungen in dieser Beziehung und früheren Partnerschaften, dem eigenen Bindungsstil, dem Selbstbewusstsein, eigenen Normen und Wertvorstellungen sowie Gefühlen wie Verunsicherung, Angst oder Eifersucht, welche durch das Verhalten des Partners ausgelöst werden. Entsprechend löst bei einigen Menschen bereits latentes Flirten des Partners, der Partnerin Stress aus, während andere eine höhere Toleranzschwelle aufweisen.

Die Grenze, ab wann ein Verhalten als untreu gilt, wird meist unterschiedlich gesehen. Einer attraktiven Person auf der Straße nachzuschauen, mit jemandem zu flirten, mit einer anderen Person häufiger und länger zu tanzen als mit dem eigenen Partner, mit jemandem herumzualbern und sich dabei immer wieder zu berühren, mit jemandem immer wieder auszugehen, sehr persönliche Dinge auszutauschen (siehe auch emotionales Commitment) ist alles in Ordnung, solange man es selbst tut. Ertappt man aber den Partner, die Partnerin dabei, sieht das Ganze völlig anders aus.

Diese Unterscheidung in eigenes Verhalten und Verhalten des Partners ist letztlich erstaunlich. Warum bewertet man das eigene Verhalten anders als das Verhalten des Partners, der Partnerin? Vermutlich nicht nur aus Eigeninteresse. Eventuell wirkt hier noch das alte Erbe der Evolution nach, auch wenn es heute sehr viel mehr mit der eigenen Persönlichkeit, den eigenen Beziehungserfahrungen und dem eigenen Bindungsstil zu tun haben dürfte.

Zum Nachdenken

Wo ziehen Sie selbst die Grenze? Machen Sie bei der Bewertung von Untreue einen Unterschied zwischen Ihrem eigenen Verhalten und dem des Partners, der Partnerin? Sind Sie toleranter bei sich selbst? Aus welchen Gründen?

Untreue beginnt häufig schon im Kopf des Partners. Es sind bereits seine Phantasien und Vorstellungen, die man missbilligt. Wie sieht es mit der Treue aus, wenn äußerlich keinerlei Hinweise auf Untreue vorliegen, sondern sich alles lediglich in der Phantasie abspielt? Ist jemand untreu, wenn er „untreue Gedanken“ hat? Ist jemand untreu, wenn sich jemand sexuelle Handlungen mit einem anderen Menschen lediglich vorstellt, beispielsweise während er sexuelle Handlungen mit dem eigenen Partner vornimmt oder sich selber befriedigt? Ist jemand untreu, der in einen anderen Menschen verliebt ist, jedoch mit diesem keine Beziehung eingeht? Sind „untreue Gedanken“ noch zulässig oder bereits grenzüberschreitend?

Machen Sie bei sich selber den Test und füllen Sie die Selbst- und Partnerevaluationen auf den nachfolgenden beiden Seiten aus.

Selbstevaluation: Wie bewerten Sie folgende Verhaltensweisen bei sich selbst?

	Gar nicht tolerierbar			Völlig in Ordnung		
	1	2	3	4	5	6
einer attraktiven Person hinterherschauen	☐	☐	☐	☐	☐	☐
mit jemandem mit Blicken flirten	☐	☐	☐	☐	☐	☐
mit jemandem das volle Flirtprogramm durchziehen	☐	☐	☐	☐	☐	☐
mit jemandem lachen und Spaß haben (in Abwesenheit des Partners, der Partnerin)	☐	☐	☐	☐	☐	☐
mit jemandem lachen und Spaß haben (in Anwesenheit des Partners, der Partnerin)	☐	☐	☐	☐	☐	☐
mit jemandem engen Körperkontakt haben	☐	☐	☐	☐	☐	☐
mit jemandem ausgehen, ihn oder sie heimlich treffen	☐	☐	☐	☐	☐	☐
mit jemandem heimlich schreiben, sich austauschen	☐	☐	☐	☐	☐	☐
mit jemandem Gelegenheitstreffen haben	☐	☐	☐	☐	☐	☐
mit jemandem Zungenküsse austauschen	☐	☐	☐	☐	☐	☐
sich vor jemandem nackt zeigen	☐	☐	☐	☐	☐	☐
sich von jemandem erotisch massieren lassen	☐	☐	☐	☐	☐	☐
mit jemandem Petting haben	☐	☐	☐	☐	☐	☐
mit jemandem Gelegenheitssex haben	☐	☐	☐	☐	☐	☐
mit jemandem eine Außenbeziehung haben	☐	☐	☐	☐	☐	☐

Partnerevaluation: Wie bewerten Sie folgende Verhaltensweisen bei Ihrem Partner, Ihrer Partnerin?

	Gar nicht tolerierbar			Völlig in Ordnung		
	1	2	3	4	5	6
einer attraktiven Person hinterherschauen	☐	☐	☐	☐	☐	☐
mit jemandem mit Blicken flirten	☐	☐	☐	☐	☐	☐
mit jemandem das volle Flirtprogramm durchziehen	☐	☐	☐	☐	☐	☐
mit jemandem lachen und Spaß haben (in Abwesenheit von Ihnen)	☐	☐	☐	☐	☐	☐
mit jemandem lachen und Spaß haben (in Anwesenheit von Ihnen)	☐	☐	☐	☐	☐	☐
mit jemandem engen Körperkontakt haben	☐	☐	☐	☐	☐	☐
mit jemandem ausgehen, ihn oder sie heimlich treffen	☐	☐	☐	☐	☐	☐
mit jemandem heimlich schreiben, sich austauschen	☐	☐	☐	☐	☐	☐
mit jemandem Gelegenheitstreffen haben	☐	☐	☐	☐	☐	☐
mit jemandem Zungenküsse austauschen	☐	☐	☐	☐	☐	☐
sich vor jemandem nackt zeigen	☐	☐	☐	☐	☐	☐
sich von jemandem erotisch massieren lassen	☐	☐	☐	☐	☐	☐
mit jemandem Petting haben	☐	☐	☐	☐	☐	☐
mit jemandem Gelegenheitssex haben	☐	☐	☐	☐	☐	☐
mit jemandem eine Außenbeziehung haben	☐	☐	☐	☐	☐	☐

Wie leicht fiel Ihnen die Selbstevaluation und die Partnerevaluation? Gab es einzelne Verhaltensweisen, die schwieriger zu beurteilen waren? Wo haben Sie länger gezögert, fiel Ihnen die Beurteilung, ob dies bereits Untreue ist, schwerer? Bei wem war dies der Fall? Bei Ihnen oder beim Partner, der Partnerin? Tauschen Sie sich mit Ihrem Partner, Ihrer Partnerin über Ihre jeweiligen Einschätzungen aus.

Warum ist Treue so wichtig?

Warum ersehnt man sich die Treue des Partners über alle Maßen und leidet derart unter seiner effektiven oder auch nur wahrgenommenen Untreue? Was hat es mit diesem elementaren Bedürfnis nach Treue des anderen auf sich?

Ist es primär ein *persönliches Bedürfnis*, indem einem die eigene Treue und diejenige des Partners das Gefühl von Sicherheit und Geborgenheit gibt? Spielt Treue deshalb eine so wichtige Rolle, weil sie ein Symbol für Verlässlichkeit des anderen ist, Schutz verspricht vor einem plötzlichen Verlust des Partners bei dessen Neuorientierung hin auf andere potenzielle Partner? Dient Treue vor allem der eigenen Emotionsregulation und Bewältigung von Ängsten, verlassen zu werden? Ist Treue deshalb so wichtig, weil man mit Gefühlen von Neid und Eifersucht nicht angemessen umgehen kann? Weil die Untreue des Partners, der Partnerin den eigenen Selbstwert und das eigene Selbstbild destabilisieren würde? Wird Treue deshalb eingefordert, damit der andere einem keine schwere Kränkung, persönliche Verletzung, öffentliche Bloßstellung oder Blamage zufügen kann?

Oder geht es bei der Treue vor allem um *materielle Aspekte*, da Untreue den gemeinsamen Besitzstand gefährdet? Fordert man Treue vom anderen, um sich finanziell sicherer zu fühlen, um ökonomisch abgesichert zu sein?

Oder geht es bei Treue um ein *moralisches Postulat*, damit man sich bei eigener Treue und der Treue des Partners als besserer Mensch fühlt, der religiösen und ethischen Ansprüchen entspricht? Ist man einander treu, um keine Gesetze zu brechen, keine Normen zu verletzen?

Oder geht es bei Treue um einen *gesundheitlichen Aspekt*, da man durch Treue das Risiko, an einer Geschlechtskrankheit oder HIV zu erkranken, minimieren kann? Fordert man Treue vom Partner, von der Partnerin, damit man sicher ist, dass er oder sie keine Infekte einschleppt und die eigene und seine Gesundheit gefährdet?

Die verschiedenen Gründe mögen je nach Person unterschiedlich bewertet werden. Es gibt kein richtig oder falsch. Manchmal ist es vielleicht auch nicht nur ein einziger Grund, der für einen wichtig ist. Mehrere zusammen können den Wunsch nach Treue festigen. Zudem können je nach Lebensphase unterschiedliche Gründe wichtig sein.

Nicht alle genannten Gründe sprechen uns gleichermaßen an. Einige scheinen uns plausibler zu sein, andere entfernter relevant oder gar nicht bedeutsam.

Selbstevaluation: Welche Aussage trifft auf Sie am meisten zu?

Treue ist für mich wichtig	Trifft nicht oder kaum zu			Trifft eher oder stark zu		
	0	1	2	3	4	5
aus persönliche Gründen (Angst, Eifersucht, Selbstwert)	☐	☐	☐	☐	☐	☐
aus materiellen Gründen (Verlust von Status, Vermögen)	☐	☐	☐	☐	☐	☐
aus religiösen, ethischen Gründen (Moral)	☐	☐	☐	☐	☐	☐
aus gesundheitlichen Gründen (Geschlechtskrankheiten)	☐	☐	☐	☐	☐	☐
aus Stammbaum bezogenen Gründen (Investition in fremde Kinder)	☐	☐	☐	☐	☐	☐

Partnerevaluation: Was glauben Sie, welche Aussage am besten auf Ihren Partner, Ihre Partnerin zutrifft?

Treue ist für ihn/sie wichtig	Trifft nicht oder kaum zu			Trifft eher oder stark zu		
	0	1	2	3	4	5
aus persönliche Gründen (Angst, Eifersucht, Selbstwert)	☐	☐	☐	☐	☐	☐
aus materiellen Gründen (Verlust von Status, Vermögen)	☐	☐	☐	☐	☐	☐
aus religiösen, ethischen Gründen (Moral)	☐	☐	☐	☐	☐	☐
aus gesundheitlichen Gründen (Geschlechtskrankheiten)	☐	☐	☐	☐	☐	☐
aus Stammbaumbezogenen Gründen (Investition in fremde Kinder)	☐	☐	☐	☐	☐	☐

Doch letztlich ist heute Treue so wichtig, weil sie mit Vertrauen zu tun hat. Das mittelhochdeutsche Wort für Treue, *triüwe*, bedeutet Vertrauen. Bei Treue und Untreue geht es mehr als nur um ein Verhalten, es geht um eine Einstellung zur Partnerschaft, zur Person des Partners, um eine Lebensweise – und letztlich damit immer um diese Frage der Verlässlichkeit und des Vertrauens. Es geht heute bei sexueller Treue genauso wie bei emotionaler Treue um Bindung, um emotionale Sicherheit.

Entsprechend bilden – trotz individueller Wahrnehmung und Interpretation von Untreue – einige Aspekte für alle Menschen eine Grundlage ihrer Definition von Untreue:[80]

- Untreue beinhaltet sexuelle Handlungen (und zwar das gesamte Spektrum und nicht nur den Geschlechtsverkehr) mit einer anderen Person oder starke emotionale Nähe und Intimität zu einer oder mehreren anderen Personen als dem Partner, der Partnerin und bedeutet damit eine Verletzung der sexuellen und emotionalen Exklusivität.
- Untreue stellt einen Vertrauensbruch dar, da diese sexuellen Hand-

lungen oder die intime emotionale Beziehung ohne gegenseitige Absprache, Zustimmung und im Geheimen erfolgen.
- Untreue ist eine heimliche Verletzung der vom Paar festgelegten Normen und Abmachungen oder eine offensichtliche Verletzung dieser Normen, in Kauf nehmend, den Partner, die Partnerin zu verletzen oder zu kränken.

Doch letztlich geht es weniger um die objektive Definition der Treue oder Untreue, sondern darum, wie Paare mit dieser Situation umgehen.

Gibt es leichtere und schwere Untreue?

Es ist schwierig, den Grad der Untreue und das dadurch ausgelöste Leiden zu quantifizieren. Ist einmalige Untreue weniger gravierend als mehrfache oder notorische Untreue? Ist die Untreue des Partners mit einer einem gänzlich fremden Person weniger schlimm als mit einer vertrauten, womöglich sogar nahestehenden Person (z. B. der besten Freundin)? Spielt es eine Rolle, ob die Person, mit welcher der Partner einem untreu wurde, hübscher, intelligenter, attraktiver ist, oder ist es vielleicht noch schlimmer, wenn sie einem unterlegen scheint, weniger zu bieten hat, den eigenen Wert nie aufzuwiegen imstande ist? Ist emotionale Untreue weniger folgenschwer als sexuelle Untreue oder umgekehrt? Was ist schlimmer: das gelöste Flirten des

---

Den Schweregrad von Untreue zu bestimmen, ist schwierig. Im ersten Moment kommt es häufig gar nicht so sehr darauf an, wie im Detail das Fehlverhalten des Partners aussieht, es reicht, dass er einem untreu ist oder war. Warum und in welcher Form interessiert erst in einem zweiten Schritt. Viele sehen die Untreue des Partners schwarz-weiß und nehmen keine Grautöne und Schattierungen wahr. Erst bei genauerem Hinsehen erkennt man Unterschiede und gewichtet ein bestimmtes Verhalten als schwerwiegender, und zwar in Abhängigkeit von bestimmten Merkmalen (Häufigkeit, Heimlichkeit, Lügen, die Person, mit welcher man betrogen wird, Dauer der Untreue etc.).

Partners mit einer anderen Person, das intime Chatten mit einem fremden Menschen, der heimliche Konsum von Pornographie, der Besuch von Massagesalons, die Beanspruchung von Prostitution, ein One-Night-Stand, eine langjährige Außenbeziehung oder Sex mit vielen Partnern gleichzeitig, von denen man per Zufall erfährt? Ist Untreue steigerungsfähig?

Zum Nachdenken
Wie sehen Sie das? Gibt es leichtere oder schwerwiegendere Untreue? Woran machen Sie die eine oder andere Art fest? Diskutieren Sie mit Ihrem Partner, Ihrer Partnerin, wie dies für ihn oder sie aussieht. Spüren Sie in die Situationen hinein und tauschen Sie sich aus, was Ihnen aus welchen Gründen am meisten Mühe macht.

Ist Pornographiekonsum Untreue?

Pornographie ist fast so alt wie die Photographie selbst. 1839 entstanden die ersten Photographien, und bereits 1850 wird in damaligen Wörterbüchern der Begriff Pornographie aufgeführt. Vor zehn Jahren wurde im Internet pornographisches Material von 28 258 Personen pro Sekunde angeklickt und allein in den USA entstand alle 39 Minuten ein neuer Sexfilm.[81] Heute dürfte sich diese Zahl um ein Vielfaches erhöht haben. Dennoch stellt für viele, insbesondere für Frauen, der Pornographiekonsum des Partners eine Form von Untreue dar. Ist diese Sicht angesichts der Häufigkeit der Nutzung vertretbar?

Der Konsum von Pornographie ist extrem verbreitet,[82] bei Männern noch häufiger als bei Frauen. Bei Männern haben 98 % (gegenüber 80 % der Frauen) irgendwann schon einmal pornographisches Material konsumiert.[83] 93 % der Männer haben pornographisches Material im letzten Jahr konsumiert, gegenüber 57 % der Frauen.[84] Im jüngeren Alter nutzen Männer dreimal so häufig Pornographie, im mittleren und höheren Alter sechsmal so häufig wie Frauen.[85]

> Pornographie ist weit verbreitet. Praktisch alle Männer konsumieren Pornographie, viele regelmäßig und in der Regel zusätzlich zur Sexualität in der Partnerschaft.

In einer anonymen Befragung gaben sogar 54 % der *Pastoren* an, im letzten Jahr Pornos geschaut zu haben.[86] Dies zeigt, dass Pornokonsum unabhängig von Status, Beruf oder moralischer Instanz vorkommt.

Während Frauen und Männer Pornographie bevorzugt zur Steigerung der sexuellen Erregung und Masturbation nutzen,[87] unterscheiden sie sich hinsichtlich ihres Pornokonsums in verschiedenen Aspekten. Männer fühlen sich durch ein breiteres Spektrum von pornographischen Darstellungen angezogen und präferieren Abwechslung bezüglich Szenen und Darstellerinnen.[88] Sie haben insgesamt eine positivere Einstellung zur Pornographie. Frauen finden Pornographie häufiger langweilig, sexuell nicht erregend oder gar abstoßend.[89] Wissend, dass ihr Pornokonsum auf Ablehnung seitens der Partnerin stößt, schauen sich Männer Pornos vielfach im Verborgenen und mit Schuldgefühlen an.[90] Frauen konsumieren deutlich seltener Pornofilme allein, sondern am häufigsten mit dem Partner zusammen.[91]

In der Paartherapie wird der Pornokonsum des Mannes häufig von seiner Partnerin als Problem thematisiert. Oft vermutet sie beim Mann eine Sexsucht oder macht den Pornokonsum für Partnerschaftsprobleme oder sexuelle Schwierigkeiten des Paares verantwortlich. Die Forschung unterstützt diese These nicht. Der normale Konsum von Pornographie scheint keine besonderen negativen Auswirkungen auf die Partnerschaftszufriedenheit zu haben.[92]

Tanja (33 Jahre alt) ist seit fünf Jahren mit Michael (37 Jahre alt) zusammen. Sie haben ein drei Jahre altes Kind. Die Beziehung wird von beiden als nicht sonderlich glücklich bezeichnet. Sie nennen Kommunikationsprobleme, unterschiedliche Weltanschauungen und sexuelle Probleme als Gründe für die Inanspruchnahme der Paartherapie. Tanja klagt darüber, dass sie kaum noch Sex hätten. Michael sei abends immer zu müde, auch am Wochenende laufe nichts. Sie fühle sich von ihm zurückgestoßen. Seit einigen Monaten hätten sie getrennte Schlafzimmer. Michael habe dies so gewollt, da er sich bei ihr gestört fühle, mehr Platz brauche und seinen eigenen Schlafrhythmus finden möchte. Zur Krise kam es, als Tanja eines Nachts vor rund zwei Monaten nach Mitternacht zu ihm ins Zimmer ging, da sie noch schwaches Licht wahrgenommen hatte. Dabei erwischte sie ihn beim Pornokonsum. Sie sei extrem schockiert gewesen, hätte nicht gewusst, dass er das machen würde. Nun wisse sie, weshalb er keinen Sex mehr mit ihr wolle. Seither empfinde sie Ekel vor ihm. Der Gedanke, dass er sich an anderen Frauen aufgeile und dazu masturbiere, finde sie widerwärtig. Michael beteuert, dass dies nichts mit dem Sex mit ihr zu tun habe. Es stimme, dass er sie seit der Geburt der Tochter nicht mehr so attraktiv fände wie früher und weniger Lust auf sie hätte, doch habe dies nichts mit seinem Pornographiekonsum zu tun. Tanja ist sich sicher, dass er ein Problem mit Pornographiesucht habe.

Nicht selten kommen Paare mit diesem Anliegen in eine Paartherapie: Sie haben seltener Sex miteinander, irgendwann wird der Pornokonsum des Partners entdeckt, es kommt zu einer Szene. Oft sind die Männer zerknirscht. Ihr Verhalten wird von den Frauen als sexsüchtig gesehen, und die Probleme des Paares werden seiner Sexsucht zugeschrieben. Pornokonsum ist jedoch selten der Grund für eine niedrige Partnerschaftsqualität und eine reduzierte Zufriedenheit mit der partnerschaftlichen Sexualität, auch wenn sich Zusammenhänge nachweisen lassen.[93] Vielmehr handelt es sich in den meisten Fällen um ein Symptom. Das *sexuelle Commitment* im Sinne der Pflege der Sexualität kommt zu kurz. Die Sexualität des Paares schläft ein, beide leiden darunter, sprechen es nicht an, tun nichts dagegen. Der Mann zieht sich zurück, sucht Befriedigung in Pornofilmen und bei der Masturbation.

Auch wenn es Hinweise darauf gibt, dass Sexsucht zugenommen hat, etwa bei den Millenials,[94] liegt tatsächliche Sexsucht nur bei weniger als 10 % der Männer vor.[95] Der männliche Pornokonsum von rund 75 Minuten pro Woche (gegenüber 17 Minuten der Frauen)[96] spiegelt vielmehr ein weit verbreitetes Phänomen wider. Rund 50 % der Männer kon-

Der Konsum von Pornographie wird immer wieder als Problem für die Partnerschaft gesehen, was sich jedoch wissenschaftlich nicht bestätigen lässt. Vielmehr ist der Pornographiekonsum häufig eine Konsequenz einer zu selten stattfindenden Sexualität in der Partnerschaft.

sumieren Pornographie mehrmals wöchentlich,[97] ohne dass dabei von Sexsucht die Rede sein kann.

Von *Sexsucht* kann erst dann gesprochen werden, wenn die Person die Kontrolle über ihren Konsum verliert, selbst an ungeeigneten oder verbotenen Orten Pornos schaut (z. B. am Arbeitsplatz) und wenn es negative Konsequenzen gibt.

Es gibt keine keine wissenschaftliche Evidenz dafür, dass der Konsum von Pornographie der Partnerschaft direkt schaden würde.[98] Auch zwischen Pornokonsum und Gewalt in der Partnerschaft lässt sich kein Zusammenhang nachweisen.[99] Dennoch führt der Pornokonsum des Partners häufig zu Konflikten und einem tiefen Zerwürfnis des Paares, denn er wird als Ausdruck von sexueller Untreue gewertet. Man fühlt sich vom Partner herabgewürdigt und verletzt. Es schmerzt, dass er sich von anderen erregen lässt, andere Personen ihm sexuelle Freuden bereiten, mit denen man äußerlich eventuell nicht mithalten kann, und die vielleicht sexuelle Praktiken vorführen, welche einem fremd sind oder die man abstoßend findet. Obschon der Pornokonsum des Partners im klassischen Sinne nicht sexuelle Untreue bedeutet und es zu keinen sexuellen Handlungen mit anderen Personen außerhalb der Beziehung kommt, wird Pornographie von vielen als Verletzung der sexuellen Integrität gewertet.

Zum Nachdenken
Wie ist Ihre Einstellung zu Pornographie? Reden Sie offen darüber in Ihrer Partnerschaft? Schauen Sie allein Pornos oder gemeinsam mit Ihrem Partner, Ihrer Partnerin? Welche Auswirkungen hat dies auf Ihre Beziehung? Wie stehen Sie zum Pornokonsum Ihres Partners, Ihrer Partnerin? Wie beurteilen Sie Ihren eigenen Pornokonsum?

Kann man Untreue vorhersagen?

Eine häufig gestellte Frage ist, ob Untreue vorhergesagt werden kann, ob es Frühwarnzeichen für Untreue gibt, und wenn ja, woran man erkennt, dass es zu Untreue kommen wird. Die Annahme, dass vor allem diejenigen Menschen untreu werden, die in ihrer Partnerschaft unglücklich oder sexuell unzufrieden sind, erweist sich als zu kurz gegriffen. Es gibt vielmehr eine Vielzahl von Untreue-Konstellationen und von Faktoren, welche Untreue begünstigen, auf die nachfolgend eingegangen wird.

Doch zuerst wollen wir zwischen zwei Personengruppen unterscheiden: den notorisch Untreuen und den aufgrund einer spezifischen Situation oder Konstellation untreu Werdenden.

Die notorisch Untreuen

Diese Gruppe neigt zu Untreue und ist in verschiedenen Beziehungen (in der aktuellen, der früheren oder in künftigen Beziehungen) untreu, unabhängig von der Qualität der Beziehung, der Liebe zum Partner oder anderer Faktoren. Es sind Menschen, die es mit der Treue nicht so genau nehmen, für die Treue entweder keinen Wert besitzt oder die unfähig oder nicht willens sind, treu zu sein.

Oft sind es leicht irritierbare, ängstliche oder narzisstische Menschen.[100] Ebenso zeigt sich, dass Personen, die unsicher gebunden sind, d. h. wenig Vertrauen in die Verlässlichkeit anderer haben und sich emotional nicht geborgen und nicht geliebt fühlen, häufiger untreu sind.[101] Ihnen fehlt dieser innere Anker, das willentliche Commitment, welches sie leitet. Da sie anderen nicht vertrauen können, lohnt sich für sie die eigene Treue nicht (siehe auch die Ausführungen weiter oben zu Sexualität bei unsicher-vermeidender Bindung). Warum soll man dem anderen etwas geben, wenn man unsicher ist, dass man es umgekehrt auch von diesem erhält? Misstrauen, Eifersucht und Unsicherheit stehen der eigenen Treue im Wege. Zu dieser Gruppe gehören auch Menschen mit Missbrauchserfahrungen in der Kindheit.[102]

> Notorisch Untreue sind untreu aufgrund ihrer Persönlichkeit oder ihrer Einstellung zu Monogamie. Ihre Untreue hat in der Regel nichts mit der Partnerschaft und deren Qualität zu tun. Sie können sehr zufrieden sein und dennoch Außenbeziehungen eingehen. Sie werden immer wieder untreu, in allen ihren Beziehungen.

Notorische Untreue geht häufig mit einer bejahenden Einstellung von Untreue oder einer höheren Akzeptanz von außerehelichen sexuellen Aktivitäten einher.[103] Je liberaler die Einstellung einer

Person gegenüber Sexualität und Promiskuität ist, desto häufiger ist auch die eigene Untreue.[104] So sind bei Personen, die eine negative Einstellung zu Untreue haben, nur 10 % tatsächlich selbst untreu, während es bei Personen mit einer neutralen oder positiven Einstellung 70 % sind.[105]

Das willentliche Commitment spielt eine wichtige Rolle bei der sexuellen Treue. Wenn man sich nicht definitiv an den Partner, die Partnerin binden will, sich weiterhin alle Optionen offenlässt, keinen Wert und keinen Sinn in der Treue sieht oder eine Beziehung als lästige Einschränkung wahrnimmt, ist Untreue wahrscheinlicher. Bei Paaren, bei welchen beide Partner ein starkes Commitment (im Sinne des willentlichen und emotionalen Commitments) für die Partnerschaft zeigen, ist dies anders: Wo beide gemeinsam Zeit miteinander verbringen, gemeinsame Erlebnisse haben, füreinander sorgen, einander Anteilnahme entgegenbringen, ihre Liebe pflegen und dadurch in die Beziehung investieren, findet sich eine deutlich niedrigere Wahrscheinlichkeit für einen Seitensprung.[106]

Die Werte eines Menschen, die Einstellung, die er gegenüber dem Thema Treue und Untreue hat, sowie sein Commitment spielen damit eine wichtige Rolle für die eigene Treue. So erstaunt es nicht, dass sowohl Untreue in der Herkunftsfamilie (Untreue des Vaters oder der Mutter) als auch frühere eigene Untreue mit Untreue in der aktuellen Paarbeziehung zusammenhängen.[107] Wer Untreue locker sieht, wird auch häufiger untreu. Wenn man zudem bereits früher untreu war, lässt sich auch künftiges untreues Verhalten einfacher mit seinem Selbstkonzept vereinbaren, weshalb es leichter zu erneuter Untreue kommt.

> Frühere Untreue bedingt oft künftige Untreue. Wer über eine starke Libido verfügt und Sex mit vielen Partnern ausprobiert hat, weist ein höheres Risiko für Untreue auf. Zudem tradiert sich das Risiko der Untreue von Generation zu Generation.

Es wird oft angenommen, dass Menschen, die sich früh und sexuell unerfahren an einen Partner binden (im Rahmen einer Jugendliebe, die zur dauerhaften Partnerschaft oder Ehe führt), einen stärkeren Drang verspüren, später in der Partnerschaft ihre mangelnden Erfahrungen durch Seitensprünge wettzumachen. Es ist aber vielmehr so, dass diejenigen, die mehrere Sexualpartner gehabt haben und experimentierfreudiger in der Sexualität sind, zu häufigerer Untreue neigen.[108] Viele Sexualpartner zu haben, könnte allerdings auch auf einen generell starken Sexualtrieb hinweisen oder Ausdruck eines größeren Bedürfnisses nach Abwechslung und Abenteuer sein.[109]

Was die Einstellung zum Thema Treue betrifft, spielt gerade auch die *Religion* eine wichtige Rolle. So werden stark religiöse Menschen insgesamt weniger häufig untreu.[110] Interessanterweise scheint jedoch nicht der Glaube selbst Treue oder Untreue zu bedingen, sondern das aktive Praktizieren des Glaubens. Diejenigen, welche sich als sehr gläubig bezeichnen, jedoch ein geringes religiöses Engagement im Sinne einer aktiven Glaubenspraxis zeigen, haben sogar eine höhere Wahrscheinlichkeit für sexuelle Außenbeziehungen.[111]

Zum Nachdenken

Was ist Ihre Einstellung zu Treue und Monogamie? Welche Leitgedanken haben Sie in Bezug auf Treue? Was wissen Sie von der Einstellung Ihres Partners, Ihrer Partnerin zu Treue? Welche Bedeutung haben Normen oder die Religion für Ihre Treue? Reden Sie über solche Aspekte in Ihrer Partnerschaft und haben Sie sich bereits mal über Ihre Ansichten ausgetauscht oder gehen Sie implizit davon aus, dass Ihr Partner, Ihre Partnerin dieselben Einstellungen wie Sie hat?

Die situativ Untreuen

Häufiger als die notorisch Untreuen sind die situativ Untreuen, d. h. diejenigen, die aufgrund von zu Untreue einladenden oder Untreue begünstigenden Bedingungen untreu werden. Fast schon sprichwörtlich ist der Seitensprung bei der Betriebsfeier unter Alkohol. Man hat den ganzen Abend Spaß miteinander, lacht, kommt sich näher, fühlt sich verstanden, wertgeschätzt oder begehrt, trinkt über den Durst, lässt sich mitreißen. Man schlittert willenlos in benebeltem Zustand in die Untreue hinein.[112] Klassischer kann situative Untreue nicht sein. Forscht man nach Gründen, weshalb es zum „Ausrutscher" kam, findet man mitunter keine spezifischen. Es ist einfach passiert. Die Frage, warum es einfach so passiert ist, beschäftigt viele danach. Wie konnte einem dies passieren? Ist es Ausdruck dafür, dass man in der aktuellen Beziehung unzufrieden ist, dass einem etwas fehlt, man sich vernachlässigt fühlt, sexuell unzufrieden ist?

Aber nicht nur eine Betriebsfeier, sondern generell der Umstand, dass jemand in der Firma viele potenziell interessante Sexualpartner hat, begünstigt Untreue, vor allem, wenn die Person oft mit diesen zusammenarbeitet oder viele Überstunden macht.[113]

In besonderem Maße begünstigt häufige *Abwesenheit* von zu Hause die Untreue. So kommt diese öfter bei Paaren vor, bei denen einer oder beide Partner oft berufliche Reisen mit Hotelübernachtungen unternehmen.[114] Wenn man einsam, fern vom Partner, der Partnerin im Hotelzimmer sitzt, kommt manch einer auf die Idee, an der Hotelbar noch etwas Gesellschaft zu suchen oder sich in der Stadt einschlägig zu vergnügen. Dies fällt umso leichter, wenn man geographisch vom Partner weit entfernt ist und daher die Wahrscheinlichkeit als gering einschätzt, bei der Tat ertappt zu werden. Entsprechend erstaunt es nicht, dass die Anzahl beruflich bedingter Reisetage mit Untreue zusammenhängt.[115] Hinzu kommt, dass viele moderne Apps und Seitensprungportale die Kontaktaufnahme mit einer anderen Person, die an einem sexuellen Abenteuer interessiert ist, erleichtern.

> Das Sprichwort „Gelegenheit macht Diebe" trifft auf die situative Untreue besonders passend zu. Oft ergeben sich Umstände, die einem Seitensprung geradezu Tür und Tor öffnen. Wenn man in diesen Situationen nicht vorsichtig ist, schlittert man leicht, bewusst oder unbewusst, in eine Affäre hinein.

Die Häufigkeit von Untreue hängt aber auch mit der Jahreszeit zusammen und ist saisonal in den Sommermonaten höher.[116] Worauf dies genau zurückzuführen ist, darüber kann nur gemutmaßt werden. Doch dürfte die leichtere Bekleidung in der warmen Jahreszeit eine Rolle spielen, aufgrund derer mehr erotische Reize ausgesandt werden und andere leichter verführt werden können. Bei warmen Temperaturen sind die Menschen zudem häufiger und länger abends draußen und es bieten sich mehr Gelegenheiten jemanden kennenzulernen, mit dem man eine Affäre beginnen könnte, etwa in der Badeanstalt, oder beim geselligen Beisammensein im Biergarten. Zudem ist im Sommer für viele die Haupturlaubszeit, wo sich besonders gute Gelegenheiten für Urlaubsflirts und Seitensprünge bieten.

Untreue und geringe Partnerschaftszufriedenheit

Viele nehmen an, dass man untreu wird, weil man in der Beziehung unglücklich sei. Das stimmt zum Teil, doch nicht immer geht Untreue mit einer geringen Partnerschaftszufriedenheit einher, und es ist auch nicht eindeutig, wie beides zusammenhängt: Man kann untreu werden, weil man unglücklich ist, oder man wird unglücklich, weil der Partner oder man selber untreu war oder ist.[117]

> Nicht alle Menschen, die untreu werden, sind mit ihrer Partnerschaft unzufrieden. In etlichen Fällen ist Untreue lediglich Ausdruck der Suche nach sexuellem Vergnügen oder Entspannung, dem Wunsch nach Abwechslung und neuem Kick, nach Abenteuer und dem Unerlaubten. Viele testen im Rahmen von Flirten und Untreue ihre eigene Attraktivität aus und möchten sich wieder als begehrt erleben oder verführt werden.

Vom Risiko, untreu zu werden, sind besonders Menschen betroffen, die sich als *sehr unzufrieden* in ihrer Partnerschaft wahrnehmen. Sie weisen ein viermal höheres Risiko für Untreue auf als sehr zufriedene Partner.[118] Bei einer sehr geringen Partnerschaftszufriedenheit ist zudem das Risiko erhöht, in der Zukunft untreu zu werden. Die Wahrscheinlichkeit einer Außenbeziehung ist dann besonders hoch, wenn sowohl die Partnerschaftszufriedenheit als auch die sexuelle Zufriedenheit in der aktuellen Beziehung gering sind.[119] Damit sind wir wieder beim Thema der Intimität und dem emotionalen Commitment. Wenn man sich in der Beziehung emotional nicht verstanden und getragen, wertgeschätzt und geliebt fühlt und die Intimität fehlt, steigt das Risiko für außerpartnerschaftliche Sexualität.[120] Wenn man sich sexuell und emotional

> Die Affäre hat oft den Charakter eines Nebenschauplatzes. Es kommt zu einem Doppelleben: Das tatsächliche, wahre Leben spielt sich in der Paarbeziehung ab, das aufregende, prickelnde Abenteuer auf der Nebenbühne. Aus diesem Grund wird der oder dem Geliebten oft über Jahre die Heirat versprochen, doch letztlich bleiben dennoch die meisten bei ihrem alten Partner. Der Preis für das Doppelleben ist die Lüge. Man lügt den eigenen Partner an, den Geliebten und sich selbst. Die emotionale Verstrickung und Verwirrung überschatten schließlich beide Beziehungen.

vernachlässigt fühlt, liegt der Schritt, eine Affäre einzugehen, näher.[121]

Trotzdem geben viele Untreue an, dass sie ihren Partner nie verlassen wollen und ihn lieben würden. Sie stellen sich vor, ihr Leben mit ihm zu verbringen, und fühlen sich ihm zugehörig. So geben 78 % der Untreuen an, ihren Partner trotz ihrer Untreue zu lieben und in der Beziehung bleiben zu wollen. 56 % sind zufrieden mit ihrer Partnerschaft und 57 % geben an, dass ihre aktuelle Beziehung ihre Wünsche und Bedürfnisse befriedigen würde.[122] So paradox es klingen mag: Untreue geschieht in vielen Fällen nicht aus einer Unzufriedenheit heraus. Viele sind soweit zufrieden und könnten sehr gut ohne Affäre leben. Es ist dieser Wunsch nach Neuem, Prickelndem, der häufig untreu werden lässt. Und wenn die Situation es begünstigt, ist der Schritt dazu ein kleiner.

Untreue und sexuelle Unzufriedenheit

Die Annahme, dass man dem Partner untreu wird, wenn man in der eigenen Partnerschaft sexuell unbefriedigt ist, ist ebenfalls weit verbreitet.[123] Man sucht sich sexuelle Erfüllung mit anderen Personen, wenn man sie in der eigenen Partnerschaft nicht erhält. In der Tat zeigt eine Studie, dass 58 % der Frauen und 57 % der Männer, die sexuell untreu sind, mit der Sexualität in ihrer Beziehung nicht zufrieden sind und ihr Sexualleben als nicht erfüllend erleben.[124] Dennoch erweist sich die sexuelle Unzufriedenheit (genauso wie die Partnerschaftszufriedenheit) als kein verlässlicher Faktor, um Untreue vorherzusagen, und scheint nur bei sexuell unzufriedenen Männern eine Rolle zu spielen.[125] Bei Frauen ist häufiger emotionale Untreue, kombiniert mit sexueller Untreue, der Grund für eine Affäre, während Männer öfter im Zuge sexueller Unzufriedenheit sexuell untreu werden.[126]

Untreue und Dauer der Partnerschaft

Die meisten haben wahrscheinlich bei sich beobachten können, dass mit der Zeit die sexuelle Faszination für den Partner schwindet. Je öfter man ihn nackt sieht und mit ihm Sex hat, desto alltäglicher und gewöhnlicher wird er und desto weniger prickelnd werden die sexuellen Begegnungen. Als man den Partner, die Partnerin zum ersten Mal nackt sah, das erste Mal miteinander schlief, spielten die Hormone verrückter als nach Jahren der gemeinsamen Sexualität. Es stellt sich eine Gewöhnung ein, eine gewisse Routine. Und dies ist bei allen Paaren so. Sie können den schönsten, attraktivsten Partner mit dem höchsten Sex-Appeal haben – Sie sind diesem Prozess trotzdem unterworfen, alle Menschen sind es. Darum haben auch Models mit blendender Schönheit und verführerischem Sex-Appeal längerfristig keinen besseren Sex als die Normalsterblichen. Sexualität nützt sich ab, wenn sie immer mit demselben Partner erfolgt. Es kommt zu einer Verstärkererosion.[127] Der Sex mit immer demselben Partner wird mit zunehmender Dauer als monoton und langweilig wahrgenommen. Dies ist insbesondere dann der Fall, wenn die Paare wenig Variabilität in ihrer Sexualität zeigen, immer dieselben Stellungen verwenden und Kreativität und Spontaneität in Bezug auf Erotik vermissen lassen (siehe den Abschnitt weiter oben zur Wichtigkeit des sexuellen Commitments im Sinne von Pflege der Partnerschaft, S. 120f.). Infolgedessen steigt das Risiko einer Außenbeziehung im Durchschnitt nach sieben Jahren fester Beziehung[128] und generell mit zunehmender Dauer der Partnerschaft.[129] Allerdings ist nicht nur die Dauer relevant, sondern auch bestimmte Phasen in einer Partnerschaft. So ist beispielsweise nach der Geburt eines Kindes die Wahrscheinlichkeit für sexuelle Untreue des Partners erhöht.[130]

Untreue in Abhängigkeit vom Alter

Jedoch nicht nur die Dauer der Partnerschaft, auch das Alter ist relevant für Untreue, wobei diese beiden Variablen in langjährigen Beziehungen nicht ganz voneinander zu trennen sind. Dennoch variiert auch unabhängig von der Beziehungsdauer rein altersbedingt das Untreuerisiko.

Während die Untreue-Kurve bei Frauen und Männern bis zum Alter von rund 40 bis 45 Jahren parallel verläuft, steigt sie bei Männern bis zum Alter von 60 Jahren weiter linear an (auf den Einfluss von Viagra wird weiter unten noch eingegangen). Bei den Frauen zeigt sich dagegen eine gegenläufige Entwicklung.[131] So berichten Frauen im Alter zwischen 40 und 45 Jahren am häufigsten von einer in der Beziehung aufgetretenen Außenbeziehung, während dies bei Männern im Alter zwischen 55 und 65 Jahren der Fall ist.[132]

Das folgende Beispiel illustriert dies eindrücklich. Auch wenn man im Fall von Ulrike und Winfried nicht von Untreue sprechen kann, da sich beide gegenseitig alle sexuellen Freiheiten zugestehen und damit ihre sexuellen Aktivitäten außerhalb der Partnerschaft legitim sind, verdeutlicht die Geschichte dieses Paares das ganze Spannungsfeld zwischen Sexualität, Treue und Alter.

Als ich Ulrike und Winfried zum ersten Mal traf, waren sie Ende dreißig. Sie lebten eine offene Beziehung. Es galt zwischen ihnen die Abmachung, dass beide völlig frei ihre Sexualität ausleben dürfen. Sie wollten alle sexuellen Einschränkungen und die überkommenen Moralvorstellungen über Bord werfen und das Leben in all seinen Schattierungen genießen. Ulrike war sexuell sehr aktiv und hatte neben Winfried sexuelle Abenteuer mit Männern unterschiedlichen Alters – oft spontanen Gelegenheitssex am Arbeitsplatz oder im Freundes- und Bekanntenkreis, manchmal auch infolge aktiver Suche auf Dating-Plattformen. Winfried suchte sich seine Sexualpartnerinnen vor allem auf einschlägigen Sex-Plattformen, ging in Bordelle und hatte Gelegenheitssex im Urlaub. Zusammen gingen sie in Swinger-Clubs, wo sie an Gruppensexspielen teilnahmen. Die beiden redeten offen über ihre sexuellen Abenteuer, erzählten sich im Detail, was sie erlebt hatten. Das törnte sie an und bereicherte ihre eigene partnerschaftliche Sexualität, wie sie mir erzählten. Sie könnten nicht verstehen, warum nicht alle Paare nach diesem Modell leben würden. Ihre offene Beziehung sei bereichernd und sexuell stimulierend.

Rund fünfzehn Jahre später sah die Sache anders aus. Während Winfried sexuell weiterhin sehr aktiv außerhalb der Partnerschaft war, hatte Ulrike weniger das Bedürfnis nach dieser Form von Sexualität, und es begann sie zu stören, dass Winfried diesen Vergnügungen nachging und sie „leer" ausging. Sie spürte eine Abnahme ihrer Libido, bemerkte sexuelle Veränderungen infolge des Klimakteriums. Es hatte sich ein Ungleichgewicht eingestellt. Die offene Beziehung stimmte nicht mehr für beide.

Was Ulrike und Winfried erleben, ist nicht selten. So lange die sexuellen Bedürfnisse beider kompatibel sind, beide in gleichem Maße

Außenbeziehungen haben und sich beide ähnlich sexuell außerhalb der Partnerschaft verwirklichen können, kann dieses Modell tatsächlich gut funktionieren. Es kommt jedoch bei vielen Paaren der Zeitpunkt, wo die Entwicklung asynchron zu verlaufen beginnt. Beim einen (meist den Männern) geht es wie gewohnt weiter, bei der anderen kommt es zu einer Abnahme oder einem Stillstand der sexuellen Aktivitäten mit anderen. Es kommt zu einem Missverhältnis und in der Folge zu Unzufriedenheit und Konflikten. Auf einmal erlebt man das Sexualleben des Partners als störend, wenn man selbst nicht mehr so wie früher die eigene Sexualität offen ausleben kann oder will. Eifersucht, die vorher kein Thema war, wird plötzlich zu einem.

Untreue und ihre äußeren Rahmenbedingungen

Oft wird angenommen, dass sich vor allem reiche Menschen Untreue leisten können. Doch Untreue tritt weitgehend unabhängig von Einkommen, Ausbildung und Status auf.[133] Weder sind gebildete Menschen treuer noch weniger treu, noch spielt für die Treue der soziale Status eine Rolle. Untreue kommt in allen Schichten und unabhängig vom Bildungsniveau ähnlich häufig vor. Vielleicht variiert die Art der Untreue, doch dazu gibt es keine ausreichenden Studienbefunde.

Untreue tritt jedoch häufiger in nicht ehelichen Partnerschaften auf, was mit der Formalisierung der Partnerschaft mittels Ehevertrag, traditionelleren Einstellungen im Zusammenhang mit Ehe und einer stärkeren gesellschaftlichen Sanktionierung von Untreue in der Ehe zusammenhängen kann.[134] Wie bereits erwähnt wurde, geht die Ehe jedoch auch mit einer stärkeren Betonung des Commitments einher und dürfte daher auch aus diesem Grund einen positiven Effekt auf die Treue haben.

Untreue und Stimulanzien

Während früher die Untreue bei Männern über 60 Jahren abnahm, ist seit der Entdeckung von Viagra keine Abnahme der männlichen Untreue im Alter mehr zu beobachten. Seit Viagra-Pillen im Jahre 1998 auf den Markt kamen, welche die sexuelle Performanz (Potenz), nicht jedoch die Libido beeinflussen[135], stieg die Untreue älterer Männer signifikant an. Viagra erlaubte die Zurückgewinnung der erektilen Funktion und eröffnete damit auch älteren Männern wieder die Möglichkeit, sexuell aktiv zu sein, was nun wieder öfters außerhalb der Partnerschaft praktiziert wird.[136] Viagra erwies sich damit nicht nur für den Pharmakonzern Pfizer als finanzieller Glücksfall, sondern für viele Männer als Weg, ihre Sexualität auch im Alter weiter auszuleben. Der Slogan von Pfizer „Viagra: helping to restore relationships" („Viagra hilft, Beziehungen wiederherzustellen") dürfte allerdings nicht die ganze Wahrheit abbilden, da durch die wiedergefundene Potenz im Alter auch das Untreueverhalten ermöglicht wird, wodurch Beziehungen eher zerbrochen werden. Durch dieses Medikament wird auch der Schritt zur Außenbeziehung geebnet.

Dem Pendant zu Viagra für Frauen, Addyi (mit dem Wirkstoff Flibanserin), das 2015 auf den Markt gebracht wurde, blieb dagegen bisher kein großer Erfolg beschieden. Diese Pille, welche bei Frauen die sexuelle Appetenz erhöhen und damit zu einem erfüllenderen Sexualleben verhelfen soll, fand bisher einen eher geringen Zuspruch. Die Libido der Frau mittels einer Pille zu stärken, erwies sich als wenig Erfolg versprechend. Insofern ist auch kein medikamentös bewirkter Anstieg der Untreue bei Frauen in höherem Alter zu verzeichnen.

Untreue und Commitment

Es wäre zu einfach, Untreue mit den verschiedenen Bedingungen, die zu Untreue führen können oder diese begünstigen, rechtfertigen zu wollen. Untreue ist letztlich immer eine *eigene, aktive Entscheidung*. Sie ist Ausdruck einer inneren Überzeugung und des inneren Kompasses. Wenn Treue als hoher Wert angesehen wird und man dem Partner treu sein möchte, ist dieser innere Anker (siehe die Ausführungen zum willentlichen Commitment, S. 70f.) die beste Voraussetzung für sexuelle Treue. Wer hingegen am Sinn der Treue zweifelt, Monogamie als spießig, überholt und einengend empfindet, bei dem steigt in entsprechenden Situationen das Risiko für Untreue, selbst wenn er nicht vorsätzlich untreu werden will.

Claire (32 Jahre alt) erzählte mir von ihrer Untreue. Sie war seit neun Jahren mit Tom in einer festen Beziehung und die beiden planten zu heiraten. Die Hochzeitspläne lagen bereits sehr konkret vor. Auf einmal bekam sie Bedenken, begann das Verhalten von Tom genauer unter die Lupe zu nehmen. Auf einmal empfand sie ihn als zu wenig einfühlsam, zu wenig präsent, zu oft außer Haus und ihr gegenüber zu wenig fürsorglich. Ihre beste Freundin war an Krebs erkrankt und Claire ging es sehr schlecht. Sie vermisste Toms Anteilnahme. Dieser war geschäftig wie eh und je, nahm sich nicht die Zeit, mit ihr darüber zu sprechen, was die Situation für sie bedeutet. Ihr kamen Zweifel, ob es richtig sei, ihn zu heiraten.

Da tauchte ein alter Jugendfreund – Mike – auf. Sie hatte ihn lange nicht gesehen. Zusammen gingen sie an einem Abend, als Tom beruflich im Ausland war, in eine Bar. Sie unterhielten sich bis Mitternacht, Claire fühlte sich verstanden. Es tat ihr gut, sich mit ihm auszutauschen. Sie fühlte sich ihm nah. Als er sie einlud, zu ihm nach Hause zu kommen, winkte sie ab. Sie verabredeten sich stattdessen auf einen Drink in zwei Tagen. Claire war innerlich sehr aufgewühlt. Sie spürte, dass sie das Treffen mit Mike an einem wunden Punkt getroffen hatte. Sie ahnte, dass sie Tom untreu werden könnte, dass sie sich nicht nochmals mit Mike verabreden sollte. Dennoch schrieben sie sich intensiv WhatsApps, und Claire ging zum nächsten Treffen. Erneut war sie glücklich. Beide gingen auch an diesem Abend getrennt nach Hause.

Eine Woche später trafen sie sich wieder. Diesmal bei Mike zu Hause, da Tom von seiner Geschäftsreise zurück war – an einem Nachmittag, damit es unauffällig war. Sie lachten viel, genossen die Zeit miteinander. Es kam zu Berührungen. Eine intensive Spannung zwischen den beiden entwickelte sich. Schließlich landete Claire mit Mike im Bett.

Claire ist nicht einfach in die Untreue „reingerutscht". Es ist nicht einfach „passiert", vielmehr hätte sie mehrere Möglichkeiten gehabt, sich dagegen zu entscheiden, der Geschichte einen anderen Verlauf zu geben. Claire hätte die Untreue abwenden können. Mehrmals hatte sie die Gelegenheit dazu. Nach dem ersten Treffen hätte sie realisieren können, dass ihr Mike gefährlich werden könnte. Ein zweites Treffen abzumachen war leichtsinnig, sich auf ein drittes einzulassen bedeutete die innere Bereitschaft, Tom untreu zu werden. So ist es in den meisten Fällen.

Zum Nachdenken
Wie beurteilen Sie Claires Verhalten? Wo sehen Sie die Gründe für ihre Untreue? Was hätte Claire anders machen können? Was hätten Sie in ihrer Situation getan?

Auch wenn viel Alkohol geflossen ist, ist dies keine Rechtfertigung für Untreue. Jeder weiß, wann er stoppen sollte, wann die rote Linie naht und überschritten wird. Doch viele lassen sich treiben, genießen den Augenblick, das Prickelnde. Es ist das reizvoll Verbotene, das lockt. Die Schilderungen sind meist dieselben. Man fühlt sich nachträglich als Opfer der Situation. Dabei war man Handelnder. Was fehlte, war das Commitment, dieser innere Anker und Kompass. Man hörte nicht auf die innere Stimme, die einen warnte. Man ignorierte die Anzeichen, welche darauf hinwiesen, dass man den Boden unter den Füßen verlieren würde. Man hat sich treiben lassen, statt selbst das Steuer in die Hand zu nehmen. Commitment (im Sinne aller drei Formen des Commitments: willentlich, emotional und sexuell) ist das einzige wirksame Mittel gegen Untreue. Wer sich auf sein Commitment und seine inneren Leitgedanken besinnt, hat eine niedrigere Wahrscheinlichkeit für einen Seitensprung.[137]

Sieht die Natur Treue überhaupt vor?

Aus evolutionsbiologischer Sicht spricht vieles gegen Monogamie, da die Natur zum Zweck des Überlebens einer Spezies eine möglichst breite und ungehemmte Fortpflanzung vorsieht, um trotz einer hohen natürlichen Sterblichkeit ausreichend Nachwuchs zur Verfügung zu stellen. Entsprechend stellt für viele Evolutionstheoretiker Monogamie eine kulturelle Errungenschaft der Menschheit dar, die sich im Zuge der Sesshaftigkeit etabliert hat. Durch Ackerbau und damit verbundenen Landbesitz wurde die Vererbung erstmals zu einem Thema in der Menschheitsgeschichte und damit die Treue zu einem wichtigen Garanten dafür, dass man den Besitz auch wirklich seinen eigenen Nachkommen vererbte.[138] Treue wird deshalb von vielen als ein Produkt der Gesellschaft gesehen, das wider die Natur ist, welche dieses gar nicht vorgesehen hat. Evolutionstheoretiker belegen ihren Standpunkt damit, dass weniger als 10 % der verschiedenen Tierarten monogam sind. Gehen wir nachfolgend den verschiedenen Modellen der Sexualität im Tierreich etwas nach.

Monogamie (ein Weibchen mit einem Männchen)

Monogamie (wörtlich aus dem Altgriechischen übersetzt: Einehe) bedeutet das exklusive Zusammenleben zweier Individuen. Monogamie kann im Tierreich sozialer Natur (ein Pärchen zieht gemeinsam Jungen auf, wobei einer oder beide daneben weitere Sexualkontakte haben) oder sexueller Natur sein (exklusive Sexualität mit nur dem einen Partner). Meist findet man im Tierreich soziale Monogamie; lebenslange sexuelle Treue zwischen einem Weibchen und einem Männchen (*lebenslange Monogamie*) gibt es insgesamt selten. Man sieht sie bei einigen Fischarten und am häufigsten bei Vögeln (z. B. Taube, Schwan, Steinadler), die in 90 % der Fälle monogam sind.[139] Legendär ist die Monogamie bei Schwänen und dem Rabengeier, welche sich als sehr familienbezogen erweisen und lebenslange feste Beziehungen eingehen. Die Kaiserpinguine, der Gattung der Seevögel zugeordnet, sind ihren Partnern nur saisonal treu, so lange wie der Nachwuchs Schutz und Nahrungsbeschaffung braucht. Sobald sie den Nachwuchs mit einem Weibchen erfolgreich betreut haben (das Männchen brütet das Ei aus), ziehen sie weiter.

Interessanterweise ist die Treue bei einigen Vogelarten nicht uneingeschränkt gegeben. So macht das Weibchen bei den Rotschnabelmöwen die Monogamie von der Qualität der Versorgung abhängig. Nur wenn es ausreichend mit Nahrung vom Männchen versorgt wird, bleibt es bei ihm. Es praktiziert damit eine selektive Treue, die von der Versorgungsqualität abhängig gemacht wird. Das Starweibchen ist seinerseits nur dann treu, wenn es starke Rivalinnen hat, sein Männchen sehr begehrt ist und damit die Wahrscheinlichkeit erhöht ist, es an Konkurrentinnen verlieren zu können. Auch beim Weibchen der Blaumeisen ist die Treue nicht einfach garantiert, sondern wird von der physischen Attraktivität des Männchens abhängig gemacht.

Bei Säugetieren ist Monogamie mit 3 % noch seltener.[140] Es gibt nur sehr wenige Säugetiere, bei denen Männchen und Weibchen über längere Zeit eine feste Partnerschaft eingehen. Die meisten zeichnen sich durch wechselnde Sexualpartner aus oder halten die Partnerschaft nur bis zur Aufzucht des Nachwuchses aufrecht.

Monogame Säuger sind beispielsweise Grau- und Rotwölfe, mexikanische Wölfe oder die Präriewühlmäuse. Die Wolfsarten, welche in Rudeln leben, gehen meist Partnerschaften fürs Leben ein. Die Präriewühlmäuse (im Gegensatz zu den Bergwühlmäusen), gehen nach einem zweistufigen Paarungsritual, das eine besonders starke Ausschüttung des Neuropeptids und Bindungshormons Oxytocin zur Folge hat, ebenfalls lebenslange Bindungen ein.[141]

Bei den dem Menschen nächsten biologischen Verwandten, den Affen, gibt es bezüglich Monogamie widersprüchliche Befunde. Während einige Studien von Monogamie bei rund 25 % der Primaten (z. B. Gibbons, Klammeraffen, Nachtaffen, Springaffen) ausgehen, wird in neueren Untersuchungen ebenfalls von nur rund 3 % monogamen Primaten ausgegangen, wonach sieben von rund 200 verschiedenen Menschenaffen mehrheitlich monogames Verhalten aufweisen.[142]

Häufig ist eine *temporäre Monogamie*, beispielsweise während der Brutzeit, welche bei einigen Vogelarten (z. B. Heckenbraunellen) zu beobachten ist. Beim Menschen entspricht diese temporäre Monogamie dem Begriff der *seriellen Monogamie*, wonach man mit verschiedenen Lebensabschnittspartnern unterwegs ist, doch jeweils dem aktuellen Partner solange treu ist, bis diese Beziehung beendet und eine neue begonnen wird.

> Die Gründe für Monogamie sind in der Tierwelt rein pragmatischer Natur. Monogamie lohnt sich für die Sicherung des Nachwuchses. Sie hat zur Folge, dass es zu weniger Kindstötungen durch rivalisierende Männchen kommt und bedeutet für die Männchen weniger Aufwand, um in ihrem Revier ein paarungswilliges Weibchen zu finden. Um emotionale Aspekte geht es bei Treue im Tierreich nie.

Polygynie (ein Männchen mit mehreren Weibchen)

Häufiger als Monogamie findet sich im Tierreich die Polygamie, und zwar die Unterart der sogenannten *Polygynie* (ein Männchen mit mehreren Weibchen), wie diese beispielsweise beim Seeelefanten, dem Haushuhn, dem Gorilla oder dem Orang-Utan zu finden ist. Beim

Menschen ist Polygynie seit alters her in patriarchalen Kulturen weit verbreitet. Wenn auch vielerorts ein nicht offiziell toleriertes Modell menschlicher Sexualität, ist Polygynie vor allem in islamischen Gesellschaften bekannt, wo Männer mehrere Frauen haben dürfen und dieses Lebensmodell seit Jahrhunderten mit dem Bild des Harems mystisch verknüpft ist. Einen Harem zu halten, ist allerdings nur mächtigen und reichen Männern vorbehalten, und daher mussten sich auch in diesen Gesellschaften die meisten Männer mit einer Frau begnügen.

Polyandrie (ein Weibchen mit mehreren Männchen)

Die zweite Art der Polygamie, die *Polyandrie*, ist im Tierreich ebenfalls nicht selten vorzufinden. Es gibt sie entweder in Form von heimlichen Paarungen zwischen nicht dominanten Männchen („Satelliten-Männchen") mit Weibchen, die ansonsten vorwiegend mit dominanten Männchen kopulieren, bei regelrechten Vergewaltigungen der Weibchen durch nicht dominante Männchen, während das Alpha-Tier das Territorium oder die Herde bewacht, oder in Form von „polyandrischer Prostitution" bei manchen Bienen- und Kolibri-Weibchen, die sich durch Paarung Zugang zu Nektar und Pollen in von Männchen kontrollierten Blüten verschaffen.[143]

Als offizielle Lebensform findet sich Polyandrie beim Menschen vor allem im süd- und ostasiatischen Raum (Teilen Indiens, Himalaya-Staaten, Sri Lanka, China), wo z. B. unwirtliche Lebensbedingungen dazu führen, dass Brüder sich eine Frau teilen, um gemeinsam für die Familie zu sorgen, oder wo in matriarchalen Gesellschaften, etwa bei den Khasi in Assam oder den Mosuo in Südchina, Frauen beim Mutterclan leben und ihre Männer im Rahmen der Besuchsehe empfangen oder wechselnde Liebespartner haben.[144]

Inoffiziell findet man Polyandrie im industrialisierten Westen in zunehmendem Maße, seit Frauen die Gefahr einer unerwünschten Schwangerschaft durch Verhütungsmittel (Pille, Hormonspirale, Kondome) bannen und damit frei über ihre Sexualität und mit wem sie diese ausleben wollen, entscheiden können.

Die Prostitution stellt eine besondere Form der Polyandrie dar, indem eine Frau (wenn auch aus finanzieller Motivation heraus) mit einer Vielzahl von Männern schläft.

Polygynandrie (mehrere Weibchen mit mehreren Männchen)

Die Polygynandrie, die dritte Unterform der Polygamie, beschreibt die Sexualität zwischen mehreren Weibchen und mehreren Männchen und ist bei verschiedenen Halbaffen, den Schimpansen und auch beim Menschen zu beobachten. Finden die sexuellen Kontakte mit mehreren Partnern im gleichen Zeitraum (parallele Beziehungen) statt, wird beim Menschen meist der Begriff der *Promiskuität* oder *Polygamie* verwendet. Gruppensex ist ein typisches Beispiel für Polygynandrie.

Als evolutionsbiologische Belege für eine polygynandrische Veranlagung wird häufig die Lebensweise des Urmenschen angeführt. Da diese zur Überlebenssicherung im Kontext einer allgegenwärtig gefährlichen Umwelt in Gruppen lebten (mehrere Männer mit mehreren Frauen), erwies sich die Polygynandrie als günstiges Sozialmodell, bei dem verschiedene Männer mit verschiedenen Frauen sexuell interagierten und auf diese Weise das Überleben der Gruppe sicherten. Indem alle miteinander sexuell verkehrten, konnten alle Männer als potenzielle Väter der Kinder infrage kommen, was dazu geführt haben dürfte, dass alle ein Interesse daran hatten, alle Kinder gleichermaßen zu nähren und zu beschützen und nicht nur die nachweislich eigenen Nachkommen. Kindstötungen sind dadurch in diesem Gesellschaftsmodell seltener. Die Wahrscheinlichkeit des Überlebens der Nachkommen war damit besser gewährleistet als bei einem monogamen Modell, wo Rivalität, Eifersucht und Neid lebensbedrohlich für die Gruppenmitglieder sein konnten. Freie Sexualität zwischen allen diente nicht nur dem Gruppenerhalt durch gesicherten Nachwuchs, sondern auch dem Ausbau sozialer Bindungen zwischen den Gruppenmitgliedern.[145] Aus

---

Die Evolutionstheorie gibt keine ausreichende Antwort auf die Frage, ob der Mensch für Monogamie oder Polygamie vorgesehen sei. Zwar ist Monogamie bei Säugetieren sehr selten und dient meist einem pragmatischen Zweck. Polygamie erweist sich jedoch als problematisch aufgrund einer höheren Wahrscheinlichkeit von Kindstötung. Ihre Unterform Polygynandrie, bei der alle Männer als Väter der Kinder infrage kamen und sie daher beschützten, dürfte daher zu Beginn der Menschheit das vorherrschende Beziehungsmodell gewesen sein.

---

dieser evolutionsbiologischen Perspektive fühlten sich alle mit allen verbunden. Ob dies nicht dennoch zu Gefühlen der Eifersucht und sozialen Spannungen geführt hat, dazu sind keine Angaben überliefert. Aus psychologischer Sicht ist davon auszugehen.

Weiter legen anatomische Merkmale, wie die Hodengröße und die Penislänge, eine polygame Veranlagung beim Menschen nahe. Bei monogamen oder polygynen Menschenaffen finden sich kleine Hoden und Penisse mit einem geringen Ausstoßvolumen an Spermien, da diese Affen (z. B. Gibbons, Gorillas) keine männliche Konkurrenz haben und damit weder mit ihren Geschlechtsteilen imponieren noch sich mit einer großen Menge an Spermien durchsetzen müssen. Bei polygynandrischen Menschenaffen (z. B. Schimpansen) und dem Menschen ist der Penis dagegen relativ lang und die Männchen weisen große Hoden mit einem großen Volumen an Sperma auf, was notwendig ist, um bei möglichst vielen Weibchen Sperma hinterlassen und Nachkommen zeugen zu können. So beträgt die durchschnittliche Penislänge beim Gorilla 3 cm, beim Schimpansen 8 cm und beim Menschen 13 cm.[146]

Die Vermeidung von Kindstötung soll evolutionsbiologisch ein Hauptgrund für Monogamie (oder Polygynandrie) bei Primaten und dem Menschen sein: In der Tierwelt und der frühen Urgesellschaft verhindert Polygynandrie die Kindstötung, in der moderneren sesshaften menschlichen Gesellschaft ist es die Monogamie.[147] Die Vermeidung von Kindstötung kann als eines der stärksten Argumente für Monogamie gesehen werden, wichtiger als die väterliche Pflegebereitschaft und die soziale Bindung zum Nachwuchs. Natürlich spielen auch diese Aspekte in der Monogamie eine Rolle, sie scheinen dieses Beziehungsmodell jedoch nicht zu befördern.

Dennoch stellt sich die Frage, weshalb nicht alle Primaten monogam sind, zumal der Kindstod beispielsweise bei Gorillababys zu 34 %, bei den Languren gar zu 64 % auf Kindstötung zurückzuführen ist.[148] Beim Menschen sieht es anders aus. Nur 5–10 % der Männer haben offiziell mehrere Frauen. Das Monogamie-Modell stellt damit weltweit das häufigste Beziehungsmodell dar.[149] Dass es nicht immer in dieser Form gelebt wird, zeigten die Angaben zur Untreue in Paarbeziehungen.

Wie viel Evolution steckt heute noch in uns?

Die menschliche Sexualität begann sich im Zuge der Evolution von derjenigen der Tiere immer stärker zu differenzieren, wodurch Treue beim Menschen einen ganz anderen Stellenwert erhielt als im Tierreich. So ist beispielsweise im Gegensatz zum Tier beim Menschen die sexuelle Bereitschaft nicht an eine Brunftzeit gekoppelt. Frauen sind zu Sexualität auch außerhalb ihrer fruchtbaren Tage, während der Schwangerschaft, der Stillzeit, während der Menstruation oder nach der Menopause bereit, was bei Tieren nicht der Fall ist. Bei Männern ist die sexuelle Bereitschaft ebenfalls nicht an biologische oder periodische Aspekte gebunden. Die menschliche Sexualität hat sich verselbstständigt und ihrer rein biologischen Bedeutung entledigt.

> Beim Menschen hat sich die Sexualität verselbstständigt. Sie dient nicht mehr ausschließlich der Zeugung von Nachwuchs. Diese Funktion ist sogar stark in den Hintergrund getreten. Vielmehr steht heute der Lust- und Bindungsaspekt im Vordergrund.

Dass Sexualität beim Menschen nicht mehr rein fortpflanzungsbezogene Funktionen zu erfüllen hat, sieht man an der Häufigkeit sexueller Aktivitäten. Der Mensch gehört zu den *sexuell aktivsten Lebewesen* mit über 2500 Geschlechtsakten während der Lebensspanne und mit im Durchschnitt fünf Geschlechtspartnern. Weniger als 1 % der Geschlechtsakte dient der Fortpflanzung.[150]

Der Geschlechtsakt wird zudem mit einem Variantenreichtum vollzogen, wie er bei keinem Tier vorzufinden ist, wo das Weibchen kauert und das Männchen von hinten eindringt. Beim Menschen findet sich eine Vielzahl verschiedener Stellungen und eine ideenreiche Sexualität mit Vor- und Nachspiel, dem gekonnten Spiel mit Reizen, der ausgefeilten Kunst der Verführung und einer gezielten Luststeigerung durch verschiedene Hilfsmittel wie erotische Bücher, Pornofilme, Sexspielzeuge, stimulierendes Aphrodisiakum und einfallsreiche Sexszenarien an verschiedenen Orten und Zeiten. Kreativität und Sexualität sind beim Menschen eng miteinander verbunden.

Anstelle der primären Funktion der Sexualität, die Fortpflanzung, ist beim Menschen der Bindungsaufbau und Bindungserhalt, das Erleben von Intimität, Verbundenheit, Nähe und Innigkeit in den Vordergrund getreten. So hat sich der Lustaspekt auf der einen und der Bindungsaspekt auf der anderen Seite in der menschlichen Sexualität durchgesetzt. Sexualität dient vielen Paaren als körperliches und psychisches Entspannungs- und Wohlfühlmoment, man schläft miteinander, um eine gute Zeit miteinander zu haben, sich geliebt zu fühlen, sich zu entspannen und zu genießen. Damit werden auch optische Darstellungen in der bildenden Kunst, dem Film oder im Rahmen der Pornographie zu einem Teil der menschlichen Sexualität.

Am entscheidendsten ist, dass bei der menschlichen Sexualität die Emotionalität in den Vordergrund rückte. Darauf soll nachfolgend weiter eingegangen werden.

Zum Nachdenken
Wie sieht es bei Ihnen aus? Wie viel Evolutionsbiologie nehmen Sie in Ihrer Sexualität wahr?

Treue oder die Quadratur des Kreises

Sexuelle Treue wäre heute aufgrund der modernen hormonellen Verhütung biologisch keine Notwendigkeit mehr. Beide Geschlechter können mittels Pille und Kondomen die Wahrscheinlichkeit einer Schwangerschaft steuern und damit ihre Sexualität frei ausleben. Die über Jahrtausende dominierende Sorge bezüglich einer ungewollten Schwangerschaft nach dem sexuellen Akt ist heute in den meisten Fällen in westlichen Gesellschaften kein Thema mehr. Die Sexualität wurde 1961 in Westeuropa von der Geißel der Angst vor den biologischen Konsequenzen des ungeschützten Geschlechtsakts befreit, als die Antibabypille auf den Markt kam.

Frauen brauchen nicht mehr zu befürchten, nach dem Geschlechtsverkehr mit einem Mann von diesem schwanger zu werden und sich an diesen binden zu müssen. Männer sind die Sorge los, dass sie der Akt in eine ungewollte Vaterschaft und finanzielle Verpflichtung führen könnte. Die Sexualität konnte nach Jahrtausenden des Bangens und der Unsicherheit endlich frei und unbekümmert ausgelebt werden.

Auch juristisch wird in modernen Gesellschaften die Sexualität nicht mehr reglementiert (außer bei sexuellen Störungen wie z. B. Exhibitionismus, Pädophilie oder bei sexuellen Übergriffen). Die außereheliche Sexualität stellt keine Straftat mehr dar. Es gibt entsprechend keine rechtlichen Gründe mehr dafür, treu zu sein. Untreue spielt in den aktuellen Scheidungsgesetzen keine Rolle mehr und es interessiert kein Gericht, ob Untreue zum Scheidungsbegehren geführt hat. Damit hat sich die Sexualität auch von ihren früheren juristischen Fesseln befreit.

Gesellschaftliche Restriktionen oder einengende Normen (negative Einstellung zur Sexualität, sexualitätsfeindlicher Zeitgeist) sind entfallen und begünstigen zusätzlich eine frei ausgelebte Sexualität. Auch wenn die Untreue gesellschaftlich immer noch nicht vollständig salonfähig ist, zeigt sich doch eine zunehmende Toleranz und Offenheit gegenüber sexuellen Entgleisungen, und Ehebruch wird nicht länger mit gesellschaftlicher Ächtung belegt. Der gesellschaftliche Pranger für untreue Männer und Frauen existiert nicht mehr. Untreue ist zur Privatsache geworden, zur persönlichen Angelegenheit des Paares und ist nicht länger Gegenstand des öffentlichen Interesses. In den Medien, als Sprachrohr oder Vordenker der öffentlichen Meinung und Spiegel der gesellschaftlichen Einstellungen, ist Untreue nicht mehr negativ konnotiert, sondern durch moderne, locker wirkende, ja häufig sogar einen gewissen Reiz besitzende Begriffe ersetzt. Man spricht von Gelegenheitssex, Freundschaft Plus, One-Night-Stand, Polyamorie usw., womit ein neues, wertfreies oder sogar positives Bild der Untreue verbreitet wird.[151]

Ein freies, ungezwungenes Ausleben der Sexualität wird durch viele Faktoren ermöglicht. Heute herrscht eine tolerante Haltung gegenüber der Sexualität. Frühere biologische, juristische, gesellschaftliche und religiöse Fesseln wurden abgestreift. Noch nie in der Menschheitsgeschichte war der Mensch sexuell so frei wie heute.
Das freie Ausleben der Sexualität ist nicht nur Wunsch vieler, sondern Realität der meisten.

Da die religiöse Orientierung vieler Menschen in westlichen Gesellschaften in den letzten Jahren stark abgenommen hat und sowohl bei Katholiken als auch Protestanten ein Schwinden des Einflusses der Kirche zu beobachten ist, sind auch religiöse Bedenken bei vielen Menschen heute kaum noch Thema. Die Sexualität hat sich auch ihrer religiösen Zwänge entledigt und wird bei den meisten als persönliche Angelegenheit verstanden, in die sich weder die Kirche noch andere ethisch-moralische Instanzen einzumischen haben. Der emanzipierte, moderne Mensch versteht die Sexualität als seine *private Angelegenheit*, als sein persönliches Hoheitsgebiet und Betätigungsfeld.

Heute steht der freien Sexualität im Grunde genommen nichts mehr im Wege. Wenn der Mensch, wie viele annehmen, nicht für die Monogamie geschaffen sei und alle bisherigen Einschränkungen, Hindernisse und Regelwerke wegfallen, weshalb setzt sich die frei ausgelebte Sexualität (im Sinne der Polygynandrie oder Polyamorie) nicht durch? Es wäre das naheliegende Beziehungsmodell der Moderne, das man erwarten würde.

Warum soll man noch treu sein und seinem sexuellen Begehren nicht freien Lauf lassen? Solange niemand zu Schaden kommt und die Sexualität unter erwachsenen, zurechnungsfähigen Personen in gemeinsamem Einverständnis stattfindet, gibt es eigentlich keinen Grund, an einem alten Treuekonzept festzuhalten.

Eine frei ausgelebte Sexualität ist an und für sich eine logische Konsequenz des modernen Individualismus und der persönlichen Autonomie und Selbstverwirklichung. Warum sollte man auf Sexualität mit anderen verzichten, sich sexuell einschränken, wenn weder biologische, juristische, gesellschaftliche noch religiöse Gründe dagegen sprechen? Treue als sexuelle Treue passt nicht mehr in die Zeit.

Ja, genau. Warum setzt sich die freie Sexualität nicht durch, warum wünschen sich immer noch 90 % einen treuen Partner, eine treue Partnerin? Warum können sich die meisten trotz allem ohne Treue eine enge Partnerschaft oder Ehe nicht vorstellen? Warum können wir nicht auf die sexuelle Treue des Partners verzichten, wenn wir im Gegenzug sein volles willentliches und emotionales Commitment haben? Warum reicht es nicht aus, eine langfristig stabile Partnerschaft rein auf der Basis von willentlichem und emotionalem Commitment zu führen und das sexuelle Commitment als nicht naturgegebenes Phänomen fallen zu lassen?

Eigentlich müsste es genügen, sich emotional nah zu sein und die Sexualität von alten Zwängen zu befreien, da sie nicht mehr die ursprüngliche Funktion der Fortpflanzung hat. Wenn nur 1 % der Geschlechtsakte im Zusammenhang mit Fortpflanzung steht, ist dieser Zweck der Sexualität in den Hintergrund getreten. In 99 % der Fälle schlafen Menschen miteinander, um Vergnügen zu haben, Lust zu empfinden, sich zu entspannen, sich emotional nah zu sein, Liebe zu empfinden. Warum sollte man diesen Aspekt der Sexualität – Lust, Vergnügen, Nähe und Verbundenheit – sein Leben lang nur mit einem einzigen Menschen ausleben? Wäre es nicht viel logischer, Vergnügen und Freuden mit vielen zu haben? Vor allem auch vor dem Hintergrund, dass man mit der Zeit die Lust am eigenen Partner, der eigenen Partnerin verliert und sich Monotonie breitmacht?

Paare, die eine offene Beziehung führen, in der man sich die Freiheit zugesteht, die Sexualität mit beliebigen anderen Personen auszuleben und die sexuelle Exklusivität aufgibt, sollten eigentlich die neue Beziehungsrealität definieren. Dieses Arrangement entbindet von der herkömmlichen Treuevorstellung. Swinger-Paare oder polyamouröse Paare könnten die neue *Partnerschaftsform der Zukunft* werden oder hätten es längst werden können. Sie haben sich von alten Zöpfen befreit, sind offen und experimentierfreudig, genießen das Leben und die Sexualität und berichten von einer höheren Beziehungszufriedenheit und einer generell höheren Lebenszufriedenheit.[152] Warum ist dieses Modell nicht vorherrschend? Warum hat sich die befreite Sexualität im Zuge der 1968er Bewegung nicht durchgesetzt, wo jeder mit jeder und jedem schlief und es als verpönt galt, Sex nur mit einer Person auszuleben („Wer zweimal mit derselben pennt, gehört schon zum Establishment“)? Warum wird die Sexualität trotz einer nie da gewesenen Sexualisierung der Gesellschaft und Omnipräsenz sexueller Inhalte zurück in altbewährte Muster gedrängt?

Zum Nachdenken
Wie würden Sie reagieren, wenn Ihr Partner, Ihre Partnerin auf Sie zukäme und den Vorschlag machen würde, eine offene Beziehung zu leben? Hegen Sie selbst diesen Wunsch? Was ermutigt Sie oder hindert Sie daran, dieses Beziehungsmodell zu verwirklichen?

Ein Grund gegen ein offenes, freizügiges Beziehungsmodell ist für viele das Bedürfnis nach *emotionaler Exklusivität*, Geborgenheit und Bindung. Man möchte den Partner, die Partnerin nicht mit anderen teilen. Man möchte ihn/sie für sich haben, exklusive Nähe miteinander erfahren.

Und hier kommt die Eifersucht ins Spiel. Toleranz und Großzügigkeit gegenüber dem Partner zu zeigen, ist in der Theorie einfach, erweist sich in der Praxis jedoch als schwierig.

> Einer freien, ungezwungenen Sexualität kommt immer das Bindungsbedürfnis in die Quere. Bindung hat sich evolutionsbiologisch für den Menschen als wichtiger erwiesen als Sexualität. Emotionen versus Sexualität – das ist das Dilemma des modernen Menschen.

90 % der Frauen und 83 % der Männer sagen von sich, sie würden mit Eifersucht reagieren, wenn der Partner in eine längerfristige sexuelle Außenbeziehung involviert wäre. 83 % der Frauen und 73 % der Männer wären eifersüchtig, wenn es sich um einen zufälligen sexuellen Seitensprung handeln würde.[153] Die Eifersucht kommt der frei ausgelebten Sexualität in die Quere. Die Sexualität wurde zwar von ihrer fortpflanzungsbezogenen Funktion losgelöst, aber damit handelte man sich neue Probleme ein. Sie dient nicht mehr nur einem pragmatischen Zweck wie im Tierreich, wo Emotionen beim Sex keine Bedeutung haben, sie ist vielmehr ein Symbol für Nähe und Bindung geworden.

Beate (54 Jahre alt) und Wolfgang (58 Jahre alt) leben eine offene Beziehung. Beide haben Affären, beide wissen vom Sex des anderen außerhalb der Beziehung. In der Paartherapie beteuern beide, dass Eifersucht nicht das Problem sei. Vielmehr würden sie unter Kommunikationsproblemen und den unterschiedlichen Vorstellungen von Ordnung zu Hause bzw. bezüglich der Kindererziehung leiden. Na ja, da wären auch generelle Überlegungen zur Zukunft ihrer Partnerschaft. Trotz der Beteuerung, dass sie nicht eifersüchtig seien, wird genau dies letztlich zu einem zentralen Thema. Für beide ist es in Ordnung, wenn der andere Spaß mit fremden Sexpartnern hat, die Grenze, welche Beate zieht, liegt da, wo Emotionen ins Spiel kommen. Und jüngst hat Wolfgang diese Grenze überschritten. Er hat sich in eine andere Frau verliebt, könnte sich mit ihr eine Zukunft vorstellen. Für Beate geht das gar nicht. Die Spielregeln waren klar, sagt sie.

Eifersucht spielt beim emotionalen wie beim sexuellen Commitment (letztlich auch beim willentlichen Commitment) eine nicht zu unterschätzende Rolle. Der Anspruch auf *Ausschließlichkeit* bezüglich der Gefühle des Partners ist jedoch zum Teil stärker als der Wunsch, dass dieser seine Sexualität nur mit einem selbst ausleben möge. Wenn die Beziehung durch einen Rivalen bedroht wird (Befürchtung des Verlusts des Partners) oder jemand einem die Aufmerksamkeit und Zuneigung des Partners, der Partnerin streitig machen könnte, geht es zu weit. Die Eifersucht vermasselt schließlich die freie Sexualität.

Evolutionsbiologisch macht Eifersucht für beide Geschlechter gleichermaßen Sinn, wie bereits bei der Bedeutung von Treue ausgeführt wurde. Männer möchten keine Kuckuckskinder aufziehen, daher wachen sie eifersüchtig über die Treue ihrer Frau. Frauen sind eifersüchtig, wenn der Mann seine Ressourcen (Zeit, Zuneigung, Finanzen) mit anderen Frauen teilt. Entsprechend sind Männer stärker im Hinblick auf die sexuelle Untreue der Partnerin eifersüchtig, Frauen vermehrt in Bezug auf die emotionale Untreue des Partners. So berichten 60 % der Männer gegenüber 17 % der Frauen von besonders starkem Stress bei sexueller Untreue der Partnerin, während 83 % der Frauen besondere Belastung bei emotionaler Untreue des Partners erleben.[154]

> Eifersucht ist ein Grund, weshalb sich trotz Wegfalls vieler Schranken und Hindernisse die frei ausgelebte Sexualität nicht durchsetzen konnte. Für Frauen hängt emotionale und sexuelle Untreue oft stärker zusammen als für Männer, sowohl was ihre eigene Untreue angeht, als auch die Untreue des Partners. Diese Verquickung von Sexualität und Bindung macht es letztlich unmöglich, Sexualität frei und ungezwungen mit jedem auszuleben.

Vom Partner eingeforderte Treue hat damit zum einen immer noch mit alten, evolutionsbiologischen Gründen zu tun, andererseits aber längst nicht nur. Das Problem ist die Sexualität und ihre Mündigkeit selbst. Indem sich die Sexualität von ihrer ursprünglichen Aufgabe der Fortpflanzung verabschiedet hat, ist es extrem kompliziert geworden. Bindung erweist sich als stärkeres und existenzielleres Bedürfnis als freie Sexualität.

Menschen setzen in Beziehungen und Partnerschaften vor allem auf Nähe, Geborgenheit, Liebe und Verbundenheit. Sie suchen einen

Partner, der sie emotional trägt, sich emotional an sie bindet und sie emotional exklusiv liebt. Damit ist *emotionales Commitment* die entscheidende Größe, ja, das Wichtigste schlechthin, geworden. Sich emotional getragen zu fühlen scheint der größte Wunsch in einer Partnerschaft zu sein, natürlich immer vor dem Hintergrund des willentlichen Commitments, dass der Partner, die Partnerin die Langfristigkeit der Beziehung anstrebt und man eine Bindung zu diesem Menschen auf Dauer anlegt. Das sexuelle Commitment ist im Vergleich sekundär. Sex ist „nice to have", aber nicht lebensnotwendig. Und schließlich ist beim Menschen Bindung immer mehr zur Voraussetzung für guten Sex geworden. Die Tatsache, dass der Mensch das einzige Lebewesen ist, das sich beim Sex gegenseitig ins Angesicht schaut (dies zumindest bei den meisten Sexstellungen, insbesondere der am häufigsten verwendeten Missionarsstellung), verdeutlicht die enge Verknüpfung von Bindung (Intimität) und Sexualität.[155]

> Durch die umgreifende Emotionalisierung der Sexualität hat sie ihre Freiheit verloren. Ohne Bindung keine emotionale Sicherheit und Stabilität und letztlich kein Glück. Ohne freie Sexualität können wir hingegen leben. Treue ist aus diesem Grund auch heute noch entscheidend.

Die sexuelle Untreue hat vor diesem Hintergrund eine neue Bedeutung erhalten und spiegelt das Spannungsfeld gegensätzlicher Kräfte wider:

- Zum einen sind Menschen aufgrund ihrer biologischen Triebe und evolutionären Ausstattung eigentlich nicht für Monogamie geschaffen. Ursprünglich sicherte Polygynandrie (viele Weibchen mit vielen Männchen) das Überleben der Spezies besser als ein monogames Modell.
- Jeder möchte heute seine Sexualität mit Menschen ausleben, zu denen er sich hingezogen fühlt (sexuelle Befreiung). Erstmals in der Menschheitsgeschichte ist dieser Anspruch durch moderne Verhütungsmittel erreichbar geworden.
- Die Sexualität hat ihre ursprüngliche, evolutionsbiologische Funktion, die Fortpflanzung, weitgehend verloren. Sie wurde immer stärker emotional besetzt. Die Sexualität erfuhr dadurch einen einschneidenden Bedeutungswandel.
- Dadurch wurde die klare Trennung zwischen Sexualität und Bin-

dung aufgehoben. Man sucht beides in derselben Handlung und derselben Person. Noch nie waren willentliches, emotionales und sexuelles Commitment so eng miteinander verwoben wie in der heutigen Zeit. Man fordert heute in einer Paarbeziehung alle drei Formen des Commitments ein.

- Diese enge Vernetzung von willentlichem, emotionalem und sexuellem Commitment bedeutet, dass man den Partner, die Partnerin ganz für sich haben möchte. Auch wenn man sich bewusst ist, dass man keine Besitzansprüche haben sollte, liegen genau diese vor. Der Partner, die Partnerin soll einem exklusiv gehören.

So vollständig und umfassend besitzergreifend war der Mensch in seiner ganzen Geschichte noch nie. Über Jahrtausende hatte die Partnerschaft oder Ehe einen einzigen Zweck: die *Existenzsicherung*. Die Liebe kam erst viel später dazu und blieb bis vor kurzem eine literarische Fiktion. Bis Mitte des 20. Jahrhunderts stachen materielle Überlegungen und der Wunsch nach einem gesicherten und angenehmen Lebensstandard die Liebe aus. Wer wählen konnte zwischen einer guten Partie und der Liebe entschied sich in aller Regel für Ersteres. Die Liebe war daher nie wirklich ein Entscheidungskriterium gewesen. Bis vor rund fünfzig Jahren. Angesichts der Existenz des Menschen eine unbedeutende Zeitspanne. Doch das Auftauchen der Liebe hatte seine guten Gründe.

> Viele denken, es würde um die sexuelle Treue gehen. Doch darum geht es längst nicht mehr. Die Definition von Untreue im Sinne des Geschlechtsakts mit einer anderen Person gehört der Vergangenheit an. Heute geht es um die emotionale Treue. Exklusivität umfasst heute mehr als Sexualität, man möchte den Partner ganz für sich haben.

Bindung, wie wir sie heute kennen, ist erst vor kurzer Zeit überhaupt möglich geworden. Beginnend mit dem Ende des täglichen Überlebenskampfes, dem medizinischen Fortschritt und einer allgemein längeren Lebensdauer wurde die emotionale Bindung und Liebe zu einer Person denkbar. In früheren Jahrhunderten war aufgrund der hohen Sterblichkeit (infolge von Seuchen, Krankheiten, Hungersnöten, Kriegen, Wochenbettkomplikationen) eine zu starke Bindung an den Partner (oder die Kinder) nicht opportun. Emotionale Investitionen in den Partner – im Sinne von Liebe – lohnten sich nicht, da man ihn jederzeit verlieren konnte. Da bereits eine schwere Erkältung den Tod bedeuten konnte und dieser an jeder Ecke lauerte, war es nicht ratsam, sich zu eng und zu intensiv an einen Menschen zu binden. Das eigene nackte Überleben stand im Vordergrund, die eigene materielle Sicherheit gab den Ausschlag für die Partnerwahl und die Gestaltung des Ehealltags. Gefühle wie Liebe waren gefährlich und bedeuteten nur Leid.

So ist es heute nicht mehr. Heute suchen wir in Paarbeziehungen vor allem Nähe, Geborgenheit, Liebe und Verbundenheit. Die Liebe umfasst dabei alle Aspekte der Zweisamkeit und des gemeinsamen Lebens. Man möchte für diesen Menschen die wichtigste Bezugsperson sein (emotionales Commitment), dass der Partner die Langfristigkeit der Beziehung anstrebt (willentliches Commitment), und man möchte mit ihm allein die Sexualität genießen und wünscht sich, dass er einem treu ist (sexuelles Commitment). Commitment in all seinen Facetten wurde zum Postulat moderner Partnerschaft.

Die Liebe stärken durch Commitment

Kann der Partner, die Partnerin alle Bedürfnisse befriedigen?

Durch die Einforderung aller drei Formen des Commitments wurden die Ansprüche an eine Partnerschaft so hoch wie nie zuvor. Am besten sollte der Partner, die Partnerin einem alle Wünsche von den Lippen ablesen und sie erfüllen. Der moderne Mensch träumt vom idealen, hingebungsvollen Partner, auch wenn man rational weiß, dass die Ansprüche und Erwartungen an ihn überzogen und unrealistisch sind. Kein Mensch kann dem anderen alles sein, keiner kann den anderen in all seinen Saiten zum Klingen bringen, keiner kann ihm in allen Bereichen genügen.

Früher oder später sehen dies die meisten ein und arrangieren sich mit der Situation oder suchen sich eine neue Beziehung, in die sie mit denselben Erwartungen hineingehen und erneut dieselbe enttäuschende Erfahrung machen. Erkennend, dass der Partner nicht allen Erwartungen entsprechen kann, versuchen viele, einen Teil der Bedürfnisse außerhalb der Partnerschaft zu befriedigen. Dies gelingt auch in vielen Fällen und mit den meisten Bedürfnissen sehr gut. Man geht z. B. ins Restaurant essen, auch wenn der Partner, die Partnerin gut kochen kann, und stößt ihn oder sie damit nicht vor den Kopf. Man geht mit Kollegen joggen und das ist in Ordnung. Man geht regelmäßig in den Beauty-Salon zur Massage und Gesichtspflege, und niemand hat etwas dagegen. Man geht mit Freunden ins Kino oder Theater, man diskutiert und debattiert mit anderen im Literaturclub, man treibt Sport mit anderen, geht mit dem besten Freund auf eine Städtereise, und niemand hat etwas einzuwenden, sofern es sich mit den Bedürfnissen des Partners, der Partnerin verträgt und ein gutes Gleichgewicht gewahrt ist.

In der Tat befriedigen viele einen Großteil ihrer Bedürfnisse außerhalb der Partnerschaft, häufig auch den Wunsch nach *Anerkennung* und *Wertschätzung*, sei dies im Beruf, in der Freizeit, bei ehrenamtlichen Tätigkeiten. Wenn der Partner, die Partnerin eines oder mehrere der Bedürfnisse nicht befriedigen kann, orientiert man sich anderweitig und holt sich dies bei anderen Menschen – dies oft sogar zum Nutzen der Partnerschaft, da sie dadurch wertvolle Impulse von außen erhält und eine Entlastung in Bezug auf die Erwartungen an den Partner, die Partnerin erfährt.

Doch diese Außenorientierung birgt auch *Risiken* und *Gefahren*. Wenn zu viele Bedürfnisse außerhalb der Partnerschaft befriedigt werden müssen, stellt sich die Frage, weshalb man denn eigentlich in dieser Beziehung ist, welche Vorteile sie einem bringt. Man könnte ja auch als Single oder in einer neuen Beziehung dieselben Erfahrungen oder womöglich bessere machen. Enttäuschung und Ernüchterung machen sich breit, Zweifel kommen hoch.

Die Scheidungsstatistiken sprechen eine klare Sprache. Doch ist es ratsam, die offenbar so kostbare Bindung zum Partner, zur Partnerin so einfach aufzulösen? Darf man die Bindung zu einem Kind einfach aufkündigen? Während bei der ersten Frage sicher viele sogleich zustimmend genickt haben, erwarte ich ein größeres Zögern bei der zweiten Frage. Und vielleicht ergäbe sich folgender Dialog: „Dem Kind die Liebe aufkündigen? Darf man das?“ – „Aber ja doch, je nach Situation darf man das. Wenn das Kind erwachsen ist, einen sehr enttäuscht und vom richtigen Weg abgekommen ist oder keinen Kontakt mehr zu einem hat, ist das legitim“, werden einige sagen. „Gut und wie steht es mit einem Säugling? Dürfen wir die Bindung zu einem Säugling aufkündigen?“ – „Was heißt denn Aufkündigen?“, wird hier nachgefragt, „absolut und vollständig, oder einfach indem man neben dem Kind auch sein eigenes Leben lebt und der Bindung einiges zutraut?“ – „Nein, ganz und vollständig.“ – „Nun ja, das ist schon sehr viel schwieriger, da man ja die Verantwortung für das Kind, welches man in die Welt gesetzt hat, wahrnehmen sollte, wenn man dazu imstande ist. Nein, eigentlich ist das dem kleinen Kind gegenüber nicht fair, hier sollte man seine Bindungsverantwortung wahrnehmen.“ – „Bis zu welchem Alter denn?“ – „Das ist schwierig zu sagen, doch wahrscheinlich solange es einen eben braucht.“ – „Dann ist das Kriterium das Bedürfnis des Kindes nach Bindung? Wenn es mich braucht, dann sollte ich bleiben?“ – „Ja, so ungefähr.“

Zum Nachdenken
Wie sehen Sie das? Kann und darf man die Bindung zu einem Kind aufkündigen, wenn man genug von ihm hat, es einem auf die Nerven geht, man durch das Kind eingeengt wird und in vielem zurückstehen muss?

Viele werden nicht vom Aufkündigen der Bindung sprechen wollen, sondern argumentieren, dass es darum gehe, ein vernünftiges, zumutbares Gleichgewicht zwischen Bindung und Autonomie zu finden.

Und nun stellen wir die Frage bezüglich der Partnerschaft erneut. Steht es einem zu, die Bindung, die man zum Partner, zur Partnerin miteinander eingegangen ist, aufzulösen? Welche Voraussetzungen müssen gegeben sein, damit diese Frage bejaht werden kann? Genügt es, wenn ich einfach keine Lust mehr habe, wenn ich mich von einer anderen Person mehr angezogen fühle, mich bei jemand Neuem besser fühle, mich dort ganzheitlicher verwirklichen kann?

Zum Nachdenken
Wie beantworten Sie diese Fragen? Was sind hinreichende Gründe, um die Bindung zum Partner, zur Partnerin aufzulösen? Sind es andere Gründe als beim Kind? Was macht den Unterschied?

Habe ich nicht auch eine Verantwortung für diesen Menschen übernommen, auch wenn er kein Kind mehr ist und sehr wohl für sich selber sorgen kann? Was heißt denn eigentlich, Verantwortung für jemanden übernehmen (… in guten wie in schlechten Zeiten …)? Definieren wir dies nach unserem eigenen Gutdünken und Ermessen oder definieren wir es zu zweit als Paar? Definiere ich es nach moralischen, gesellschaftlichen oder persönlichen Maßstäben? Wie stark baue ich selbst auf die Verantwortungsübernahme des anderen, dass er für mich da ist, wenn ich ihn brauche, dass er zu mir steht, wenn es mir schlecht geht, wenn ich ganz unten bin. Gerade dann wird sie vielen entzogen. Bindung scheint gut zu sein, wenn sie sich richtig anfühlt, wenn man dadurch nicht zu sehr eingeengt wird, wenn man sie selber braucht. Doch wenn sie einem lästig wird, einen einengt, einem das Licht verstellt, dann … Wir alle suchen letztlich in einer tragfähigen Partnerschaft Bindungssicherheit. Nur so können wir uns auf den anderen einlassen, uns in die Beziehung fallen lassen und uns getragen fühlen. Investitionen in die Beziehung lohnen sich nur vor diesem Hintergrund. Und dennoch werden viele argumentieren, dass die Bindung zum Partner aufzulösen aus vielen Gründen sein darf. Doch was sind das genau für Gründe?

Ist Commitment zeitgemäß?

Ja, und wie! Commitment ist so wichtig wie nie zuvor. In einer Gesellschaft, in der die eigenen Bedürfnisse im Vordergrund stehen, wo Individualismus und Chancenoptimierung dominieren, ist Commitment grundlegend. Ohne Commitment sind keine dauerhaften Partnerschaften möglich und letztlich auch keine stabilen Beziehungen zu haben. Und gerade das wünscht man sich in Zeiten wie der unsrigen besonders. Die starke Verunsicherung durch Globalisierung, geopolitische Spannungen, Jobunsicherheiten und Alltagshektik mit immer rascher steigenden Anforderungen ruft nach Sicherheit und Beständigkeit im Sozialen. Die Partnerschaft (mitunter auch Familie und enge Freundesbeziehungen) möchte man in unsicheren, bewegten Zeiten als Hort der Geborgenheit und ruhenden Pol erleben. Eine glückliche Beziehung wird damit zu einem wichtigen Anker in einer unvorhersehbaren Welt – und wie wir gesehen haben, ist dies ohne Commitment nicht zu haben.

Commitment bedeutet, sich die Wichtigkeit einer glücklichen Partnerschaft für das psychische und physische Wohlbefinden vor Augen zu führen,[156] sich der Bedeutung einer intimen Beziehung bewusst zu sein und diesem wichtigen Beziehungsgefäß die notwendige Wertschätzung entgegenzubringen. Aufgrund der Bedeutung dieser Beziehungsform (welche sich in allen Studien als signifikant wichtiger als jede andere Beziehung erweist[157]) und der Tatsache, dass sich die meisten Menschen eine längerfristige, tragfähige Partnerschaft wünschen, sollte man auf das Beziehungskonto der Liebe einzahlen – heute aufgrund der hohen affektiven Besetzung von Partnerschaften viel stärker als früher. Und vor allem sollte man bei Schwierigkeiten und Krisen die Flinte nicht zu rasch ins Korn werfen. In vielen Fällen lohnt es sich, schwierige Phasen durchzustehen und für die Beziehung einzutreten, sofern ausreichende Einzahlungen auf das Beziehungskonto gemacht wurden.

Und Commitment lohnt sich auch aus einem anderen Grund: Nie zuvor hatte man so viele Alternativen zur aktuellen Partnerschaft wie heute. Durch das Internet und Dating-Plattformen war es noch nie so einfach und bequem möglich, einen neuen Partner, eine neue Partnerin zu finden. Per Mausklick eröffnen sich unzählige Optionen, die besser und verlockender erscheinen als der aktuelle Partner. Durch komplexe wissenschaftlich abgesicherte Selektions- und Zuordnungsverfahren werden einem potenzielle Partner und Partnerinnen vorgeschlagen, die eine bessere Passung als die mit dem aktuellen Partner suggerieren. Beziehungsglück im Internet wird angepriesen und lockt viele. Auch wenn man mit der aktuellen Beziehung nicht unglücklich ist, scheint immer noch etwas Besseres möglich.

Vor diesem Hintergrund ist es nicht verwunderlich, dass sich *ein Viertel* der Paare scheiden lässt, obschon sie sich eigentlich als ganz zufrieden bezeichnen.[158] Ja, Sie haben richtig gelesen: 26 % der Scheidungen betreffen Paare, die soweit zufrieden mit ihrer aktuellen Ehe sind und keine gravierenden Konflikte oder unüberwindbare Differenzen schildern. Diese Paare zeichnen sich zwar meist nicht mehr durch eine leidenschaftliche, erotisch-prickelnde Liebe aus, sondern mehrheitlich durch eine ruhige, eingespielte Liebe. Sie sind jedoch weit davon entfernt, als Krisenpaare zu gelten, welche Grund zu einer Scheidung hätten. Sie machen vieles richtig, kommunizieren kultiviert miteinander und gehen anständig miteinander um. Es gäbe objektiv keine Gründe, sich scheiden zu lassen.

Ihr *Fallstrick* ist das erlahmte Commitment. Sie sind sich nicht mehr sicher, ob es sich lohnt, weiter in diese Beziehung zu investieren, sie hegen Zweifel daran, ob es gut ist, diese Beziehung für viele weitere Jahre fortzusetzen. Sie suchen einen neuen, frischen Kick, neue Leidenschaft und prickelnde Erotik oder einfach ein neues Abenteuer, Abwechslung und Spannung. Interessante Alternativen sind verlockend, da der Mensch von Natur aus neugierig, entdeckungsfreudig und für Neues offen ist – und das Internet bietet eine Fülle an neuen Entdeckungsmöglichkeiten.

Auch in die Paartherapie kommen vermehrt Paare, die keine gravierenden Partnerschaftsprobleme erkennen lassen, sondern das Frische, Dynamische, den neuen Kick suchen und wissen möchten, wie sie sich entscheiden sollen: für das Altbewährte oder das reizvolle Neue. Oftmals sind bereits Alternativen im Spiel oder man weiß, dass man leicht zu diesen kommen könnte. Es öffnet sich eine neue Perspektive, die man prüfen möchte.

Sonja (49 Jahre alt) und Peter (53 Jahre alt) sind seit 25 Jahren ein Paar, seit fünfzehn Jahren verheiratet. Sie haben zwei Kinder, die inzwischen volljährig und ausgezogen sind. Beide sind beruflich etabliert. Das Leben verläuft in geordneten Bahnen, es bietet wenig Neues. Dennoch geht es den beiden gut miteinander. Sie verbringen die Abende häufig mit Freunden zusammen, gehen mit ihnen ins Theater, im Sommer im See schwimmen, im Winter Ski fahren. Abends sitzen sie oft mit anderen zusammen, trinken einen Wein und diskutieren. Es ist eine zur Ruhe gekommene Ehe, wie Sonja sagt.

Peter hat seit kurzem sein altes Hobby, die Aquarell-Malerei, erneut aufgenommen und besucht zweimal die Woche einen Malkurs. Er blüht auf, geht gerne hin. Nicht nur profitiert er von den Techniken, die er auffrischen kann, auch die Atmosphäre behagt ihm. Er fühlt sich wohl in der Gruppe. Eine Frau gefällt ihm dabei besonders. Sie tauschen oft ihre Malarbeiten aus, kommentieren ihre Werke, lachen gemeinsam darüber und geben sich gegenseitig Tipps. Er merkt, dass ihn diese Frau anzieht, sie neuen Wind in sein Leben bringt. Ihre erfrischende, offene, kecke Art imponiert ihm. Gleichzeitig ist sie geheimnisvoll, in sich ruhend und auf besondere Weise schön. Ja, sie gefällt ihm.

Eines Abends erzählt er Sonja, dass er eine Frau kennengelernt habe, die ihm sehr imponiere. Es sei nichts vorgefallen, sie brauche sich nicht zu sorgen. Dennoch ginge sie ihm nicht mehr aus dem Kopf. Er fühle sich von ihr einfach sehr angezogen.

Was Peter erlebt, ist natürlich. Ihm fällt eine fremde Frau auf, sie fasziniert ihn. Sie zieht ihn an, sie macht ihn neugierig. Er beginnt, sich für sie zu interessieren, und merkt, dass Gefühle entstehen. Noch ist es nicht Verliebtheit, doch es könnte in diese Richtung gehen, wie er in der Paartherapie gesteht. Für ihn irritierend ist, dass es ihm mit

Sonja eigentlich sehr gut geht, dass er sie immer noch liebt. Er sucht eigentlich keine Affäre. Eigentlich könnte das Leben in seinen gewohnten und eingespielten Bahnen weiterverlaufen. Was brauchte er Neues? Es geht ihm gut und er könnte glücklich sein. Die Situation macht ihn konfus. Er gerät in einen Gewissenskonflikt. Wie weit darf er sich dieser fremden Frau gegenüber annähern, wie stark darf er die Gefühle ihr gegenüber zulassen? Das Paar kommt in eine Paartherapie, nicht, weil destruktive Konflikte den Alltag vergiften oder sich die beiden Partner nicht mehr leiden können, sondern weil sie die Perspektive ihrer Beziehung ausloten möchten. Sie möchten wissen, was das alles zu bedeuten hat und wie sie sich verhalten sollen. Peter möchte erkunden, wie er sich entscheiden soll. Entgeht ihm etwas Wichtiges, wenn er bei Sonja bleibt, oder zerstört er etwas Wertvolles, wenn er sie verlässt?

Der Wunsch nach Neuem ist in unserer Gesellschaft weit verbreitet. Man genießt Vielfalt, Variation und Neuartiges. Viele kaufen sich immer gleich das neuste Mobiltelefon, den neusten und noch leistungsstärkeren Computer, leasen sich ein brandneues Auto. Die Mentalität der *Konsumgesellschaft* hält auch nicht vor der Partnerschaft an. Warum sollte man beim Auszug der Kinder oder nach zwanzig oder dreißig Jahren gemeinsamer Zeit nicht zu neuen Ufern aufbrechen und neue Beziehungseindrücke sammeln? Warum sollte man nicht bei einer besseren Option zugreifen, wenn sie sich bietet?

> Attraktive Alternativen stellen zu jedem Zeitpunkt und unabhängig von der Beziehungsdauer eine Gefahr für die aktuelle Partnerschaft dar.

Angesichts der heutigen *hohen Lebenserwartung* von über 80 Jahren in westlichen Industrieländern stellen sich viele die Frage, ob sie um die Fünfzig herum nochmals mehr als dreißig Jahre mit demselben Partner verbringen wollen, mit dem sie bereits einen Großteil ihres Lebens zusammen sind. In früheren Jahrhunderten hatte sich diese Frage meist erübrigt, da die wenigsten Partner zusammen ein hohes Alter erreichten und die Ehe meist auf natürliche Art durch den Tod eines der beiden ein Ende fand. Wenn sich heute ein Paar gegen Ende zwanzig kennenlernt und eine feste Bindung eingeht, kann dies einen sehr langen gemeinsamen Weg bedeuten. Dass eine neue Partnerschaft irgendwann eine Option werden könnte oder, angestoßen durch bestimmte Ereignisse (z. B. den Auszug der Kinder, die berufliche Neuorientierung), sich die Partner zu überlegen beginnen, was sie eigentlich voneinander möchten, und ihre Beziehung auf den Prüfstand stellen, ist nachvollziehbar – auch bei Paaren, die sich noch immer mögen und es eigentlich gut miteinander haben. Doch auch frische Beziehungen sind nie vor attraktiven Alternativen gefeit. Zu jeder Zeit und in jedem Alter oder jeder Beziehungsform stellen Alternativen eine Gefährdung dar.

Wenn das Commitment zu Ende ist

Commitment für die Beziehung ist vergleichbar mit dem konstanten Wässern des Bodens, auf dem die Liebe blühen und gedeihen kann. Ohne es verwelkt sie. Die Liebe braucht *konstante Nahrung*, bedarf der regelmäßigen Investitionen auf das Beziehungskonto. Wenn die Einzahlungen nicht mehr erfolgen oder zu dürftig sind, stirbt die Liebe ab. Wenn einer der beiden Partner seine Einzahlungen einstellt, bedeutet dies in aller Regel das Ende der Beziehung. Es braucht den Willen beider zur Liebe und deren Erhalt. Einer alleine kann die Partnerschaft nicht in Gang halten. Es braucht das Engagement beider dazu. Wie bei einem Ruderboot müssen beide rudern, im Gleichtakt, mit gleicher Anstrengung und gleichem Einsatz, damit das Boot vorwärtskommt. Wenn einer nicht mehr rudert und der andere fortfährt, dreht sich das Boot im Kreis. Es macht keinen Sinn, weiter zu rudern, wenn einer sein Ruder über Bord werfen und aus dem Boot aussteigen will.

Doch bevor man die Partnerschaft beendet, sollte man klären, ob es wirklich die einzige und beste Lösung ist, ob es keinen anderen Ausweg gibt. Erst wenn keine gemeinsame sinnvolle Zukunft mehr gesehen wird, ist der Augenblick gekommen, mit Rudern aufzuhören. Oft hilft eine Paarberatung oder Paartherapie dabei, diese Klärung sorgfältig vorzunehmen, um sicherzugehen, dass es kein unüberlegter oder falscher Entschluss ist, den man später bereuen könnte.

Wenn das Boot ans Ende seiner Fahrt gelangt ist und die Reise endet, gilt es, das Commitment aufzugeben. Es lohnt sich nicht und ist längerfristig dysfunktional, an etwas festzuhalten, das keinen Fortbestand mehr hat. Einem Phantom der Liebe nachzujagen, ist erniedrigend. Wenn das Commitment des einen zu Ende ist, gilt es auch für den anderen, innezuhalten und sich zu verabschieden.

Die Frage, wann das Ende der Beziehung gekommen ist, lässt sich nicht einfach feststellen. Es ist nie eine triviale Geschichte. Vielen scheint das Ende erreicht und sie haben die Hoffnung aufgegeben, und doch lässt sich mit beharrlichem Einsatz die Partnerschaft häufig wieder auf Kurs bringen. Solange noch ein Funken Commitment bei beiden entfacht werden kann, ist es nicht zu spät. Anders ist es, wenn man spürt, dass das eigene Commitment oder das des Partners, der Partnerin am Ende ist und die Beziehung keinen Sinn mehr macht. Doch erst wenn das Commitment eines oder beider Partner ganz erloschen ist, bedeutet dies das Ende der Partnerschaft. Dann ist das Beziehungskonto leer, die Investitionen wurden abgezogen oder werden bereits auf einem neuen Konto eingezahlt. So schmerzhaft dies ist, es gilt, das Unabwendbare zu akzeptieren. Nicht alle Beziehungen können funktionieren. Schwierige Persönlichkeitszüge (Dominanz, Rigidität, Intoleranz, mangelnde Empathiefähigkeit, Narzissmus, etc.) oder psychische Probleme eines oder beider Partner erschweren das Gelingen einer Partnerschaft, ebenso große Differenzen in wichtigen Belangen (Einstellungen, Ziele, Bedürfnisse, Vorlieben).

Beziehungen, in denen man psychische, physische oder sexuelle Gewalt erfährt oder die dem eigenen Selbstwert schaden, sollten ebenso überdacht werden wie Beziehungen, in denen man in eine zu große einseitige Abhängigkeit gerät, die missbräuchlich sind oder die eigene gesunde Entwicklung hemmen. Auch wenn Großzügigkeit, Toleranz und die Fähigkeit zu verzeihen wesentliche Charakterzüge sind, um eine langfristig glückliche Partnerschaft führen zu können, sollten diese Eigenschaften nicht missbraucht werden. So wichtig es ist, bei Mängeln des Partners, der Partnerin ein Auge zuzudrücken, so wenig ist es geboten, Dingen zuzustimmen, sie zu beschönigen oder zu akzeptieren, die mit den eigenen Werten und Bedürfnissen nicht vereinbar sind. So erweist sich Verzeihen zwar als wichtig für das Gelingen einer Paarbeziehung, jedoch dann als schädlich, wenn immer wieder verziehen wird, wo längst eine klare Grenze gesetzt werden sollte.[159]

Chronischer Alltagsstress akzentuiert diese Schwierigkeiten und fungiert in vielen Fällen als Auslöser für einen schleichenden Zerfall der Beziehung. Unmerklich wie Rost zersetzt er die Substanz der Partnerschaft, bis sie in sich zusammenbricht. Einen Rosthaufen kann man nicht mehr reparieren, zu viel ist marode und hat sich aufgelöst. Wenn man es versäumt hat, rechtzeitig dem Rost zu wehren und mit Commitment die Liebe zu pflegen, dann sind die Schäden häufig irreparabel.

Schluss: Worauf es ankommt

Dieses Buch will aufzeigen, wie wichtig regelmäßige Einzahlungen auf das Beziehungskonto für den Fortbestand der Liebe sind. Dies hängt vom Willen und dem Engagement beider ab. Nur wer die Liebe erhalten will, kann sie bewahren. Nur wer bereit ist, regelmäßig auf das Beziehungskonto Einlagen zu machen, kann mit längerfristiger Liebe rechnen.

Man kann zu Beginn noch so verliebt sein – die Liebe muss regelmäßig, achtsam und sorgsam gepflegt werden, damit sie langfristig weiterblühen kann. Diese Pflege bedeutet zunächst, immer wieder das Bewusstsein dafür zu schaffen, dass die Liebe *kein Selbstläufer* ist, dass man sie vielmehr behutsam wie eine Pflanze hegen und sich um sie kümmern muss. Dazu braucht es Commitment. Das willentliche Commitment im Sinne einer immer wieder erfolgenden Bejahung dieser Beziehung und der Bereitschaft, sich für sie zu engagieren und einzusetzen: im Alltag mit kleinen Zeichen der Zuneigung, bei Konflikten durch Großzügigkeit und Einlenken, in schwierigen Lebenssituationen durch eine bewusste und klare Positionierung für diese Beziehung. Das willentliche Commitment bildet die Grundlage für eine längerfristige Partnerschaft. Doch es allein reicht nicht aus.

Es bedarf ebenso des emotionalen und des sexuellen Commitments, des Engagements für die Partnerschaft im Sinne einer exklusiven innigen Beziehung zu diesem einen Menschen. Lieben heißt, sich auf den Partner, die Partnerin voll und ganz einlassen. Dazu bedarf es der ganzen Bereitschaft, des Willens zum »Wir«. Ohne dies gelingt Beziehung auf Dauer nicht.

Wie eingangs des Buches erwähnt wurde, fällt es vielen nicht einfach, sich voll einzubringen, sich dem anderen bedingungslos anzuvertrauen, sich emotional vor dem anderen zu öffnen. Viele sind nicht bereit dazu oder zögern, in die Partnerschaft zu investieren, da sie nicht wissen, ob sich die Einlagen lohnen. Doch wie kann man dies je erfahren, wenn man das Wagnis nicht eingeht? Ohne kühne Investitionen gibt es in der Finanzwelt keine lohnende Rendite und in der Partnerschaft keine dauerhafte Liebe.

Einer muss den ersten Schritt tun. Der andere muss nachziehen. Nicht immer soll der erste Schritt aufeinander zu von derselben Person kommen. Beide müssen faire Einzahlungen auf das Konto der Liebe vornehmen. Es ist ein gemeinsames Liebesvermögen, das man anhäuft, eine Rückversicherung für beide. Eine Investition in die gemeinsame Zukunft.

Doch auch ein hohes Commitment zu Beginn trägt nicht durch das ganze gemeinsame Leben hindurch. Das Commitment muss immer wieder bestärkt und erneuert werden. Beide Partner müssen sich gegenseitig immer wieder in ihrem Commitment festigen, Dankbarkeit für das Commitment des anderen zeigen, es nicht für selbstverständlich hinnehmen, sondern als ein kostbares Geschenk sehen. Darum geht es bei der Liebe, um diese wechselseitigen, manchmal großzügigeren, manchmal aufgrund schwieriger Bedingungen kleineren Geschenke.

Und welches Geschenk ist schöner als das echte Engagement und Bemühen des Partners, seine spürbare Verbindlichkeit, sein tragendes Vertrauen? Das bedeutet, mit ganzem Herzen zu lieben – damit die Beziehung langfristig glücklich bleibt.

Anhang

Anmerkungen

1 Bartels, A. & Zeki, S. (2004). The neural correlates of maternal and romantic love. *Neuroimage,* 21(3), 1155–1166.

2 Reynaud, M., Karila, L., Blecha, L. & Benyamina, A. (2010). Is love passion an addictive disorder? *The American Journal of Drug and Alcohol Abuse,* 36(5), 261–267.

3 Acevedo, B. P. & Aron, A. (2009). Does a long-term relationship kill romantic love? *Review of General Psychology,* 13(1), 59–65.

4 De Boer, A., Van Buel, E. M. & Ter Horst, G. J. (2012). Love is more than just a kiss: A neurobiological perspective on love and affection. *Neuroscience,* 201, 114–124.

5 Marazziti, D. & Canale, D. (2004). Hormonal changes when falling in love. *Psychoneuroendocrinology,* 29(7), 931–936.

6 Li, N. P., Yong, J. C., Tov, W., et al. (2013). Mate preferences do predict attraction and choices in the early stages of mate selection. *Journal of Personality and Social Psychology,* 105(5), 757–776.

7 Bodenmann, G. (2002). *Beziehungskrisen erkennen, verstehen und bewältigen.* Bern: Huber.

8 Alle Beispiele in diesem Buch wurden anonymisiert und die personenbezogenen Daten verändert.

9 Sternberg, R. J. (1986). A triangular theory of love. *Psychological Review,* 93, 119.

10 Wiederman, M. W. & Allgeier, E. R. (1992). Gender differences in mate selection criteria: Sociobiological or socioeconomic explanation? *Ethology and Sociobiology,* 13(2), 115–124.

11 Johnson, M. P. (1973). Commitment: A conceptual structure and empirical application. *Sociological Quarterly,* 14(3), 395–406; Johnson, M. P., Caughlin, J. P. & Huston, T. L. (1999). The tripartite nature of marital commitment: Personal, moral, and structural reasons to stay married. *Journal of Marriage and Family,* 61(1), 160–177.

12 Le, B. & Agnew, C. R. (2003). Commitment and its theorized determinants: A meta-analysis of the Investment Model. *Personal Relationships,* 10(1), 37–57.

13 Glenn, N. D. (1998). The course of marital success and failure in five American 10-year marriage cohorts. *Journal of Marriage and the Family,* 52, 818–831.

14 Galinsky, A. M. & Sonenstein, F. L. (2013). Relationship commitment, perceived equity, and sexual enjoyment among young adults in the United States. *Archives of Sexual Behavior,* 42(1), 93–104.

15 Rhoades, G. K., Stanley, S. M. & Markman, H. J. (2010). Should I stay or should I go? Predicting dating relationship stability from four aspects of commitment. *Journal of Family Psychology*, 24(5), 543–550.
16 Acitelli, L. K., Kenny, D. A. & Weiner, D. (2001). The importance of similarity and understanding of partners' marital ideal to relationship satisfaction. *Personal Relationships*, 8(2), 167–185.
17 Clark, M. S. & Reis, H. T. (1988). Interpersonal process in close relationships. *Annual Review of Psychology*, 39, 609–672.
18 Collins, N. L. & Miller, L. C. (1994). Self-disclosure and liking: A meta-analytic review. *Psychological Bulletin*, 116(3), 457–475.
19 Bundesamt für Statistik (2018). Internetnutzung. https://www.bfs.admin.ch/bfs/de/home/statistiken/kultur-medien-informationsgesellschaft-sport/informationsgesellschaft/gesamtindikatoren/haushalte-bevoelkerung/internetnutzung.html [Zugriff: 26.10.2020].
20 Brüstle, S. (2011). Untreue Verhaltensweisen im Internet. Akzeptanz, Prävalenz und assoziierte Faktoren. Unveröffentlichte Masterarbeit. Universität Zürich.
21 Cooper, A., Morahan-Martin, J., Mathy, R. M. & Maheu, M. (2002). Toward an increased understanding of user demographics in online sexual activities. *Journal of Sex & Marital Therapy*, 28, 105–129.
22 Reitmejer, C. A., Bull, S. S. & McFarlane, M. (2001). Sex and the internet. *AIDS*, 15, 1433–1444.
23 Aviram, I. & Amichai-Hamburger, Y. (2005). Online infidelity: Aspects of dyadic satisfaction, self-disclosure, and narcissism. *Journal of Computer-Mediated Communication*, 10(3), JCMC1037. (First online; https://doi.org/10.1111/j.1083-6101.2005.tb00249.x [Zugriff: 26.10.2020]).
24 Schneider, J. P. (2000). Effects of cybersex addiction on the family: Results of a survey. *Sexual Addiction & Compulsivity*, 7, 31–58.
25 Schneider, L. (2014). Einflussfaktoren für das „Untreue"-Verständnis und „Untreue"-Verhalten in Paarbeziehungen. Unveröffentlichte Doktorarbeit. Universität Wien.
26 Ebd.
27 Baumeister, R. F. & Leary, M. R. (1995). The need to belong: Desire for interpersonal attachments as a fundamental human motivation. *Psychological Bulletin*, 117, 497–529.
28 Bowlby, J. (1985). *Mutterliebe und kindliche Entwicklung*. Basel: Ernst Reinhardt Verlag.
29 Hazan, C. & Shaver, P. (1987). Romantic love conceptualized as an attachment process. *Journal of Personality and Social Psychology*, 52(3), 511; Shaver, P. R. & Mikulincer, M. (2006). Attachment theory, individual psychodynamics, and relationship functioning. In: Vangelisti, A. L. & Perlman, D. (Eds.). *The Cambridge Handbook of Personal Relationships* (S. 251–271). Cambridge: Cambridge University Press.
30 Ziegenhain, U. (2016). Sichere mentale Bindungsmodelle. In: Gloger-Tippelt, G. (Hrsg.). *Bindung im Erwachsenenalter*. (S. 151–172). Göttingen: Hogrefe.

31 Eastwick, P. W. & Finkel, E. J. (2008). The attachment system in fledgling relationships: An activating role for attachment anxiety. *Journal of Personality and Social Psychology*, 95, 628–647.
32 Mikulincer, M. & Shaver, P. R. (2007). *Attachment in Adulthood: Structure, Dynamics, and Change.* New York: Guilford Press.
33 Mikulincer, M., Gillath, O. & Shaver, P. R. (2002). Activation of the attachment system in adulthood: Threat-related primes increase the accessibility of mental representations of attachment figures. *Journal of Personality and Social Psychology*, 83(4), 881–895.
34 Gomille, B. (2016). Unsicher-präokkupierte mentale Bindungsmodelle. In: Gloger-Tippelt, G. (Hrsg.). *Bindung im Erwachsenenalter.* (S. 201–226). Göttingen: Hogrefe.
35 Mikulincer, M., Shaver, P. R. & Avihou-Kanza, N. (2011). Individual differences in adult attachment are systematically related to dream narratives. *Attachment & Human Development*, 13(2), 105–123.
36 Mikulincer, M., Dolev, T. & Shaver, P. R. (2004). Attachment-related strategies during thought suppression: Ironic rebounds and vulnerable self-representations. *Journal of Personality and Social Psychology*, 87(6), 940–956.
37 Gentzler, A. L. & Kerns, K. A. (2004). Associations between insecure attachment and sexual experiences. *Personal Relationships*, 11(2), 249–265.
38 Davis, D., Shaver, P. R. & Vernon, M. L. (2004). Attachment style and subjective motivations for sex. *Personality and Social Psychology Bulletin*, 30, 1076–1090.
39 Davis, D., Shaver, P. R. & Vernon, M. L. (2003). Physical, emotional, and behavioral reactions to breaking-up. *Personality and Social Psychology Bulletin*, 29, 871–884.
40 Brennan, K. A., Clark, C. L. & Shaver, P. R. (1998). Self-report measurement of adult attachment: An integrative overview. In: Simpson, J. A. & Rholes, W. S. (Eds.). *Attachment theory and close relationships* (pp. 46–76). New York: Guilford Press.
41 Gloper-Tippelt, G. (2016). Unsicher-distanzierende mentale Bindungsmodelle. In: Gloger-Tippelt, G. (Hrsg.). *Bindung im Erwachsenenalter.* (S. 173–200). Göttingen: Hogrefe.
42 Butzer, B. & Campbell, L. (2008). Adult attachment, sexual satisfaction, and relationship satisfaction: A study of married couples. *Personal Relationships*, 15, 141–154.
43 Gentzler, A. L. & Kerns, K. A. (2004). Associations between insecure attachment and sexual experiences. *Personal Relationships*, 11(2), 249–265.
44 Mikulincer, M. & Shaver, P. R. (2007). *Attachment in Adulthood: Structure, Dynamics, and Change.* New York: Guilford Press.
45 McNulty, J. K., Wenner, C. A. & Fisher, T. D. (2016). Longitudinal associations among relationship satisfaction, sexual satisfaction, and frequency of sex in early marriage. *Archives of Sexual Behavior*, 45(1), 85–97; Sprecher, S., Cate, R. M., Harvey, J. H. & Wenzel, A. (2004). Sexual satisfaction and sexual expression as predictors of relationship satisfaction and stability. *The Handbook of Sexuality in Close Relationships*, 235–256; Yeh, H. C., Lorenz, F. O., Wickrama, K. A. S., Conger, R. D. & Elder Jr, G. H. (2006). Relati-

onships among sexual satisfaction, marital quality, and marital instability at midlife. *Journal of Family Psychology*, 20(2), 339

46 McNulty, J. K., Wenner, C. A. & Fisher, T. D. (2016). Longitudinal associations among relationship satisfaction, sexual satisfaction, and frequency of sex in early marriage. *Archives of Sexual Behavior*, 45(1), 85–97.

47 Basson, R. (2000). The female sexual response: A different model. *Journal of Sex & Marital Therapy*, 26, 51–65.

48 Impett, E. A., Muise, A. & Peragine, D. (2014). Sexuality in the context of relationships. In: D. L. Tolman, L. M. Diamond, J. A. Bauermeister, W. H. George, J. G. Pfaus & L. M. Ward (Eds.), *Handbook of sexuality and psychology*, Vol. 1: Person-based approaches (pp. 269–315). Washington, DC: American Psychological Association.

49 Van Lankveld, J. Jacobs, N., Thewissen, V., Dewitte, M. & Verboon, P. (2018). The associations of intimacy and sexuality in daily life: Temporal dynamics and gender effects within romantic relationships. *Journal of Social and Personal Relationships*, 35(4,) 557–576.

50 Santos, B. D., Moreira, C. S., Vilaça, M., Carvalho, E. & Pereira, M. G. (2020). Dyadic adjustment and sexual satisfaction in HPV diagnosed Portuguese women: A longitudinal study. *Journal of Sex & Marital Therapy*, 1–12. Pascoal, P. M., Narciso, I. & Pereira, N. M. (2013). Emotional intimacy is the best predictor of sexual satisfaction of men and women with sexual arousal problems. *International Journal of Impotence Research*, 25(2), 51–55.

51 Mark, K. P., Vowels, L. M. & Leistner, C. E. (2020). "Not tonight, Honey:" Reasons couples do not engage in sex and their impact on satisfaction and desire. *The Journal of Sexual Medicine*, 17(3), 431–441.

52 Ferreira, L. C., Fraenkel, P., Narciso, I. & Novo, R. (2015). Is committed desire intentional? A qualitative exploration of sexual desire and differentiation of self in couples. *Family Process*, 54(2), 308–326; Raposo, S., Rosen, N. O. & Muise, A. (2020). Self-expansion is associated with greater relationship and sexual well-being for couples coping with low sexual desire. *Journal of Social and Personal Relationships*, 37(2), 602–623.

53 Wellings, K., Palmer, M. J., Machiyama, K. & Slaymaker, E. (2019). Changes in, and factors associated with, frequency of sex in Britain: evidence from three National Surveys of Sexual Attitudes and Lifestyles (Natsal). *bmj*, 365, 1–9.

54 Graham, C. A., Mercer, C. H., Tanton, C., Jones, K. G., Johnson, A. M., Wellings, K. & Mitchell, K. R. (2017). What factors are associated with reporting lacking interest in sex and how do these vary by gender? Findings from the third British national survey of sexual attitudes and lifestyles. *BMJ open*, 7(9), e016942.

55 Rosen, N. O., Dubé, J. P., Corsini-Munt, S. & Muise, A. (2019). Partners experience consequences, too: A comparison of the sexual, relational, and psychological adjustment of women with sexual interest/arousal disorder and their partners to control couples. *The Journal of Sexual Medicine*, 16(1), 83–95.

56 Ahlborg, T., Dahlöf, L. G. & Hallberg, L. R. M. (2005). Quality of the in-

timate and sexual relationship in first-time parents six months after delivery. *Journal of Sex Research*, 42(2), 167–174.

57 McNulty, J. K., Maxwell, J. A., Meltzer, A. L. & Baumeister, R. F. (2019). Sex-differentiated changes in sexual desire predict marital dissatisfaction. *Archives of Sexual Behavior*, 48(8), 2473–2489.

58 Laumann, E. O., Paik, A. & Rosen, R. C. (1999). Sexual dysfunction in the United States: Prevalence and predictors. *Jama*, 281(6), 537–544; Shifren, J. L., Monz, B. U., Russo, P. A., Segreti, A. & Johannes, C. B. (2008). Sexual problems and distress in United States women. *Obstet Gynecol*, 112(5), 970–978.

Dennerstin L, Guthrie, J. R., Hayes, R. D., Derogatis, L. R. & Lehert, P. (2008). Sexual function, dysfunction, and sexual distress in a prospective, population-based sample of mid-aged, Australian-born women. *Journal of Sexual Medicine*, 5(10), 2291–2299.

59 Bodenmann, G. & Fux, C. (2016). *Was Paare stark macht. Das Geheimnis glücklicher Beziehungen*. Zürich: Beobachter Edition.

60 Buss, D. M. & Schmitt, D. P. (1993). Sexual strategies theory: An evolutionary perspective on human mating. *Psychological Review*, 100(2), 204.

61 Buss, D. M. (2000). *The Dangerous Passion: Why Jealousy Is as Necessary as Love and Sex*. New York: The Free Press.

62 Blow, A. J. & Hartnett, K. (2005). Infidelity in committed relationships: A methodological review. *Journal of Marital and Family Therapy*, 31(2), 183–216.

63 Brand, R. J., Markey, C. M., Mills, A. & Hodges, S. D. (2007). Sex differences in self-reported infidelity and its correlates. *Sex Roles*, 57(1–2), 101–109.

64 Allen, E. S. & Baucom, D. H. (2004). Adult attachment and patterns of extradyadic involvement. *Family Process*, 43(4), 467–488; Solstad, K. & Mucic, D. (1999). Extramarital sexual relationships of middle-aged Danish men: Attitudes and behavior. *Maturitas*, 32(1), 51–59.

65 Plack, K., Kröger, C., Allen, E. S., Baucom, D. H. & Hahlweg, K. (2010). Risikofaktoren für Untreue – warum Partner fremdgehen. *Zeitschrift für Klinische Psychologie und Psychotherapie*, 39(3), 189–199.

66 Ebd.

67 Ebd.

68 Allen, E. S. & Baucom, D. H. (2006). Dating, marital, and hypothetical extradyadic involvements: How do they compare? *The Journal of Sex Research*, 43, 307–317.

69 Adamopoulou, E. (2013). New facts on infidelity. *Economics Letters*, 121(3), 458–462.

70 Atkins, D. C., Baucom, D. H. & Jacobson, N. S. (2001). Understanding infidelity: Correlates in a national random sample. *Journal of Family Psychology*, 15(4), 735.

71 Buunk, B. P. & Bakker, A. B. (1995). Extradyadic sex: The role of descriptive and injunctive norms. *Journal of Sex Research*, 32(4), 313–318.

72 Brand, R. J., Markey, C. M., Mills, A. & Hodges, S. D. (2007). Sex differences in self-reported infidelity and its correlates. *Sex Roles*, 57(1–2), 101–109. Plack, K., Kröger, C., Allen, E. S., Baucom, D. H. & Hahlweg, K. (2010).

Risikofaktoren für Untreue – warum Partner fremdgehen. *Zeitschrift für Klinische Psychologie und Psychotherapie*, 39(3), 189–199.
73 Greeley, A. (1994). Marital infidelity. *Society*, 31(4), 9–13; Wiederman, M. W. (1997). Extramarital sex: Prevalence and correlates in a national survey. *The Journal of Sex Research*, 34, 167–174.
74 Fincham, F. D. & May, R. W. (2017). Infidelity in romantic relationships. *Current Opinion in Psychology*, 13, 70–74.
75 Plack, K., Kröger, Ch., Allen, E. S., Baucom, D. H. & Hahlweg, K. (2010). Risikofaktoren für Untreue – warum Partner fremdgehen. *Zeitschrift für Klinische Psychologie und Psychotherapie*, 39(3), 189–199.
76 Luo, S., Cartun, M. A. & Snider, A. G. (2010). Assessing extradyadic behavior: A review, a new measure, and two new models. *Personality and Individual Differences*, 49, 155–163; Banfield, S. & McCabe, M. P. (2001). Extra relationship involvement among women: Are they different from men? *Archives of Sexual Behavior*, 30(2), 119–142.
77 Glass, S. P. & Wright, T. L. (1992). Justifications for extramarital relationships: The association between attitudes, behaviors, and gender. *Journal of Sex Research*, 29(3), 361–387.
78 Feldman, S. S. & Cauffman, E. (1999). Your cheatin'heart: Attitudes, behaviors, and correlates of sexual betrayal in late adolescents. *Journal of Research on Adolescence*, 9(3), 227–252.
79 Mattes, C. & Bodenmann, G. (1998). *Untreue und Partnerschaft: Erleben und Bewältigung.* Forschungsbericht. Universität Fribourg, Schweiz.
80 Hertlein, K. M. & Weeks, G. R. (2011). The field of infidelity: Past, present, and future. In: Wetchler, J. (Eds.), *Handbook of clinical issues in couple therapy* (Vol. 2, pp. 145–161). New York: Routledge.
81 Coughlin, P. (2009). Pornography and virtual infidelity. *Focus on the Family.* www.focusonthefamily.com [Beitrag nicht mehr verfügbar].
82 Grubbs, J. B., Wright, P. J., Braden, A. L., Wilt, J. A. & Kraus, S. W. (2019). Internet pornography use and sexual motivation: A systematic review and integration. *Annals of the International Communication Association*, 43(2), 117–155.
83 Hald, G. M. & Malamuth, N. M. (2008). Self-perceived effects of pornography consumption. *Archives of sexual behavior*, 37(4), 614–625.
84 Brun del Re, U., Hilpert, P., Spahni, S. & Bodenmann, G. (2020). Pornographiekonsum in der Partnerschaft: Häufigkeit, Motivation, Einstellung, Gründe des Konsums und Geschlechtsunterschiede. *Zeitschrift für Klinische Psychologie und Psychotherapie.* (First online; http://epubs.surrey.ac.uk/id/eprint/853786).
85 Boies, S. C. (2002). University students' uses of and reactions to online sexual information and entertainment: Links to online and offline sexual behaviour. *Canadian Journal of Human Sexuality*, 11, 77–89.
86 Coughlin, P. (2009). Pornography and virtual infidelity. *Focus on the Family.* www.focusonthefamily.com [Beitrag nicht mehr verfügbar].
87 Willoughby, B. J., Carroll, J. S., Busby, D. M. & Brown, C. C. (2016). Differences in pornography use among couples: Associations with satisfaction,

stability, and relationship processes. *Archives of Sexual Behaviors*, 45(1), 145–158.

88 Hald, G. M. & Malamuth, N. M. (2008). Self-perceived effects of pornography consumption. *Archives of Sexual Behavior*, 37(4), 614–625.

89 Træen, B., Spitznogle, K. & Beverfjord, A. (2004). Attitudes and use of pornography in the Norwegian population 2002. *Journal of Sex Research*, 41, 193–200.

90 Ebd.

91 Træen, B., Nilsen, T. S. & Stigum, H. (2006). Use of pornography in traditional media and on the Internet in Norway. *Journal of Sex Research*, 43, 245–254.

92 Kohut, T., Fisher, W. A. & Campbell, L. (2017). Perceived effects of pornography on the couple relationship: Initial findings of open-ended, participant-informed, "bottom-up" research. *Archives of Sexual Behavior*, 46(2), 585–602.

93 Sun, C., Miezan, E., Lee, N.-Y. & Shim, J. W. (2014). Korean men's pornography use, their Interest in extreme pornography, and dyadic sexual relationships. *International Journal of Sexual Health*, 27(1), 16–35.

94 Hartman, U. (2018). *Sexualtherapie. Ein neuer Weg in Theorie und Praxis*. Berlin: Springer.

95 Coleman-Kennedy, C. & Pendley, A. (2002). Assessment and diagnosis of sexual addiction. *Journal of the American Psychiatric Nurses Association*, 8(5), 143–151.

96 Blais-Lecours, S., Vaillancourt-Morel, M.-P., Sabourin, S. & Godbout, N. (2016). Cyberpornography: Time use, perceived addiction, sexual functioning, and sexual satisfaction. *Cyberpsychology, Behavior, and Social Networking*, 19, 649–655.

97 Landripet, I. & Štulhofer, A. (2015). Is pornography use associated with sexual difficulties and dysfunctions among younger heterosexual men? *The Journal of Sexual Medicine*, 12(5), 1136–1139.

98 Kohut, T., Fisher, W. A. & Campbell, L. (2017). Perceived effects of pornography on the couple relationship: Initial findings of open-ended, participant-informed, "bottom-up" research. *Archives of Sexual Behavior*, 46(2), 585–602.

99 Hatch, S. G., Esplin, C. R., Aaron, S. C., Dowdle, K. K., Fincham, F. D., Hatch, H. D. & Braithwaite, S. R. (2020). Does pornography consumption lead to intimate partner violence perpetration? Little evidence for temporal precedence. *The Canadian Journal of Human Sexuality*. (First online; https://doi.org/10.3138/cjhs.2019-0065).

100 Aviram, I. & Amichai-Hamburger, Y. (2005). Online infidelity: Aspects of dyadic satisfaction, self-disclosure, and narcissism. *Journal of Computer-Mediated Communication*, 10(3). (First online; https://doi.org/10.1111/j.1083-6101.2005.tb00249.x); Drigotas, S. M. & Barta, W. (2001). The cheating heart: Scientific explorations of infidelity. *Current Directions in Psychological Science*, 10(5), 177–180; Whisman, M. A., Gordon, K. C. & Chatav, Y. (2007). Predicting sexual infidelity in a population-

based sample of married individuals. *Journal of Family Psychology*, 21(2), 320.

101 Allen, E. S. & Baucom, D. H. (2004). Adult attachment and patterns of extradyadic involvement. *Family Process*, 43(4), 467–488.

102 Whisman, M. A. & Snyder, D. K. (2007). Sexual infidelity in a national survey of American women: Differences in prevalence and correlates as a function of method of assessment. *Journal of Family Psychology*, 21, 147–154.

103 Prins, K. S., Buunk, B. P. & Van Yperen, N. W. (1993). Equity, normative disapproval and extramarital relationships. *Journal of Social and Personal relationships*, 10(1), 39–53; Treas, J. & Giesen, D. (2000). Sexual infidelity among married and cohabiting Americans. *Journal of Marriage and Family*, 62(1), 48–60; Wiederman, M. W. & LaMar, L. (1998). "Not with him you don't!": Gender and emotional reactions to sexual infidelity during courtship. *Journal of Sex Research*, 35(3), 288–297.

104 Helms, L. & Bierhoff, H. W. (2001). Lässt sich Untreue durch Geschlecht, Einstellung oder Persönlichkeit vorhersagen? *Zeitschrift für Familienforschung*, 13(3), 5–25.

105 Greeley, A. (1994). Marital infidelity. *Society*, 31(4), 9–13.

106 Drigotas, S. M., Safstrom, C. A. & Gentilia, T. (1999). An investment model prediction of dating infidelity. *Journal of Personality and Social Psychology*, 77(3), 509.

107 Adamopoulou, E. (2013). New facts on infidelity. *Economics Letters*, 121(3), 458–462.

108 Mark, K. P., Janssen, E. & Milhausen, R. R. (2011). Infidelity in heterosexual couples: Demographic, interpersonal, and personality-related predictors of extradyadic sex. *Archives of Sexual Behavior*, 40(5), 971–982.

109 Bancroft, J., Graham, C. A., Janssen, E. & Sanders, S. (2009). The dual control model: Current status and future directions. *Journal of Sex Research*, 46, 121–142.

110 Whisman, M. A., Gordon, K. C. & Chatav, Y. (2007). Predicting sexual infidelity in a population-based sample of married individuals. *Journal of Family Psychology*, 21(2), 320.

111 Atkins, D. C. & Kessel, D. E. (2008). Religiousness and infidelity: Attendance, but not faith and prayer, predict marital fidelity. *Journal of Marriage and Family*, 70(2), 407–418.

112 Feldman, S. S. & Cauffman, E. (1999). Your cheatin' heart: Attitudes, behaviors, and correlates of sexual betrayal in late adolescents. *Journal of Research on Adolescents*, 9, 227–252.

113 Treas, J. & Giesen, D. (2000). Sexual infidelity among married and cohabiting Americans. *Journal of Marriage and Family*, 62(1), 48–60.

114 Fincham, F. D. & May, R. W. (2017). Infidelity in romantic relationships. *Current Opinion in Psychology*, 13, 70–74.

115 Plack, K., Kröger, C., Allen, E. S., Baucom, D. H. & Hahlweg, K. (2010). Risikofaktoren für Untreue – warum Partner fremdgehen. *Zeitschrift für Klinische Psychologie und Psychotherapie*, 39(3), 189–199; Treas, J. & Giesen,

D. (2000). Sexual infidelity among married and cohabiting Americans. *Journal of Marriage and Family*, 62(1), 48–60.

116 Adamopoulou, E. (2013). New facts on infidelity. *Economics Letters*, 121(3), 458–462.

117 Previti, D. & Amato, P. R. (2004). Is infidelity a cause or a consequence of poor marital quality? *Journal of Social and Personal Relationships*, 21(2), 217–230.

118 Atkins, D. C., Baucom, D. H. & Jacobson, N. S. (2001). Understanding infidelity: Correlates in a national random sample. *Journal of Family Psychology*, 15(4), 735–749.
Maddox Shaw, A. M., Rhoades, G. K., Allen, E. S., Stanley, S. M. & Markman, H. J. (2013). Predictors of extradyadic sexual involvement in unmarried opposite-sex relationships. *Journal of Sex Research*, 50(6), 598–610; Treas, J. & Giesen, D. (2000). Sexual infidelity among married and cohabiting Americans. *Journal of Marriage and Family*, 62(1), 48–60.

119 Prins, K. S., Buunk, B. P. & Van Yperen, N. W. (1993). Equity, normative disapproval and extramarital relationships. *Journal of Social and Personal Relationships*, 10(1), 39–53.

120 Allen, E. S., Rhoades, G. K., Stanley, S. M., Markman, H. J., Williams, T., Melton, J. & Clements, M. L. (2008). Premarital precursors of marital infidelity. *Family Process*, 47(2), 243–259.

121 Glass, S. P. & Wright, T. L. (1985). Sex differences in type of extramarital involvement and marital dissatisfaction. *Sex Roles*, 12(9–10), 1101–1120.

122 Schneider, L. (2014). Einflussfaktoren für das „Untreue“-Verständnis und „Untreue“-Verhalten in Paarbeziehungen. Unveröffentlichte Doktorarbeit. Universität Wien.

123 Plack, K., Kröger, C., Allen, E. S., Baucom, D. H. & Hahlweg, K. (2010). Risikofaktoren für Untreue – warum Partner fremdgehen. *Zeitschrift für Klinische Psychologie und Psychotherapie*, 39(3), 189–199.

124 Mulhall, J., King, R., Glina, S. & Hvidsten, K. (2008). Importance of and satisfaction with sex among men and women worldwide: Results of the global better sex survey. *The Journal of Sexual Medicine*, 5(4), 788–795.

125 Allen, E. S., Rhoades, G. K., Stanley, S. M., Markman, H. J., Williams, T., Melton, J. & Clements, M. L. (2008). Premarital precursors of marital infidelity. *Family Process*, 47(2), 243–259.

126 Banfield, S. & McCabe, M. P. (2001). Extra relationship involvement among women: Are they different from men? *Archives of Sexual Behavior*, 30(2), 119–142.

127 Unter „Verstärkererosion“ wird der Prozess verstanden, dass ein Reiz, der zu Beginn einen hohen Belohnungswert besaß, diesen mit der Zeit verliert.

128 Wiggins, J. D. & Lederer, D. A. (1984). Differential antecedents of infidelity in marriage. *American Mental Health Counselors Association Journal*, 6, 152–161.

129 Plack, K., Kröger, C., Allen, E., Baucom, D. & Hahlweg, K. (2010). Außerpartnerschaftliche Beziehungen – die individuelle Belastung der Partner und die partnerschaftliche Zufriedenheit nach dem Erleben von Untreue. *Zeitschrift für Klinische Psychologie und Psychotherapie*, 37, 231–235.

130 Whisman, M. A. & Snyder, D. K. (2007). Sexual infidelity in a national survey of American women: Differences in prevalence and correlates as a function of method of assessment. *Journal of Family Psychology*, 21, 147–154.

131 Schnabl, S. (1988). Warum geht jede(r) Vierte fremd. *Sexualmedizin*, 9, 332–362.

132 Atkins, D. C., Baucom, D. H. & Jacobson, N. S. (2001). Understanding infidelity: Correlates in a national random sample. *Journal of Family Psychology*, 15(4), 735; Wiederman, M. W. (1997). Extramarital sex: Prevalence and correlates in a national survey. *The Journal of Sex Research*, 34, 167–174.

133 Fincham, F. D. & May, R. W. (2017). Infidelity in romantic relationships. *Current Opinion in Psychology*, 13, 70–74.

134 Ebd.; Treas, J. & Giesen, D. (2000). Sexual infidelity among married and cohabiting Americans. *Journal of Marriage and Family*, 62(1), 48–60.

135 Shamloul, R. & Ghanem, H. (2013). Erectile dysfunction. *The Lancet*, 381, 153–165.

136 Perel, E. (2017). *The state of affairs: Rethinking infidelity – A book for anyone who has ever loved.* Hachette UK.

137 Drigotas, S. M., Safstrom, C. A. & Gentilia, T. (1999). An investment model prediction of dating infidelity. *Journal of Personality and Social Psychology*, 77(3), 509.

138 Dupanloup, I. et al. (2003). A recent shift from polygyny to monogamy in humans is suggested by the analysis of worldwide Y-chromosome diversity. *Journal of Molecular Evolution*, 57 (1), 85–97.

139 Lack, D. (1968). *Ecological Adaptations for Breeding in Birds.* London: Methuen & Co.

140 Kleiman, D. G. (1977). Monogamy in mammals. *Quarterly Review of Biology*, 52, 39–69.

141 Witt, D. M., Carter, C. S. & Walton, D. M. (1990). Central peripheral effects of oxytocin administration in prairie voles. *Pharmacology Biochemistry and Behavior*, 37, 63–69.

142 Fuentes, A. (1998). Re-evaluating primate monogamy. *American Anthropologist*, 100 (4), 890–907.

143 Maiwald, M. & Schreiber, A. (1991). Die biologischen Grundlagen von Paarverhalten: Eine Übersicht biopsychologischer Konzepte. In: Amelang, M., Ahrens, H.-J. & Bierhoff, H. W. (Hrsg.), *Attraktion und Liebe. Formen und Grundlagen partnerschaftlicher Beziehungen.* (S. 1–60). Göttingen: Hogrefe.

144 Ebd.

145 Haag-Wackernagel, D. (2014). *Humanevolution.* Skript. Universität Basel.

146 Ebd.

147 Opie, C., Atkinson, Q. D., Dunbar, R. I. M. & Schultz, S. (2013). Male infanticide leads to social monogamy in primates. *PNAS*, 110, 13328–13332.

148 Ebd.

149 Frayser, S. (1985). *Varieties of Sexual Experience: An anthropological perspective of human sexuality.* New Haven: HRAF Press.

150 Haag-Wackernagel, D. (2014). *Humanevolution*. Skript. Universität Basel.
151 Rohner, K. (2013). „Ist Treue wirklich altmodisch?“. www.beobachter.ch/familie/beziehung-partnerschaft/artikel/liebe_ist-treue-wirklich-altmodisch [Zugriff: 26.10.2020].
152 Bergstrand, C. & Williams, J. B. (2000). Today's alternative marriage styles: The case of swingers. *Electronic Journal of Human Sexuality*, 3, 1–10.
153 Buunk, B. (1981). Jealousy in sexually open marriages. *Alternative Lifestyles*, 4, 357–372.
154 Buss, D. M., Larsen, R. J., Westen, D. & Semmelroth, J. (1992). Sex differences in jealousy: Evolution, physiology, and psychology. *Psychological Science*, 3(4), 251–256.
155 Baumeister, R. F. & Bratslavsky, E. (1999). Passion, intimacy, and time: Passionate love as a function of change in intimacy. *Personality and Social Psychology Review*, 3(1), 49–67.
156 Robles, T. F. (2014). Marital quality and health: Implications for marriage in the 21st century. *Current Directions in Psychological Science*, 23(6), 427–432; Carr, D. & Springer, K. W. (2010). Advances in families and health research in the 21st century. *Journal of Marriage and Family*, 72(3), 743–761.
157 Coyne, J. C. & DeLongis, A. (1986). Going beyond social support: The role of social relationships in adaptation. *Journal of consulting and clinical psychology*, 54(4), 454.
158 Amato, P. R. & Hohmann-Marriott, B. (2007). A comparison of high- and low-distress marriages that end in divorce. *Journal of Marriage and Family*, 69(3), 621–638.
159 McNulty, J. K. (2010). Forgiveness increases the likelihood of subsequent partner transgressions in marriage. *Journal of Family Psychology*, 24(6), 787–790.

Literatur

Acevedo, B. P. & Aron, A. (2009). Does a long-term relationship kill romantic love? *Review of General Psychology*, 13(1), 59–65.

Acitelli, L. K., Kenny, D. A. & Weiner, D. (2001). The importance of similarity and understanding of partners' marital ideal to relationship satisfaction. *Personal Relationships*, 8(2), 167–185.

Adamopoulou, E. (2013). New facts on infidelity. *Economics Letters*, 121(3), 458–462.

Ahlborg, T., Dahlöf, L. G. & Hallberg, L. R. M. (2005). Quality of the intimate and sexual relationship in first-time parents six months after delivery. *Journal of Sex Research*, 42(2), 167–174.

Allen, E. S. & Baucom, D. H. (2004). Adult attachment and patterns of extradyadic involvement. *Family Process*, 43(4), 467–488.

Allen, E. S. & Baucom, D. H. (2006). Dating, marital, and hypothetical extradyadic involvements: How do they compare? *The Journal of Sex Research*, 43, 307–317.

Allen, E. S., Rhoades, G. K., Stanley, S. M., Markman, H. J., Williams, T., Melton, J. & Clements, M. L. (2008). Premarital precursors of marital infidelity. *Family Process*, 47(2), 243–259.

Amato, P. R. & Hohmann-Marriott, B. (2007). A comparison of high- and low-distress marriages that end in divorce. *Journal of Marriage and Family*, 69(3), 621–638.

Atkins, D. C. & Kessel, D. E. (2008). Religiousness and infidelity: Attendance, but not faith and prayer, predict marital fidelity. *Journal of Marriage and Family*, 70(2), 407–418.

Atkins, D. C., Baucom, D. H. & Jacobson, N. S. (2001). Understanding infidelity: Correlates in a national random sample. *Journal of Family Psychology*, 15(4), 735–749.

Aviram, I. & Amichai-Hamburger, Y. (2005). Online infidelity: Aspects of dyadic satisfaction, self-disclosure, and narcissism. *Journal of Computer-Mediated Communication*, 10(3). (First online; https://doi.org/10.1111/j.1083-6101.2005.tb00249.x).

Bancroft, J., Graham, C. A., Janssen, E. & Sanders, S. (2009). The dual control model: Current status and future directions. *Journal of Sex Research*, 46, 121–142.

Banfield, S. & McCabe, M. P. (2001). Extra relationship involvement among women: Are they different from men? *Archives of Sexual Behavior*, 30(2), 119–142.

Bartels, A. & Zeki, S. (2004). The neural correlates of maternal and romantic love. *Neuroimage*, 21(3), 1155–1166.

Basson, R. (2000). The female sexual response: A different model. *Journal of Sex & Marital Therapy*, 26, 51–65.

Baumeister, R. F. & Bratslavsky, E. (1999). Passion, intimacy, and time: Passionate love as a function of change in intimacy. *Personality and Social Psychology Review*, 3(1), 49–67.

Baumeister, R. F. & Leary, M. R. (1995). The need to belong: Desire for interpersonal attachments as a fundamental human motivation. *Psychological Bulletin*, 117, 497–529.

Bergstrand, C. & Williams, J. B. (2000). Today's alternative marriage styles: The case of swingers. *Electronic Journal of Human Sexuality*, 3, 1–10.

Blais-Lecours, S., Vaillancourt-Morel, M.-P., Sabourin, S. & Godbout, N. (2016). Cyberpornography: Time use, perceived addiction, sexual functioning, and sexual satisfaction. *Cyberpsychology, Behavior, and Social Networking*, 19, 649–655.

Blow, A. J. & Hartnett, K. (2005). Infidelity in committed relationships: A methodological review. *Journal of Marital and Family Therapy*, 31(2), 183–216.

Bodenmann, G. (2002). *Beziehungskrisen erkennen, verstehen und bewältigen.* Bern: Huber.

Bodenmann, G. & Fux, C. (2016). *Was Paare stark macht. Das Geheimnis glücklicher Beziehungen.* Zürich: Beobachter Edition.

Boies, S. C. (2002). University students' uses of and reactions to online sexual information and entertainment: Links to online and offline sexual behaviour. *Canadian Journal of Human Sexuality*, 11, 77–89.

Bowlby, J. (1985). *Mutterliebe und kindliche Entwicklung.* Basel: Ernst Reinhardt Verlag.

Brand, R. J., Markey, C. M., Mills, A. & Hodges, S. D. (2007). Sex differences in self-reported infidelity and its correlates. *Sex Roles*, 57(1–2), 101–109.

Brennan, K. A., Clark, C. L. & Shaver, P. R. (1998). Self-report measurement of adult attachment: An integrative overview. In: Simpson, J. A. & Rholes, W. S. (Eds.). *Attachment theory and close relationships* (pp. 46–76). New York: Guilford Press.

Brun del Re, U., Hilpert, P., Spahni, S. & Bodenmann, G. (2020). Pornographiekonsum in der Partnerschaft: Häufigkeit, Motivation, Einstellung, Gründe des Konsums und Geschlechtsunterschiede. *Zeitschrift für Klinische Psychologie und Psychotherapie.* (First online; http://epubs.surrey.ac.uk/id/eprint/853786).

Brüstle, S. (2011). Untreue Verhaltensweisen im Internet. Akzeptanz, Prävalenz und assoziierte Faktoren. Unveröffentlichte Masterarbeit. Universität Zürich.

Bundesamt für Statistik (2018). Internetnutzung.

Buss, D. M. (2000). *The Dangerous Passion: Why Jealousy Is as Necessary as Love and Sex.* New York: The Free Press.

Buss, D. M. & Schmitt, D. P. (1993). Sexual strategies theory: An evolutionary perspective on human mating. *Psychological Review*, 100(2), 204.

Buss, D. M., Larsen, R. J., Westen, D. & Semmelroth, J. (1992). Sex differences in jealousy: Evolution, physiology, and psychology. *Psychological Science*, 3(4), 251–256.

Butzer, B. & Campbell, L. (2008). Adult attachment, sexual satisfaction, and relationship satisfaction: A study of married couples. *Personal Relationships*, 15, 141–154.

Buunk, B. (1981). Jealousy in sexually open marriages. *Alternative Lifestyles*, 4, 357–372.

Buunk, B. P. & Bakker, A. B. (1995). Extradyadic sex: The role of descriptive and injunctive norms. *Journal of Sex Research*, 32(4), 313–318.

Carr, D. & Springer, K. W. (2010). Advances in families and health research in the 21st century. *Journal of Marriage and Family*, 72(3), 743–761.

Clark, M. S. & Reis, H. T. (1988). Interpersonal process in close relationships. *Annual Review of Psychology*, 39, 609–672.

Coleman-Kennedy, C. & Pendley, A. (2002). Assessment and diagnosis of sexual addiction. *Journal of the American Psychiatric Nurses Association*, 8(5), 143–151.

Collins, N. L. & Miller, L. C. (1994). Self-disclosure and liking: A meta-analytic review. *Psychological Bulletin*, 116(3), 457–475.

Cooper, A., Morahan-Martin, J., Mathy, R. M. & Maheu, M. (2002). Toward an increased understanding of user demographics in online sexual activities. *Journal of Sex & Marital Therapy*, 28, 105–129.

Coughlin, P. (2009). Pornography and virtual infidelity. *Focus on the Family*. www.focusonthefamily.com [Beitrag nicht mehr verfügbar].

Coyne, J. C. & DeLongis, A. (1986). Going beyond social support: The role of social relationships in adaptation. *Journal of consulting and clinical psychology*, 54(4), 454.

Davis, D., Shaver, P. R. & Vernon, M. L. (2003). Physical, emotional, and behavioral reactions to breaking-up. *Personality and Social Psychology Bulletin*, 29, 871–884.

Davis, D., Shaver, P. R. & Vernon, M. L. (2004). Attachment style and subjective motivations for sex. *Personality and Social Psychology Bulletin*, 30, 1076–1090.

De Boer, A., Van Buel, E. M. & Ter Horst, G. J. (2012). Love is more than just a kiss: A neurobiological perspective on love and affection. *Neuroscience,* 201, 114–124.

Dennerstin L, Guthrie, J. R., Hayes, R. D., Derogatis, L. R. & Lehert, P. (2008). Sexual function, dysfunction, and sexual distress in a prospective, population-based sample of mid-aged, Australian-born women. *Journal of Sexual Medicine*, 5(10), 2291–2299.

Drigotas, S. M. & Barta, W. (2001). The cheating heart: Scientific explorations of infidelity. *Current Directions in Psychological Science*, 10(5), 177–180.

Drigotas, S. M., Safstrom, C. A. & Gentilia, T. (1999). An investment model prediction of dating infidelity. *Journal of Personality and Social Psychology*, 77(3), 509.

Dupanloup, I. et al. (2003). A recent shift from polygyny to monogamy in humans is suggested by the analysis of worldwide Y-chromosome diversity. *Journal of Molecular Evolution*, 57 (1), 85–97.

Eastwick, P. W. & Finkel, E. J. (2008). The attachment system in fledgling relationships: An activating role for attachment anxiety. *Journal of Personality and Social Psychology*, 95, 628–647.

Feldman, S. S. & Cauffman, E. (1999). Your cheatin'heart: Attitudes, behaviors, and correlates of sexual betrayal in late adolescents. *Journal of Research on Adolescence*, 9(3), 227–252.

Ferreira, L. C., Fraenkel, P., Narciso, I. & Novo, R. (2015). Is committed desire intentional? A qualitative exploration of sexual desire and differentiation of self in couples. *Family Process*, 54(2), 308–326.

Fincham, F. D. & May, R. W. (2017). Infidelity in romantic relationships. *Current Opinion in Psychology*, 13, 70–74.
Fincham, F. D. & May, R. W. (2017). Infidelity in romantic relationships. *Current Opinion in Psychology*, 13, 70–74.
Frayser, S. (1985). *Varieties of Sexual Experience: An anthropological perspective of human sexuality*. New Haven: HRAF Press.

Fuentes, A. (1998). Re-evaluating primate monogamy. *American Anthropologist*, 100 (4), 890–907.

Galinsky, A. M. & Sonenstein, F. L. (2013). Relationship commitment, perceived equity, and sexual enjoyment among young adults in the United States. *Archives of Sexual Behavior*, 42(1), 93–104.

Gentzler, A. L. & Kerns, K. A. (2004). Associations between insecure attachment and sexual experiences. *Personal Relationships*, 11(2), 249–265.
Gentzler, A. L. & Kerns, K. A. (2004). Associations between insecure attachment and sexual experiences. *Personal Relationships*, 11(2), 249–265.
Glass, S. P. & Wright, T. L. (1985). Sex differences in type of extramarital involvement and marital dissatisfaction. *Sex Roles*, 12(9–10), 1101–1120.

Glass, S. P. & Wright, T. L. (1992). Justifications for extramarital relationships: The association between attitudes, behaviors, and gender. *Journal of Sex Research*, 29(3), 361–387.

Glenn, N. D. (1998). The course of marital success and failure in five American 10 year marriage cohorts. *Journal of Marriage and the Family*, 52, 818–831.

Gloper-Tippelt, G. (2016). Unsicher-distanzierende mentale Bindungsmodelle. In: Gloger-Tippelt, G. (Hrsg.). *Bindung im Erwachsenenalter*. (S. 173–200). Göttingen: Hogrefe.

Gomille, B. (2016). Unsicher-präokkupierte mentale Bindungsmodelle. In: Gloger-Tippelt, G. (Hrsg.). *Bindung im Erwachsenenalter*. (S. 201–226). Göttingen: Hogrefe.

Graham, C. A., Mercer, C. H., Tanton, C., Jones, K. G., Johnson, A. M., Wellings, K. & Mitchell, K. R. (2017). What factors are associated with reporting lacking interest in sex and how do these vary by gender? Findings from the third British national survey of sexual attitudes and lifestyles. *BMJ open*, 7(9), e016942.

Greeley, A. (1994). Marital infidelity. *Society*, 31(4), 9–13.

Grubbs, J. B., Wright, P. J., Braden, A. L., Wilt, J. A. & Kraus, S. W. (2019). Internet pornography use and sexual motivation: A systematic review and integration. *Annals of the International Communication Association*, 43(2), 117–155.

Haag-Wackernagel, D. (2014). *Humanevolution*. Skript. Universität Basel.

Hald, G. M. & Malamuth, N. M. (2008). Self-perceived effects of pornography consumption. *Archives of sexual behavior*, 37(4), 614–625.

Hartman, U. (2018). *Sexualtherapie. Ein neuer Weg in Theorie und Praxis*. Berlin: Springer.

Hatch, S. G., Esplin, C. R., Aaron, S. C., Dowdle, K. K., Fincham, F. D., Hatch, H. D. & Braithwaite, S. R. (2020). Does pornography consumption lead to intimate partner violence perpetration? Little evidence for temporal precedence. *The Canadian Journal of Human Sexuality.* (First online; https://doi.org/10.3138/cjhs.2019-0065).

Hazan, C. & Shaver, P. (1987). Romantic love conceptualized as an attachment process. *Journal of Personality and Social Psychology*, 52(3), 511.

Helms, L. & Bierhoff, H. W. (2001). Lässt sich Untreue durch Geschlecht, Einstellung oder Persönlichkeit vorhersagen? *Zeitschrift für Familienforschung*, 13(3), 5–25.

Hertlein, K. M. & Weeks, G. R. (2011). The field of infidelity: Past, present, and future. In: Wetchler, J. (Eds.), *Handbook of clinical issues in couple therapy* (Vol. 2, pp. 145–161). New York: Routledge.

Impett, E. A., Muise, A. & Peragine, D. (2014). Sexuality in the context of relationships. In: Tolman, D. L., Diamond, L. M., Bauermeister, J. A., George, W. H., Pfaus, J. G. & Ward, L. M. (Eds.), *Handbook of sexuality and psychology*, Vol. 1: Person-based approaches (pp. 269–315). Washington, DC: American Psychological Association.

Johnson, M. P. (1973). Commitment: A conceptual structure and empirical application. *Sociological Quarterly,* 14(3), 395–406.

Johnson, M. P., Caughlin, J. P. & Huston, T. L. (1999). The tripartite nature of marital commitment: Personal, moral, and structural reasons to stay married. *Journal of Marriage and Family,* 61(1), 160–177.

Kleiman, D. G. (1977). Monogamy in mammals. *Quarterly Review of Biology*, 52, 39–69.

Kohut, T., Fisher, W. A. & Campbell, L. (2017). Perceived effects of pornography on the couple relationship: Initial findings of open-ended, participant-informed, "bottom-up" research. *Archives of Sexual Behavior*, 46(2), 585–602.

Lack, D. (1968). *Ecological Adaptations for Breeding in Birds*. London: Methuen & Co.

Landripet, I. & Štulhofer, A. (2015). Is pornography use associated with sexual difficulties and dysfunctions among younger heterosexual men? *The Journal of Sexual Medicine*, 12(5), 1136–1139.

Laumann, E. O., Paik, A. & Rosen, R. C. (1999). Sexual dysfunction in the United States: Prevalence and predictors. *Jama*, 281(6), 537–544.

Le, B. & Agnew, C. R. (2003). Commitment and its theorized determinants: A meta-analysis of the Investment Model. *Personal Relationships*, 10(1), 37–57.

Li, N. P., Yong, J. C., Tov, W., et al. (2013). Mate preferences do predict attraction and choices in the early stages of mate selection. *Journal of Personality and Social Psychology,* 105(5), 757–776.

Luo, S., Cartun, M. A. & Snider, A. G. (2010). Assessing extradyadic behavior: A review, a new measure, and two new models. *Personality and Individual Differences*, 49, 155–163.

Maddox Shaw, A. M., Rhoades, G. K., Allen, E. S., Stanley, S. M. & Markman, H. J. (2013). Predictors of extradyadic sexual involvement in unmarried opposite-sex relationships. *Journal of Sex Research*, 50(6), 598–610.

Maiwald, M. & Schreiber, A. (1991). Die biologischen Grundlagen von Paarverhalten: Eine Übersicht biopsychologischer Konzepte. In: Amelang, M., Ahrens, H.-J. & Bierhoff, H. W. (Hrsg.), *Attraktion und Liebe. Formen und Grundlagen partnerschaftlicher Beziehungen.* (S. 1–60). Göttingen: Hogrefe.

Marazziti, D. & Canale, D. (2004). Hormonal changes when falling in love. *Psychoneuroendocrinology*, 29(7), 931–936.

Mark, K. P., Janssen, E. & Milhausen, R. R. (2011). Infidelity in heterosexual couples: Demographic, interpersonal, and personality-related predictors of extradyadic sex. *Archives of Sexual Behavior*, 40(5), 971–982.

Mark, K. P., Vowels, L. M. & Leistner, C. E. (2020). "Not tonight, Honey:" Reasons couples do not engage in sex and their impact on satisfaction and desire. *The Journal of Sexual Medicine*, 17(3), 431–441.

Mattes, C. & Bodenmann, G. (1998). *Untreue und Partnerschaft: Erleben und Bewältigung.* Forschungsbericht. Universität Fribourg, Schweiz.

McNulty, J. K. (2010). Forgiveness increases the likelihood of subsequent partner transgressions in marriage. *Journal of Family Psychology*, 24(6), 787–790.

McNulty, J. K., Maxwell, J. A., Meltzer, A. L. & Baumeister, R. F. (2019). Sex-differentiated changes in sexual desire predict marital dissatisfaction. *Archives of Sexual Behavior*, 48(8), 2473–2489.

McNulty, J. K., Wenner, C. A. & Fisher, T. D. (2016). Longitudinal associations among relationship satisfaction, sexual satisfaction, and frequency of sex in early marriage. *Archives of Sexual Behavior*, 45(1), 85–97.

Mikulincer, M. & Shaver, P. R. (2007). *Attachment in Adulthood: Structure, Dynamics, and Change.* New York: Guilford Press.

Mikulincer, M., Dolev, T. & Shaver, P. R. (2004). Attachment-related strategies during thought suppression: Ironic rebounds and vulnerable self-representations. *Journal of Personality and Social Psychology*, 87(6), 940–956.

Mikulincer, M., Gillath, O. & Shaver, P. R. (2002). Activation of the attachment system in adulthood: Threat-related primes increase the accessibility of mental representations of attachment figures. *Journal of Personality and Social Psychology*, 83(4), 881–895.

Mikulincer, M., Shaver, P. R. & Avihou-Kanza, N. (2011). Individual differences in adult attachment are systematically related to dream narratives. *Attachment & Human Development*, 13(2), 105–123.

Mulhall, J., King, R., Glina, S. & Hvidsten, K. (2008). Importance of and satisfaction with sex among men and women worldwide: Results of the global better sex survey. *The Journal of Sexual Medicine*, 5(4), 788–795.

Opie, C., Atkinson, Q. D., Dunbar, R. I. M. & Schultz, S. (2013). Male infanticide leads to social monogamy in primates. *PNAS*, 110, 13328–13332.

Pascoal, P. M., Narciso, I. & Pereira, N. M. (2013). Emotional intimacy is the best predictor of sexual satisfaction of men and women with sexual arousal problems. *International Journal of Impotence Research*, 25(2), 51–55.

Perel, E. (2017). *The state of affairs: Rethinking infidelity – A book for anyone who has ever loved*. Hachette UK.

Plack, K., Kröger, C., Allen, E. S., Baucom, D. H. & Hahlweg, K. (2010). Risikofaktoren für Untreue – warum Partner fremdgehen. *Zeitschrift für Klinische Psychologie und Psychotherapie, 39(3), 189–199.*

Plack, K., Kröger, C., Allen, E., Baucom, D. & Hahlweg, K. (2010). Außerpartnerschaftliche Beziehungen – die individuelle Belastung der Partner und die partnerschaftliche Zufriedenheit nach dem Erleben von Untreue. *Zeitschrift für Klinische Psychologie und Psychotherapie*, 37, 231–235.

Previti, D. & Amato, P. R. (2004). Is infidelity a cause or a consequence of poor marital quality? *Journal of Social and Personal Relationships*, 21(2), 217–230.

Prins, K. S., Buunk, B. P. & Van Yperen, N. W. (1993). Equity, normative disapproval and extramarital relationships. *Journal of Social and Personal Relationships*, 10(1), 39–53.

Raposo, S., Rosen, N. O. & Muise, A. (2020). Self-expansion is associated with greater relationship and sexual well-being for couples coping with low sexual desire. *Journal of Social and Personal Relationships*, 37(2), 602–623.

Reitmejer, C. A., Bull, S. S. & McFarlane, M. (2001). Sex and the internet. *AIDS*, 15, 1433–1444.

Reynaud, M., Karila, L., Blecha, L. & Benyamina, A. (2010). Is love passion an addictive disorder? *The American Journal of Drug and Alcohol Abuse*, 36(5), 261–267.

Rhoades, G. K., Stanley, S. M. & Markman, H. J. (2010). Should I stay or should I go? Predicting dating relationship stability from four aspects of commitment. *Journal of Family Psychology*, 24(5), 543–550.

Robles, T. F. (2014). Marital quality and health: Implications for marriage in the 21st century. *Current Directions in Psychological Science*, 23(6), 427–432.

Rohner, K. (2013). „Ist Treue wirklich altmodisch?". www.beobachter.ch/familie/beziehung-partnerschaft/artikel/liebe_ist-treue-wirklich-altmodisch [Zugriff: 26.10.2020].

Rosen, N. O., Dubé, J. P., Corsini-Munt, S. & Muise, A. (2019). Partners experience consequences, too: A comparison of the sexual, relational, and psychological adjustment of women with sexual interest/arousal disorder and their partners to control couples. *The Journal of Sexual Medicine*, 16(1), 83–95.

Santos, B. D., Moreira, C. S., Vilaça, M., Carvalho, E. & Pereira, M. G. (2020). Dyadic adjustment and sexual satisfaction in HPV diagnosed Portuguese women: A longitudinal study. *Journal of Sex & Marital Therapy*, 1–12.

Schnabl, S. (1988). Warum geht jede(r) Vierte fremd. *Sexualmedizin*, 9, 332–362.

Schneider, J. P. (2000). Effects of cybersex addiction on the family: Results of a survey. *Sexual Addiction & Compulsivity*, 7, 31–58.

Schneider, L. (2014). Einflussfaktoren für das „Untreue"-Verständnis und „Untreue"-Verhalten in Paarbeziehungen. Unveröffentlichte Doktorarbeit. Universität Wien.

Shamloul, R. & Ghanem, H. (2013). Erectile dysfunction. *The Lancet*, 381, 153–165.

Shaver, P. R. & Mikulincer, M. (2006). Attachment theory, individual psychodynamics, and relationship functioning. In: Vangelisti, A. L. & Perlman, D. (Eds.). *The Cambridge Handbook of Personal Relationships* (S. 251–271). Cambridge: Cambridge University Press.

Shifren, J. L., Monz, B. U., Russo, P. A., Segreti, A. & Johannes, C. B. (2008). Sexual problems and distress in United States women. *Obstet Gynecol*, 112(5), 970–978.

Solstad, K. & Mucic, D. (1999). Extramarital sexual relationships of middle-aged Danish men: Attitudes and behavior. *Maturitas*, 32(1), 51–59.

Sprecher, S., Cate, R. M., Harvey, J. H. & Wenzel, A. (2004). Sexual satisfaction and sexual expression as predictors of relationship satisfaction and stability. *The Handbook of Sexuality in Close Relationships*, 235–256.

Sternberg, R. J. (1986). A triangular theory of love. *Psychological Review*, 93, 119.

Sun, C., Miezan, E., Lee, N.-Y. & Shim, J. W. (2014). Korean men's pornography use, their Interest in extreme pornography, and dyadic sexual relationships. *International Journal of Sexual Health*, 27(1), 16–35.

Træen, B., Nilsen, T. S. & Stigum, H. (2006). Use of pornography in traditional media and on the Internet in Norway. *Journal of Sex Research*, 43, 245–254.

Træen, B., Spitznogle, K. & Beverfjord, A. (2004). Attitudes and use of pornography in the Norwegian population 2002. *Journal of Sex Research*, 41, 193–200.

Treas, J. & Giesen, D. (2000). Sexual infidelity among married and cohabiting Americans. *Journal of Marriage and Family*, 62(1), 48–60.

Van Lankveld, J. Jacobs, N., Thewissen, V., Dewitte, M. & Verboon, P. (2018). The associations of intimacy and sexuality in daily life: Temporal dynamics and gender effects within romantic relationships. *Journal of Social and Personal Relationships*, 35(4,) 557–576.

Wellings, K., Palmer, M. J., Machiyama, K. & Slaymaker, E. (2019). Changes in, and factors associated with, frequency of sex in Britain: evidence from three National Surveys of Sexual Attitudes and Lifestyles (Natsal). *bmj*, 365, 1–9.

Whisman, M. A. & Snyder, D. K. (2007). Sexual infidelity in a national survey of American women: Differences in prevalence and correlates as a function of method of assessment. *Journal of Family Psychology*, 21, 147–154.

Whisman, M. A., Gordon, K. C. & Chatav, Y. (2007). Predicting sexual infidelity in a population-based sample of married individuals. *Journal of Family Psychology*, 21(2), 320.

Wiederman, M. W. (1997). Extramarital sex: Prevalence and correlates in a national survey. *The Journal of Sex Research*, 34, 167–174.

Wiederman, M. W. & Allgeier, E. R. (1992). Gender differences in mate selection criteria: Sociobiological or socioeconomic explanation? *Ethology and Sociobiology*, 13(2), 115–124.

Wiederman, M. W. & LaMar, L. (1998). "Not with him you don't!": Gender and emotional reactions to sexual infidelity during courtship. *Journal of Sex Research*, 35(3), 288–297.

Wiggins, J. D. & Lederer, D. A. (1984). Differential antecedents of infidelity in marriage. *American Mental Health Counselors Association Journal*, 6, 152–161.

Willoughby, B. J., Carroll, J. S., Busby, D. M., & Brown, C. C. (2016). Differences in pornography use among couples: Associations with satisfaction, stability, and relationship processes. *Archives of Sexual Behaviors*, 45(1), 145–158.

Witt, D. M., Carter, C. S. & Walton, D. M. (1990). Central peripheral effects of oxytocin administration in prairie voles. *Pharmacology Biochemistry and Behavior*, 37, 63–69.

Yeh, H. C., Lorenz, F. O., Wickrama, K. A. S., Conger, R. D. & Elder Jr, G. H. (2006). Relationships among sexual satisfaction, marital quality, and marital instability at midlife. *Journal of Family Psychology*, 20(2), 339.

Ziegenhain, U. (2016). Sichere mentale Bindungsmodelle. In: Gloger-Tippelt, G. (Hrsg.). *Bindung im Erwachsenenalter*. (S. 151–172). Göttingen: Hogrefe.